곽선희 목사 설교집

32

자유인의 행로

곽선희 지음

계몽문화사

머 리 말

　'복음은 들음에서' ― 이는 진리이며 우리의 경험입니다. 하나님께서 우리에게 주신 복 가운데 가장 큰 복은 말씀을 주신 것입니다. '말씀이 육신을 입어서 오신 것' 입니다. 말씀을 주셨고 들을 수 있게 하셨고 마음문을 열고 받아 믿게 하신 것, 참 놀라운 은혜입니다.

　말씀은 단순한 지식이 아닙니다. 추상적인 이론이 아닙니다. 말씀은 선포되는 하나님의 계시적 능력인 것입니다. 말씀의 권능, 그 능력을 알고 체험하면서 비로소 '말씀 안에서 태어나는 생명적 기적' 이 나타나게 됩니다. 오늘도 그 말씀이 증거되고 새롭게 선포되고 있습니다. 설교가 곧 말씀입니다. 성령의 역사와 함께 끊임없이 이루어지는 생명의 역사입니다. 이 선포되는 말씀, 증거되는 진리를 통하여 구원의 능력은 항상 새로워집니다. 말씀 안에서 새 생명이 탄생하고 말씀 안에서 영혼이 소생하며, 그 큰 능력 안에서 우리는 강건해집니다. 우상을 이기는 능력의 사람으로 성장해가는 신비롭고 놀라운 사건을 강단에서 늘 경험하고 있습니다.

　여기에 또다시 설교말씀을 모아 책자로 내어놓습니다. 소망교회 강단을 통하여 하나님께서 우리에게 주신 말씀입니다. 이제 그 말씀을 책자로 엮어 내어놓음으로써 우리가 시간과 공간을 초월하여 개별적으로 하나님을 만나게 되는 '말씀의 역사' 에 귀중한 방편이 되고자 합니다. 책자라는 그릇에 담긴 이 말씀들은 읽는 자의 마음 안에서 또다른 '말씀의 신비한 기적' 을 낳게 되리라 확신합니다.

　한 시간 한 시간의 설교를 위하여 간절히 기도해주신 소망교회 성도들과 이 책자를 출간하기까지 수고해주신 여러분께 진심으로 감사를 드립니다. 그리고 또다시 영광을 오직 하나님께 돌리면서……

곽선희

차 례

머리말 ──────── 3
내게 주신 경륜을 따라(골 1: 24-29) ──────── 8
기적을 부른 찬송(행 16: 19-32) ──────── 20
받음직한 봉사(롬 15: 30-33) ──────── 30
여호와께 맡기라(잠 16: 1-9) ──────── 42
위로를 기다리는 자(눅 2: 25-35) ──────── 54
있는 자에게 더하는 원리(마 25: 23-30) ──────── 64
내게로 돌아오라(렘 4: 1-4) ──────── 75
나를 본받는 자 되라(고전 4: 14-17) ──────── 86
하나님이 구하시는 것(미 6: 6-8) ──────── 98
증거되려 함이라(막 13: 9-13) ──────── 109
겸손한 선지자(마 21: 1-11) ──────── 121
빈 무덤의 증거(마 28: 1-10) ──────── 133
이제는 내가 주를 보나이다(욥 42: 1-6) ──────── 144

주의 훈계로 양육하라(엡 6: 1-4) ──── 156
어버이의 즐거움(잠 23: 19-26) ──── 168
성령이 증거하는 바(롬 8: 12-17) ──── 179
신앙인의 불신앙(마 6: 2-8) ──── 191
실낙원의 이유(창 3: 6-13) ──── 203
재난의 시작(마 24: 3-14) ──── 214
승리한 증인, 스데반(행 7: 54-60) ──── 225
기뻐하고 즐거워하라(마 5: 1-12) ──── 237
무지한 자의 신앙고백(시 73: 10-23) ──── 247
새 계명의 의미(요 13: 31-35) ──── 258
생명에 이르는 향기(고후 2: 12-17) ──── 269
또 나를 믿으라(요 14: 1-6) ──── 280
자유인의 행로(민 14: 20-25) ──── 291
세월을 아끼라(엡 5: 15-21) ──── 301

곽선희 목사
장로회 신학대학 졸업
프린스턴 신학석사
풀러신학 선교신학박사
인천제일교회 목사
장로회 신학대학 교수 역임
숭의여자전문대학 학장 역임
서울장로회신학교 교장 역임
소망교회 목사

곽선희 목사 설교집 제32권
자유인의 행로

인쇄 · 2003년 4월 25일
발행 · 2003년 4월 30일
지은이 · 곽선희
펴낸이 · 김종호
펴낸곳 · 계몽문화사
등록일 · 1993년 10월 11일
등록번호 · 제16—765호
전화 · (02)917-0656
정가 · 14,000원
총판 · 비전북 / (031)907-3927
ISBN 89-89628-06-7   03230

* 잘못 만들어진 책은 바꾸어 드립니다.

자유인의 행로

내게 주신 경륜을 따라

내가 이제 너희를 위하여 받는 괴로움을 기뻐하고 그리스도의 남은 고난을 그의 몸된 교회를 위하여 내 육체에 채우노라 내가 교회 일군 된 것은 하나님이 너희를 위하여 내게 주신 경륜을 따라 하나님의 말씀을 이루려 함이니라 이 비밀은 만세와 만대로부터 옴으로 감취었던 것인데 이제는 그의 성도들에게 나타났고 하나님이 그들로 하여금 이 비밀의 영광이 이방인 가운데 어떻게 풍성한 것을 알게 하려 하심이라 이 비밀은 너희 안에 계신 그리스도시니 곧 영광의 소망이니라 우리가 그를 전파하여 각 사람을 권하고 모든 지혜로 각 사람을 가르침은 각 사람을 그리스도 안에서 완전한 자로 세우려 함이니 이를 위하여 나도 내 속에서 능력으로 역사하시는 이의 역사를 따라 힘을 다하여 수고하노라

(골로새서 1 : 24 - 29)

내게 주신 경륜을 따라

여러분은 스스로 얼마나 자유하고 있다고 생각하십니까? 가장 행복한 사람은 자유인입니다. 아무것에도 매이지 않는, 마음껏 하늘을 나는 것같은 가벼운 마음으로 사는 자유인 — 바로 그 사람이 행복한 사람입니다. 신학적으로 말하자면 죄와 사망과 사단과 율법, 하나님의 진노로부터 온전히 자유한 영혼이 구원받은 영혼이며 그런 영혼을 가진 것이 바로 행복입니다. 행복을 모르는 사람은 불행도 모르는 법입니다. 불행하면서도 내가 얼마나 불행하다는 것을 끝내 모릅니다. 이런 사람, 참으로 불행한 사람입니다. 참자유를 경험해 보지 못한 사람은 부자유하다는 것도 모릅니다. 그렇게 살아왔기 때문입니다. 한때 사람들이 십자매라고 하는 새를 많이 키운 때가 있었습니다. 그거 키우면 돈번다고들 많이 키우다가 그만 너무 많이 생산을 하는 바람에 나중에는 부득불 공중으로 날려보내게 되었습니다. 그런데 그렇게 놓아보낸 십자매들이 살아내지를 못하는 것이었습니다. 조그마한 새장 속에서만 자랐기 때문에 넓은 하늘을 날아본 일이 없습니다. 오직 새장에서만 살다가 그대로 죽어갈 운명이었습니다. 새장 밖에서는 살아남지를 못하는 것입니다. 이와도 같이, 참자유를 모르는 자는 참불행이 무엇인지, 내가 지금 얼마나 부자유한 가운데 있는지조차도 모릅니다. 그런 부자유로 살아가는 것입니다. 그런고로 행복이라는 것은 먼저 참자유가 무엇인지를 아는 데 있고, 그리고 그 자유를 지켜가는 데 있습니다. 하나님께서 주신 자유를 다시 어디에 매이지 않고 그대로 잘 지켜가야 합니다. 지킬 뿐만 아니라 나아가서는 자유를 누리는 데 행복이 있습니다. 모름지기 자유를 엔조이할 줄 알아야 합니다. 가장 행복한 자로 자유를 누려갈 수 있는 사람이 행복한 사람입니다. 그리고 좀더 깊이 생각하면 이보다 더, 더 귀중한 행복이 있습니다. 그것은 바로 자기에게 주어진 이 자유를 기쁜 마음으로 반납하는 자유를 누리는 것입니다. 나에게 주어진 자유를 스스로 포기하는, 자유롭게 포기하는, 바로 그 자유가 인간을 가장 행복하게 하는 것이다—이렇게 생각합니다. 인간은 가끔 스스로 자신에게 속을 때가 있습니다. 극히 제한적인 자기의 자유를 어쨌든 벗어나보려고 스스로 몸부림칩니다. 그것이 무엇을 의미하는지도 모르면서요. 이를테면 어린아이들이 때때로 공부하기를 싫어합니다. 나가 놀고 싶어 안달합니다. 공부하라는 소리에 짜증이 나고, 공부하라는 소리에 노이로제가 걸려서 공부하라는 소리만 들으면 숫제 온몸이 저리고 아파오는 아이들까지 있습니다. 그저 밖에 나가고만 싶습니다. 부모의 잔소리가 아주 싫습니다. 어머니목소리가 아예 싫어진 아이들도 있습니다. 그 많은 잔소리에 견딜 수가 없어 뛰쳐나가려고 합니다마는 자, 한번 뛰쳐나갔다고 합시다. 어떻게 되겠습니까. 방종과 타락의 노예가 되고 어느 순간에는 가슴을 찢으며 후회해야 됩니다. 한평생 후회하고 살 수밖에 없는 인생이 되어버립니다. 잠깐의 속박을 견디지 못하고 뛰쳐나갔다고 할 때, 그것은 자유가 아니고 더 큰 속박인 것입니다. 그것은 더 무서운 감옥으로 뛰어들어간 것입니다. 이 점을 우리는 모를 때가 많습니다. 결국 철이 나고보면 나 혼자가 아니요, 나는 자유인이 아니었다는 것을 알게 됩니다. 나의 나됨을, 벌써 많은 사랑을 받고 은혜 속에 내가 있었음을 내가 알게 됩니다.

여러분, 사람의 생이라고 하는 것, 참 놀라운 것입니다. 이 세상에 태어나는 것, 이것도 사실은 백만 분의 일에 해당하는 기적이라고 합니다. 내가 세상에 태어났다는 사실 하나만도 백만 분의 일에, 아니, 그 이상의 확률에 해당하는 기적입니다. 또한 오늘까지 살아남은 것도 기적입니다. 내 마음대로 한 일이 무엇이 있었습니까. 내가 부모를 골라서 태어났습니까. 내가 그 시점에 태어나고 싶었습니까. 내 의지가 그 어느 곳에 작용한 바 있습니까. 낳아주어서 나왔고, 키워주어서 컸습니다. 그래서 이 세대 현시점에 있을 뿐입니다. 그러면 도대체 내 자유는 어디에 있었습니까. 여러분, 우리가 세월이 갈수록, 나이들면 깨닫는 것이 세 가지 있습니다. 모름지기 50세 넘은 분들은 가만히 생각해보십시오. 우선 나는 혼자가 아니다, 라는 것을 깨닫습니다. 마음대로 웃을 수도 없고 마음대로 울 수도 없습니다. 마음대로 죽을 수도 없습니다. 여러분, 자유하십니까? 그럴 수가 없는 것입니다. 우리는 많은 사람들 속에 있기 때문입니다. 나 하나의 기분에 따라서 여러 사람이 좌우되거든요. 나 하나의 말의 실수로 인해서 많은 사람이 죽을 수도 있습니다. 이것을 깨닫고보니 나는 자유가 아닙니다. 나는 나 혼자가 아니더라, 그것입니다. 그리고 또하나 깨닫는 것은 너무 많은 신세를 지고 살아온다는 사실입니다. 어떤 분은 세상을 떠나면서 이렇게 유언을 했습니다. "이제사 생각해보니 나는 그동안 너무도 많은 신세를 졌다. 부모님들께도 그렇고 심지어 자녀들에게까지도 그렇다. 이웃에게, 교회에 많은 신세를 졌다. 그런데 그 어느 하나도 갚지 못하고 빚진 죄인으로 떠난다." 진실한 고백입니다. 좀더 깊이 생각해보면 너무 많은 사랑을 받았습니다. 너무 많은 신세를 졌습니다. 빚을 갚을 길이 없습니다. 그것이, 그것이 인생이요 그것이 나 자신입니다. 또한 모든것이 오직 하나님의 은혜일 뿐이라는 것을 깨닫습니다. 하나님의 그 큰 은혜의 사슬에 내가 붙들려 있었다는 것을 깨닫게 됩니다. 여러분 지난날을 생각해보십시오. 어느 것 하나 버려진 사건이 있습니까. 내가 왜 병 들었었습니까. 거기에 하나님의 사랑이 있었습니다. 내가 왜 사업에 실패해서 궤도를 수정했습니까. 그것도 하나님의 오묘한 경륜이었습니다. 사건마다, 나의 당하는 현실 전부가 하나님의 오묘한 사랑이요, 섭리요, 경륜이요, 하나님의 은혜의 손길이었다는 것을 세월이 가면 갈수록 더 깊이깊이 깨닫게 되는 것입니다.

이제 봅시다. 기독교인이 무엇입니까. 예수믿는다는 것이 무엇을 말하는 것입니까. 내가 하나님을 사랑하는 것이 아닙니다. 하나님께서 나를 사랑하신다는 것을 깨닫는 것입니다. 하나님께서 이미 나를 사랑하고 계셨다는 것을 오늘 다시 깨닫는 것입니다. 여러분, 신문에서 보시고 다같이 걱정하고 기도하셨습니다마는 연변 기술대학교의 김진경 총장님께서 저와 같이 평양에 가셨다가 제가 돌아올 때에 같이 돌아오지 못하고 억류되어 42일 동안 평양에 계셨습니다. 그동안 많은 어려움을 겪었지마는 크고 귀한 일을 더 이룰 수 있도록 모든 일이 잘 합동하여 선을 이루었습니다. 그러나 많은 고생을 할 때가 있었습니다. 특별히 한 열흘 동안 아주 많은 심문을 받았는데, 그는 거기에서 생각을 많이 했다고 합니다. 유서를 쓰라고 해서 쓰게 되었는데 그는 무엇을 생각했는고하니 통틀어서 한마디로 '나는 너무 하나님의 사랑을 많이 받은 사람이다' 하는 것이었습니다. 그 생각 중에 더없이 하나님께 감사했다고 합니다. "내가 하나님을 사랑하는 줄 알았는데 아닙디다. 하나님께서 나를 극진히 사랑하시는 것입니다. 그것을 깨달았습니다." 제가 그때 "내가 내일 설교하려고 준비해놓은 원고를 한번 보십시오"하고 원고를 읽어주었습니다. 내가 하나님을 사랑하는 것이 아니고, 하나님께서 이미 나를 사랑하신다는 것, 그것을 깨닫는 것이 그리스도인이다, 하는 내용이었습니다. "거 참 이상하네요. 내가 할 말을 목사님께서 미리 해놓으셨네요!" 그는 놀라워했습니다. 그렇습니다. '내가'가 아니고 '하나님께서'—이것은 만고 불변하는 신앙인의 고백인 것입니다.

믿음이란 내가 하나님을 믿고 하나님을 사랑한다는 것이 아닙니다. 하나님께서 나를 얼마나 사랑하시는지, 그것을 깨달아가는 것입니다. 나의 존재, 나의 나됨, 나의 사역, 나의 살아가는 모든 일이 하나님의 큰 사랑 속에 있었음을 내가 오늘도 깨닫는 것입니다. 시편 139편 9절로 보면 "내가 새벽 날개를 치며 바다 끝에 가서 거할지라도 곧 거기서도 주의 손이 나를 인도하시며 주의 오른손이 나를 붙드시리이다"하고 고백합니다. 바다 끝에 가서 있든 그 어디에 가 있든 거기서도 하나님께서는 이미 나를 사랑하고 계시다는 말씀입니다. 이렇게 깨닫고 이렇게 계속 간증하며 이 사랑을 확인하며 사는 자가 그리스도인입니다. 사도 바울이 자기존재를 어떻게 고백하고 있습니까. 그는 많은 서신의 곳곳에서 자기신앙을 간증합니다. 빌립보서 3장 12절에 보면 "내가 그리스도 예수께 잡힌 바 된 그것을 잡으려고 좇아가노라"하고 말씀합니다. 그리스도께 포로되었다고 합니다. 그는 다메섹 도상에서 예수의 '포로'가 되었습니다. 그렇습니다. 그 후로 그는 자유가 없습니다. 예수의 포로가 된 나 자신, 그것을 먼저 생각합니다. 그리고 다시 생각합니다. 로마서 5장에서 그는 '내가 하나님과 원수되었을 때에 주께서 나를 위하여 십자가에 죽으시고, 내가 예수믿는 사람을 잡아죽이려고 다메섹으로 갈 때에 하나님께서 내 죄를 이미 사하시고 나를 구속하셨다, 이미 하나님께서 나를 사랑하셨다' 합니다. 나아가서 그는 고린도전서 15장에 "나의 나 된 것은 하나님의 은혜로 된 것이니(by the grace I am that I am)"라고 말씀합니다. 그리고 갈라디아서 1장 15절에서는 '어머니의 태로부터 택정함을 입어 이방인의 사도가 되었노라' 합니다. 다시 깊이 생각해보니 길리기아 다소에 태어났다는 사실, 도대체 세상에 태어난 것 자체부터 하나님의 은혜인 것입니다. 그때부터 선택되었다고 하는 것을 그는 깨닫게 됩니다. 내게는 아무런 자유가 없었습니다. 오직 은혜 안에 내가 있을 뿐입니다. 그래서 그는 마지막으로 고백합니다. "내가 복음을 전할지라도 자랑할 것이 없음은 내가 부득불 할 일임이라 만일 복음을 전하지 아니하면 내게 화가 있을 것임이로라(고전 9:16)." 무슨 말씀입니까. 이렇게 은혜로 태어났고, 이렇게 은혜로 살았고, 이렇게 엄청난 하나님의 사랑을 받은 내가 이제 복음을 전하지 아니한다면 저주를 받아 마땅하다, 함입니다. 당연히 그렇습니다. 그런고로 나는 자랑할 것이 없다, 아무리 수고해도 자랑할 것 없고, 아무리 희생을 해도 자랑할 수 없는 바로 그런 사람이다―자기존재에 대한 인식이 이러했습니다. 이제 사도 바울뿐이겠습니까. 다시 오늘본문에서 생각합니다. 그는 참으로 진실하고 겸손하고 확신에 찬 사람이었습니다. 본문에서 그는 하나님의 경륜, 나에게 주신 하나님의 경륜을 따라 오늘 내가 여기서 일하고 있다, 합니다. 경륜―'오이코노미안' 입니다. '오이코스' 라는 말은 '집' 이라는 말이고 '오이코노미안' 이라 하면 곧 집을 섬기는 자, '집사(執事)'를 뜻합니다. '맡은 자'를 말하는 것입니다. 집이라는 것을 보십시오. 기둥이면 기둥대로 할 일이 있고, 창문은 창문대로 할 일이 있고, 지붕은 지붕대로 할 일이 있습니다. 이렇게 합쳐져서 하나의 집이 이루어집니다. 하나님의 경륜적 구조가 그렇습니다. 그 속에 내가 있는 것입니다. 그런데 이것은 비밀한 것입니다. 사람은 잘 모릅니다. 눈에 잘 보이지 않습니다. 하나님의 오묘한 경륜이 있는데 그 경륜을 내가 믿음생활 하면서, 세월이 가면서 조금씩조금씩 알 것같습니다. 그 때에 되어졌던 일이 우연한 일이 아니었습니다. 그 때에 내가 실패한 것도 우연이 아니었습니다. 그 때에 내가 배신당한 것도 절대로 우연한 일이 아니었습니다. 하나하나 깨닫게 됩니다. 그리고 이 비밀, 그 속에 내가 있음을 압니다. 그래서 현대어 번역에서는 God's plan이라고 합니다. 하나님의 계획이요, 하나님의 시나리오요, 하나님의 드라마요, 만백성을 구원하고자 하시는 경륜이요, 신비입니다. 조금씩조금씩 내가 이것을 배워나가고 깨달아나가는 것입니다.

　미켈란젤로라고 하면 모르시는 분이 없을 것입니다. 르네상스 최대의 조각가요 건축가이자 화가입니다. 시스티나 성당이라고 하면 로마를 방문하는 사람들이 으레 한번씩 가보게 되는 큰 성당입니다. 미켈란젤로는 그 성당의 둥그런 천장에다 창조로부터 시작하여 선지자들에 이르기까지의 모든 것을 그립니다. 4년 동안 혼자서 그 그림을 그린 것입니다. 1508년으로부터 1512년까지. 그는 허리도 좋지 않고, 호흡기도 좋지 않았습니다. 이렇게 천장을 향하여서 그림을 그리다보니 목이 굳어졌고 팔도 병신이 됩니다. 그럼에도 4년을 끝까지 이 그림을 그려나갈 때 제자들이 보다못해 "선생님, 몸도 좋지 않으신데 왜 하필이면 이런 거창한 그림을 그리려 하십니까. 다른 사람에게 맡겨도 되는데 왜 이 수고를 자청하시는 것입니까"하고 안타까워합니다. 그는 대답했습니다. "단순한 작품을 만드는 것이 아니다. 이것은 하나님의 영광을 위하여 하는 일이다. 하나님께서 필요하다 하시는데 내가 어찌 마다할 것이냐." 하나님의 영광을 위하여 4년 동안 꾸준히 그려서 5백여 년이 지난 오늘도 우리가 쳐다볼 때 큰 감동을 받는 것입니다. 그런 그림을 거기까지 올라가서 그 오랜 세월에 걸쳐 그려냈던 것입니다. 오직 하나님의 영광을 위하여 그렇게 수고했던 것입니다. 그는 이것이 영광이었고, 스스로의 자랑이었습니다. 우리는 깊이 생각해야 합니다. 사도 바울은 말씀합니다. "나도 내 속에서 능력으로 역사하시는 이의 역사를 따라 힘을 다하여 수고하노라(29절)." 큰 경륜 속에 내가 있음을 알고 수고하노라, 그 경륜에 포로된 나, 하나님의 선택받은 나를 생각하고 이제는 내가 그 은혜를 선택합니다. 그래서 나의 자유를 반납하여버립니다. 이젠 나를 위해 살지 않겠습니다, 오직 주님을 위해서 살겠습니다, 하고 주어진 자유를 완전히 반납해버리는 그 자유, 거기에 영광이 있는 것입니다.

　　인도에서 한평생을 수고하여 세계적으로 유명한 선교사 스탠리 존스 박사가 한평생 선교사역에 수고하고 남긴 간증이 있습니다. 기독교인이라면 누구나 필연적으로 세 가지를 체험하게 된다고 그는 말합니다. 첫번째로, 불안으로부터의 해방을 체험합니다. 우리를 걱정케 하고 불안하게 만드는 일들이 많습니다. 그러나 이 모든 불안으로부터 그리스도인은 자유합니다. 저 김진경 박사님도 이제 처형당할 시간을 앞에 놓고 있으면서도 마음이 평안했습니다. 일찌기 이렇듯 마음 평안한 시간이 없었다고 그는 간증하고 있습니다. 여러분, 그리스도인은 어떤 일에도 마음이 평안합니다. 불안으로부터 완전히 해방되는 것을 체험합니다. 이것이 신앙입니다. 두 번째로, 이 상할이만큼 마음이 기쁜 것입니다. 말로 설명할 수가 없는 체험입니다. 신비로운 기쁨이기 때문입니다. 왜 내가 기쁜지, 이 가슴속에 있는 그리스도인된 기쁨은 설명을 할 수가 없는 것입니다. 성령 안에서 놀라운 기쁨을 그리스도인은 체험합니다. 세 번째로, 고난을 체험합니다. 신앙생활 할 때 일이 잘되기만 하는 것은 아닙니다. 자꾸 어려운 일이 닥칩니다. 하나 해결되는가하면 또다른 일이 생깁니다. 어려운 일이 생깁니다. 왜 이런 일이 생길까—이제 스탠리 존스 박사는 깊이 체험했습니다. 이것은 내게 필요한 것이다, 하는 것을 깨달았습니다. 나로하여금 순수한 믿음 가지게 하시기 위하여 내가 버리지 못하는 것 버리도록, 끊지 못하는 것 끊도록, 내가 게을러빠질 때 부지런하도록, 내가 정신못차릴 때 순수한 마음 가지도록 하나님께서 몸소 역사하시는 것입니다. 내게 닥치는 모든 고난에 아주 귀중한, 신비로운 교육적 의미가 있음을 알았습니다. 이것이 그리스도인의 체험입니다. 스탠리 박사뿐이겠습니까. 어느 누구도 그리스도인이라면 이 세 가지를 체험하고 살아갑니다. 그런고로 사도 바울은 말씀합니다. "내가 이제 너희를 위하여 받는 괴로움을 기뻐하고 그리스도의 남은 고난을 그의 몸된 교회를 위하여 내 육체에 채우노라(24절)." 내게 주신 경륜을 아는 사람의 고백입니다.

여러분, 누구를 사랑하십니까? 사랑은 그를 위하여 수고하는 것을 기뻐하는 데 있습니다. 한평생 수고해도 기쁨이 없으면 사랑이 아닙니다. 사랑한다는 말을 하루종일 중얼거려도 소용없습니다. 내게 기쁨이 없으면 사랑이 아닙니다. 절대로 사랑이 아닙니다. 사랑이 아니기에 행복도 없는 것입니다. 고난을 기뻐하는 것이요, 희생을 즐기는 것이요, 고난이 클수록 더 기뻐하는 것이요, 주의 이름으로 당하는 고난이라면 그것은 최상의 영광이다—이렇게 고백할 수 있는 자가 그리스도인입니다. 그리스도의 이름으로 비난당하는 것이 있다고 한다면 더욱더 기뻐합니다. 이것은 그리스도인의 신앙의 극치입니다. 사도 바울은 나의 나됨은 은혜일 뿐이라고 생각했습니다. 은혜로 내가 교회의 일군이 되었다고 말씀합니다. '일군'은 헬라말로 '디아코노스'입니다. 문자그대로 '봉사자'입니다. '섬기는 자'입니다. 여러분, 한평생 섬김을 받고 살았습니까? 제발 이제는 생각 좀 바꾸어서 섬기는 자로 살아보십시오. 적게든많게든 섬김받으려들지 마십시오. 보아하니 요사이 많은 사람들이 참 한심한 데가 있습니다. 젊은사람들에게는 이른바 '왕자병' '공주병'이 있다고 합니다. 뭐가 잘났다고 그러는지 모릅니다. 시든 지가 언젠데, 물간 지가 언젠데요. 잊어버릴 것입니다. 그런 망상 깨끗이 버릴 것입니다. 그리고 남은 시간 그저 섬겨보겠다 하는 마음으로 살아보십시오. 이제 인생을 처음 사는 기쁨을 느끼게 될 것입니다. 아직도 탈피하지 못했다면 참 비참한 노릇입니다. 그대로 살다가 간다면 너무도 안타까운 일입니다. 제발 훌훌 벗어버립시다. 벗어버리고 오직 섬기는 자로 살 것입니다. 예수님께서도 친히 말씀하십니다. "인자가 온 것은 섬김을 받으려 함이 아니라 도리어 섬기려 하고 자기목숨을 많은 사람의 대속물로 주려 함이니라(마 20:28)." 작은 일이든 적은 일이든 이제는 섬길 것입니다. 시어머니노릇 하려들지 말고 며느리를 섬길 것입니다. 부모라고 효도받겠다 하지 말고 기왕에 주던 바에 끝까지 발이라도 닦아주면서 섬겨가기로 결심하십시오. 이제 가장 값진 인생은 섬기는 일에 쓰임받는다는 데 있습니다. 아직도 섬김에 쓰일 수 있는 요소가 많습니다. 이야말로 고마운 일입니다. 모름지기 섬기고 살 것입니다. 그리하면 귀한 생의 의미를 살아가게 될 것입니다. △

기적을 부른 찬송

종의 주인들은 자기 이익의 소망이 끊어진 것을 보고 바울과 실라를 잡아 가지고 저자로 관원들에게 끌어 갔다가 상관들 앞에 데리고 가서 말하되 이 사람들이 유대인인데 우리 성을 심히 요란케 하여 로마 사람인 우리가 받지도 못하고 행치도 못할 풍속을 전한다 하거늘 무리가 일제히 일어나 송사하니 상관들이 옷을 찢어 벗기고 매로 치라 하여 많이 친 후에 옥에 가두고 간수에게 분부하여 든든히 지키라 하니 그가 이러한 영을 받아 저희를 깊은 옥에 가두고 그 발을 착고에 든든히 채웠더니 밤중쯤 되어 바울과 실라가 기도하고 하나님을 찬미하매 죄수들이 듣더라 이에 홀연히 큰 지진이 나서 옥터가 움직이고 문이 곧 다 열리며 모든 사람의 매인 것이 다 벗어진지라 간수가 자다가 깨어 옥문들이 열린 것을 보고 죄수들이 도망한 줄로 생각하고 검을 빼어 자결하려 하거늘 바울이 크게 소리질러 가로되 네 몸을 상하지 말라 우리가 다 여기 있노라 하니 간수가 등불을 달라고 하며 뛰어들어가 무서워 떨며 바울과 실라 앞에 부복하고 저희를 데리고 나가 가로되 선생들아 내가 어떻게 하여야 구원을 얻으리이까 하거늘 가로되 주 예수를 믿으라 그리하면 너와 네 집이 구원을 얻으리라 하고 주의 말씀을 그 사람과 그 집에 있는 모든 사람에게 전하더라

(사도행전 16 : 19 - 32)

기적을 부른 찬송

　제가 처음으로 미국유학의 길을 떠나게 된 것은 1963년의 일입니다. 그때만 해도 세계여행을 자유롭게 하지 못할 때였습니다. 또 유학 가는 것이 굉장한 벼슬이라도 되는 듯했고 또 어려웠습니다. 좌우간 한 사람 미국가는 데 환송객이 버스로 두 대나 되었습니다. 그런 때에 유학을 나섰습니다. 그런데 비행기 안에서 걱정이 많았습니다. 언어도 잘 안통하는데 막상 가면 어떻게 공부를 해낼 것인지, 낯선 사람들을 만나는 것도 겁이 나고… 그런데 비행기 안에서 뜻밖에도 교회의 집사님 한 분을 만났습니다. 어떻게나 반가운지요. 그 분은 벌써 한 6년 동안 외국에서 유학을 한 경력이 있는 분이었습니다. 그분 보고 제가 이렇게 말했습니다. "이 시간에 많은 조언을 해주신다해도 제가 다 기억하고 있지 못할 것이고 실천도 하지 못할 것이니 그저 가장 중요한 것, 내 유학생활에 가장 요긴한 것 한 가지만 말해주시오." 그는 이렇게 말했습니다. "우리네와 달라서 미국사람들은 감사하다는 말을 잘합니다. 그러므로 'Thank you'라는 말을 열심히 해야 됩니다." 스튜어디스가 제게 차를 따라주었습니다. 잠자코 받았습니다. 했더니 그 집사님이 내 옆구리를 쿡 찌르면서 "왜 가만히 있습니까"하고 소근거립니다. "아니, 차 한잔 따라줬는데 뭘…" "그게 잘못된 것입니다. 조그마한 일에도 여기서는 'Thank you' 해야 됩니다." 저는 적이 충격을 받았습니다. 이후로 저는 미국 생활에서 그저 만나는 사람에게나 일을 할 때마다 "Thank you"를 열심히 하면서 그 문화에 적응하느라고 만만찮은 고역을 치렀습니다.
　여러분, 무릇 인간의 질은 그 마음과 그의 말 속에 얼마나 감사가 있느냐에 따라 평가되는 것입니다. 감사하다는 말 대신에 원망을 토로하고, 고맙다는 마음보다 불평이 많으면 그 사람됨의 질은 떨어진 것입니다. 그런가하면 그 인간의 양적 생이라는 것은 그의 소유와 지식과 지위에 의해서 평가되는 것입니다. 문제는 여기에 있습니다. 한 사람의 인간된 수준은 그가 가진 감사의 수준에 있습니다. 어떤 일에 감사하는가, 얼마나 감사할 수 있는가, 어떠한 마음으로 감사하는가―여기서 사람됨의 수준이 가늠됩니다. 공산주의 사회에는 절대로 없는 말이 두 가지 있습니다. 하나는 감사하다는 말이요, 또 하나는 사랑한다는 말입니다. 그 세계에는 이 두 단어가 없습니다. 가끔 우리가 그들에게 무엇을 도와준다, 보내준다 하지마는 고맙다는 인사는 한마디도 못듣습니다. 왜 그런가 싶겠지마는 애시당초 그런 말이 그네들에게는 없는 것입니다. 본디부터 없습니다. 어째서 그렇겠습니까. 기본철학이 '혁명'이기 때문입니다. 혁명과 쟁취를 통해서 얻었다고 하는 일에는 감사가 없습니다. 모든 일이 오로지 '혁명' 일 뿐입니다. 결혼까지도 소위 '혁명정신'으로 합니다. 그러니 무슨 감사가 있겠습니까. 고마워하는 마음이란 아예 없는 것입니다. 그러니까 살기좋은 세상이라는 것은, 소위 복지사회라는 것은 감사하는 마음이, 감사하다는 말이 많은 그 곳이라고 생각합니다. 또, 살만한 분위기라고 하면 "I am sorry" 곧 미안하다는 말을 잘 하면서, 쉽게 하면서 사는 분위기라 하겠습니다. 여기서 우리 한번 자신의 인격을 더듬어봅시다. 미안하다는 말을 얼마나 하고 사는지, 쉽게 할 수 있는지를 점검해봅시다. 나아가 감사하고 사는지도 점검해봅시다. "감사합니다"하는 말이 그저 술술 나온다면 질높은 생을 살아가고 있는 것입니다. 행복지수를 무엇으로 재겠습니까. 그 입에 있는 감사, 그 마음에 있는 고마움의 정도가 그 사람의 행복지수라는 것을 분명하게 알아야 합니다. 이상하게도 감사는 절대성을 띠고 있습니다. 상대적인 것이 아닙니다. 그것은 본성이요, 체질이요, 존재입니다. 보십시오. 감사하는 사람은 어떤 일에든지 감사할 수 있습니다. 그러나 사람이 못돼먹어놓으면 어디에 갖다놓아도 불평이요, 어떤 일에나 원망입니다. 감사에 따로 이유 없습니다. 원망에 이유 따로 없습니다. 감사하는 사람은 범사에 감사하고, 원망하는 사람은 범사에 원망하게 되어 있습니다. 이 점을 알아야 합니다. '감사'를 상대적인 것으로 생각하는 데서부터 문제가 발생합니다. 감사는 절대화하는 것이요, 절대적인 문제요, 존재 그 자체의 문제요, 체질의 문제요, 성품의 문제라는 것을 깊이 유념해야 합니다. 어떤 일이든지 간에 적자(赤字)로 보지 않습니다. 꼭 흑자계산을 합니다. 잃어버린 것이 있지마는 얻은 것이 더 많다고 생각합니다. 언제나 얻는 것이 있다고 생각하는 사람은 감사하게 됩니다. 얻은 것도 퍽 많은데 굳이 잃어버린 것만 생각하는, 이런 사람은 불평이나 할 수밖에 없습니다. 항상 부정적으로 생각하는 사람은 끝없이 원망하다가 원망으로 끝납니다. 긍정적으로 생각하는 사람은 모든 일에서 감사할 수 있는 것입니다.

한국이 낳은 가장 대표적인 그리스도인이 여기 있습니다. 누가 뭐라해도 이 분은 한국이 낳은 대표적 기독교인이라 할 것입니다. 바로 손양원(孫良源) 목사님이 그 분입니다. 한평생을 문둥병환자 위하여 살았습니다. 특별히 저 '신사참배'를 불복함으로해서 6년 동안 감옥에 있다가 8·15 광복과 함께 자유의 몸이 되었습니다마는 이렇게 훌륭한 믿음의 사람인데도 인간적으로 보면 참 불행한 일을 당합니다. '여수 순천 반란사건' 때인 1948년 10월 27일 두 아들 동인(東仁), 동신(東信)을 동시에 잃고 맙니다. 공산주의자가 그들을 총살해 버린 것입니다. 그는 애양원(愛養院)에서 부흥회 인도하는 중에 이 소식을 듣고도 여전히 태연하게 부흥회를 끝까지 다 인도하였습니다. 두 아들 장례식을 치를 때 많은 사람들이 모였습니다. 목사님은 오신 분들을 향하여 마지막으로 인사를 하게 됩니다. 그 인사 중에 하신 말씀입니다. "제가 이 시간에 무슨 답사를 하고 무슨 인사를 하겠습니까마는 하나님 앞에 내 감사하는 마음이 있어서 몇말씀 드립니다"하고 그는 이렇게 말씀하였습니다. "첫째로는 나같이 허물 많은 사람의 혈통 중에 순교자 자식이 나왔다는 사실을 감사합니다. 둘째는 수많은 성도 중에서 하필이면 이 보배들을 하잘것없는 우리 집에 주신 것을 감사합니다. 셋째는 3남 3녀 중 가장 늠름하고 아름답고 잘난 장남과 차남을 하나님 앞으로 바치게 된 이것을 감사합니다. 넷째는, 한 아들 순교하기도 어려운데 두 아들이 순교하게 되었으니 감사합니다. 다섯째는, 예수를 믿다가 와석종신(臥席終身)하는 것도 큰 복인데 복음전하다가 순교하는, 그런 영광을 누리게 하신 것을 감사합니다. 여섯째는, 저들이 미국유학을 준비하고 있었는데 미국보다 더 좋은 천국에 가게 되었으니 감사합니다. 일곱 번째는, 두 아들을 총살한 그 원수를 내 아들 삼을 수 있는 마음 주신 것을 감사합니다. 여덟 번째는, 내 아들들 순교 열매로 하여 무수한 하나님의 자녀들이 속출하게 될 것을 생각하여 감사합니다. 아홉 번째는, 이같은 역경 속에서 여덟 가지 진리와 신혜를 생각하며 깊이 기뻐할 수 있는 마음 주신 것을 감사합니다. 열 번째는, 이렇듯 과분한 축복 누리게 되는 것을 감사합니다." 이래서 손양원 목사님의 일생을 기록한 책 제목이「사랑의 원자탄」입니다. 그러나 특별한 애기가 아닙니다. 그리스도인은 모든 일에서 감사합니다. 감사하는 마음이 먼저요, 감사의 생각이 먼저요, 그것으로 모든 섭섭한 마음 다 물리칩니다. 이 점이 그리스도인의 본질입니다.

오늘말씀을 보면 사도 바울이 빌립보감옥에서 찬송을 불렀다고 말씀합니다. 그가 투옥된 경위는 더없이 부조리하고 모순적입니다. 그가 빌립보에서 전도하러 다닐 때 그의 얼굴을 보면 일삼아 그를 괴롭히는 귀신들린 여자 하나가 있었습니다. 점을 쳐서 주인에게 돈을 벌어주는 여종이라고 합니다. 이 여종이 끈덕지게 바울을 따라다니며 괴롭혔습니다. 참다못해 바울은 귀신을 향하여 "예수 그리스도의 이름으로 내가 네게 명하노니 그에게서 나오라"하고 소리쳐 귀신을 내쫓음으로 아주 말짱하고 깨끗한 여자아이로 만들어주었습니다. 그런데 이 귀신들린 여자를 앞세우고 돈을 벌던 주인이 돈줄이 끊긴데 화가 났고 이런 것으로 해서 사도 바울을 감옥에 처넣게 됩니다. 바울은 많은 매질을 당합니다. 재판도 하기 전에 많은 매를 맞았습니다. 그래서 거의 죽을지경이 되어 있었던 것같습니다. 그런 몸으로 그는 감옥에서 찬송을 불렀다고 합니다. 그는 아무도 원망하지 않았습니다. 자기를 때리는 사람도 원망하지 않았습니다. 자기를 지키고 있는 간수도 미워하지 않았습니다. 그도그럴것은 자기잘못 없는 고생을 하고 있기 때문입니다. 우리는 더러 억울하다는 소리를 합니다마는 기왕에 고생하는 것이라면 내 잘못 있어서 고생하는 것과 억울한 고생의 어느 쪽을 택하겠습니까. 기왕이면 내 잘못 없이 억울한 고생을 하는 편이 낫습니다. 내가 죄많고 잘못이 많아서 고생하는 것이야 마땅한 고생인 것입니다. 기왕 고생할 바에야 죄없이 아주 억울하게 고생하는 것, 그것이 괜찮은 것입니다. 바울은 그것을 생각하고 있습니다. 특별히 한 사람의 생명을 구원했습니다. 구원하고 오는 대가라면 아, 그것은 좀 받아도 괜찮은 것이지요. 생명을 구원한다는 것이 쉬운 일 아닙니다. 그래 감사한 것입니다. 또 그는 하나님의 일 하다가 감옥에 있게 된 것입니다. 신나는 일입니다. 세상에 하나님의 일 하는 것, 그래서 고생하는 것이야말로 아름다운 일 아닙니까.

제가 인천에서 목회할 때의 일입니다. 어떤 권사님이 다리가 부러져서 병원에 입원했습니다. 가보니 목도 부러졌다고 합니다. 그래 깁스를 하고 떡 누워 있습니다. "그래, 얼마나 괴롭습니까" 했더니 "아니야요, 목사님" 합니다. 얼굴이 그렇게 밝을 수가 없었습니다. 그는 이렇게 말했습니다. "내가요, 장사하러 가다가 다칠 수도 있고, 못된 짓 하다가 다칠 수도 있는데 새벽기도 가다가 다쳤거든요. 이거 괜찮은 거예요." 그 말을 듣고 저는 많이 생각했습니다. 새벽기도에 나가다가 다쳤다—그러니까 불행한 일입니까, 그러니까 행복한 일입니까. 여기서 달라집니다. 기복사상을 가진 사람은 "새벽기도 나가는 사람이 왜 다리가 부러지냐, 하나님은 어디 계시냐" 하고 원망하겠지요. 그러나 이 사람은 그렇지 않습니다. 하필이면 교회가다가 다쳤으니 이것은 다행스럽고 아름다운 일이라는 것입니다. 오늘 사도 바울은 주의 일을 하다가, 복음전하다가 감옥에 갇혔습니다. 아름다운 일입니다. 그래서 그는 자기의 생명, 남은 생명을 하나님께 그대로 위탁하고 그 누구도 원망하지 않았습니다. 그리고 본문대로 그는 기도를 했습니다. 아마도 실신해 있다가 퍼뜩 정신을 차리고, 한밤중에 정신을 차리고 하나님 앞에 먼저 기도드린 것같습니다. 어떤 기도를 드렸는지 알 수는 없습니다. 궁금합니다. 그러나 분명히 알 수 있는 것은 누구 원망하는 기도를 한 것이 아니라는 것입니다. 또한 '어째서 이 꼴이 됐습니까' 라고 기도한 것도 아니고 '이 감옥에서 나오게 해주십시오' 라고 기도한 것도 아닐 것같습니다. 그는 하나님 앞에 있는 자기모습을 생각하면서 기도했을 줄 압니다. 성령이 감동할 때 자기가 당한 이 처지의 의미를 크게크게 생각할 수 있게 된 줄 압니다. 짐작컨대 꼭 두 가지 생각을 했을 것같습니다. 하나는 다메섹 도상입니다. 예수믿는 사람들을 잡기 위하여 다메섹으로 가다가 다메섹 다 갔을 때 예수님께서 길을 막으시고 '어찌하여 네가 나를 핍박하느냐' 하심으로 붙들린 바 되어 그는 사도가 되었습니다. 이것을 생각했을 것같습니다. 조금 속되게 말씀드리면, 예수믿는 사람을 핍박하다가 벼락을 맞아서 지옥으로 가야 될 사람이 도대체 어떻게 되어 오늘 복음을 전하다가 순교하는 복을 누리게 되었다는 말입니까. 하늘과 땅의 차이, 그것을 감사한 것같습니다. 그가 생각했을 법한 또하나는 스데반입니다. 아마도 바울은 지금 피투성이가 되어 있을 것인데 스데반이 돌에 맞아 죽는 모습이 생각납니다. 그 천사와 같은 얼굴이 확 떠오릅니다. 죄송스럽기도 하고, 감사하기도 하고… 그는 기도 중에 죽음을 초월합니다. 죽음의 세계가 멀리 가고, 죽음 다음에 있는 하나님의 나라가 환하게 보입니다. 순교자의 반열, 영광된 순교자의 반열에 내가 지금 들어가고 있는 것입니다. 그 순간 그의 마음에서 미움이 사라지고 슬픔도 탄식도 그 마음에 없습니다. 그저 감사하고, 그저 찬양과 찬미만이 있을 뿐입니다. 하나님의 영광을 찬양합니다. 하나님의 사랑으로 그 마음이 충만합니다. 환하게 마음이 열립니다. 이것이 제1차 기적이라고 저는 생각합니다. 미워할 수 있는 사람이 사랑하고, 원망할 수 있는 사람이 찬송하고, 탄식할 수 있는 사람이 하나님께 감사하는 마음으로 충만한 것, 이것이 1차 기적입니다. 이제 그가 찬송을 할 때 마침내, 보십시오, 감옥문이 열리는 기적을 보게 됩니다. 다시 말씀드립니다마는 기적을 바라고 찬송한 것이 아닙니다. 찬송함으로 기적이 나타난 것입니다. 내 사랑하는 친구목사님에 이런 분이 있습니다. 6·25전쟁 때 인민군에게 포로되었습니다. 총살당하게 되었습니다. 총살 직전에 인민군이 말합니다. "마지막 소원이 뭐냐?" 그래서 그는 "찬송 한번 부르겠습니다." "그래. 마지막 소원이니 들어준다." 그는 '하늘 가는 밝은 길이' 하고 목청껏 찬송을 불렀습니다. 1절을 마치고 2절을 부르기 시작할 때 '따당' 하고 총성이 울렸습니다. '아이쿠, 이젠 죽는가보다' 하고 쓰러졌습니다. 어느 때인지 정신차리고 보니 웬 사람의 등에 업혀서 남쪽으로 오고 있는 것이었습니다. 곡절인즉 그 인민군 가운데 장로님의 아들이 있었는데, 이 사람이 그의 찬송을 들으면서 감동을 했고, 감동한 나머지 옆에 서 있는 다른 인민군들을 다 사살해버리고 그를 업었던 것입니다. 그렇게 남쪽으로 와서 신학을 하고 목사가 된 분입니다. 실화입니다. 사실 중에 사실입니다. 얼마나 극적입니까.

여러분, 가장 위험한 때 찬송을 부르는 것 자체가 기적입니다. 그리할 때 옥문이 열리는 것입니다. 간수가 문앞에 엎드려 벌벌떨면서 바울 보고 어찌할꼬, 부르짖습니다. 이에 "주 예수를 믿으라 그리하면 너와 네 집이 구원을 얻으리라"하고 바울은 외칩니다. 아, 얼마나 신나는 시간입니까. 얼마나 멋진 영광입니까. 어디다 비교하겠습니까. 유진 클락이라고 하면 복음성가 작곡가인데 아직은 아마도 복음성가 작곡가 중에서는 가장 높이 평가되는 분일 것입니다. 그는 세계적으로 유명한 찬송을 한 50곡 지었습니다. 또 2곡의 칸타타도 지었습니다. 빌리 그레이엄 크루세이드(Billy Graham Crusade) 때마다 이 분의 찬송을 많이 부릅니다. 그는 42세에 시각장애자가 됩니다. 맹인이 됩니다. 심한 신경통 때문에 절름발이가 되었습니다. 절름발이에 맹인입니다. 그러나 그 영혼은 깨끗하여 찬송을 부릅니다. 그 찬송이 많은 사람에게 감동을 줍니다. 많은 사람의 영혼을 구원하고 있습니다. 그는 이렇게 말합니다. "성가란, 작곡이나 연주의 기술보다 자기가 그 노래에 얼마만큼 반영되어 있느냐에 진가가 달렸다. 자신의 전 생명을 쏟아부어 작곡하고 노래부를 것이다." 영혼의 깊은 데서부터 끓어오르는 감사와 찬양만이 기적을 낳는 것입니다. 감사와 찬송은 가장 생산적인 것입니다. 감사와 찬송에는 창조적 능력이 동반합니다. 기적을 부릅니다. 여러분, 바울은 기적이 있어서 찬송한 것이 아닙니다. 찬송이 있어서 기적이 따른 것입니다. 우리가 감옥같은 세상을 삽니다. 어두운 세상을 삽니다. 부자유한 세상을 삽니다. 그러나 우리의 영혼이 높이높이 솟아서 감사와 찬송으로 충만할 때 홍해가 열리는 기적을 볼 것입니다. 감옥문이 열리는 기적을 볼 것입니다. △

받음직한 봉사

　형제들아 내가 우리 주 예수 그리스도로 말미암고 성령의 사랑으로 말미암아 너희를 권하노니 너희 기도에 나와 힘을 같이하여 나를 위하여 하나님께 빌어 나로 유대에 순종치 아니하는 자들에게서 구원을 받게 하고 또 예루살렘에 대한 나의 섬기는 일을 성도들이 받음직하게 하고 나로 하나님의 뜻을 좇아 기쁨으로 너희에게 나아가 너희와 함께 편히 쉬게 하라 평강의 하나님께서 너희 모든 사람과 함께 계실지어다 아멘

(로마서 15 : 30 - 33)

받음직한 봉사

　네 살난 어린아이를 위해서 어머니가 잠자리기도를 합니다. "늘 건강하게 해주시고, 또 총명하게 자라도록 해주시고…"하다가 "엄마 말 잘듣게 해주시고…" 어머니는 늘 이렇게 기도했습니다. 한번은 이 어린아이가 어머니의 그런 잠자리기도를 듣던 중 "엄마, 오늘은 내가 기도할께"하더니 "엄마가 내 말 잘듣게 해주십시오"하고 기도하는 것이었습니다. 저마다 제 입장만 생각하고 자기에게 유리한 소원을 내놓고 있습니다. 어머니라면 내가 진정 이 아이를 위하여 무엇을 해야 할까, 어떻게 해야 잘하는 것일까, 어떻게 사랑하는 것이 정말 바로 사랑하는 것일까를 알게 해달라고 기도해야 마땅한데 나는 다 잘하고 있는 양 저 아이가 내 말을 잘듣게 해달라고 하는 것입니다. 사람이 이렇듯 저마다 나름의 소원만을 열심히 구하고 있습니다. 몇년 전 미국의 칼럼니스트들이 색다른 여론조사를 하여, 그 보고서를 내놓았습니다. 몇가지 면에서 기독교인과 비기독교인을 비교하여 도표로 나타내보인 것입니다. 첫째는 '봉사참가지수' 인데 봉사활동에 얼마나 참가하고 있는가를 비교한 것입니다. 결과는 단연 기독교인들이 월등하게, 잘믿거나 못믿거나 간에 훨씬 더 많은 사람들이 봉사활동에 나서고 있더라는 것입니다. 두 번째는 '포용력지수' 인데 특별히 인종문제가 복잡한 나라인지라 인종차별문제에 있어서 얼마나 포용력이 있는지, 그리고 가난한 자와 부한 자 사이에 얼마나 넉넉한 포용이 있는지를 평가해본 것입니다. 요컨대 얼마나 관용할 수 있느냐가 그 지수가 됩니다. 이 지수도 기독교인이 높았습니다. 또하나는 '가정안정지수' 입니다. 이혼문제같은 불안에 빠지지 않는지, 아이들도 부모의 뜻을 따라서 성실하게 잘 자라주고 있는지 —이런 것들을 가정안정지수라고 해서 평가해본 것인데 이 지수도 기독교인들이 더 높았습니다. 마지막이 '행복감지수' 입니다. 베푸는 삶을 통해서 스스로의 행복을 만끽하고 살아가는가—이 만족도가 기독교인의 경우 60%라고 했습니다. 60%의 사람들이 스스로 만족하다고 응답한 것입니다. 여러분, 이렇게 네 가지 기준을 잡아 한번 우리 스스로를 평가해본다면, 여러분 자신들을 평가해본다면 그 지수는 어떻게 나타날 것같습니까. 봉사생활, 금년에 얼마나 했습니까? 얼마나 너그러운 사람이 되었습니까? 가정은 얼마나 더 안정이 되었습니까? 여러분의 행복감은 지금 어느 수준에 있습니까? 마땅히 스스로 물어보아야 할 것입니다.

하나님께서는 받는 것보다 주는 것에서 기쁨을 찾도록, 그렇게 우리 인생을 창조하신 것같습니다. 사도행전 20장 35절에 보면 예수님 친히 하신 말씀을 바울이 인용하고 있습니다. "주는 것이 받는 것보다 복이 있다." 주는 자에게 기쁨이 있다, 주는 자에게 행복이 있다, 하신 말씀입니다. 여러분, 이 주는 행복의 진리를 터득하기까지는 여러분은 영영 행복을 모르고 말 것입니다. 이 진리만은 논리에 속한 것이 아닙니다. 이것은 행동으로 실천하는 사람만이 터득할 수 있는 특별한 진리입니다. 자 이제, 자녀와의 관계를 한번 봅시다. 여러분이 자녀들을 위해서 수고를 하십니까. 그 수고하는 것 자체를 행복으로 여기는 자라야 행복할 수 있습니다. 밑천들여 본전뽑겠다는 마음으로 수고하는 사람들은 그래서 불만이 많습니다. 키우면서 얼마나 재미있습니까. 그것으로 이미 기쁨을 다 얻은 것입니다. 애써 효도하라고 강요할 것 없습니다. 본전 다 찾았습니다. 잊지 말 것입니다. 베푸는 재미, 키우는 재미, 수고하는 재미 그 자체가 행복이었습니다. 그렇습니다. 인생은 항상 베풀면서 살아갈 수 있도록, 베풀면서야 행복할 수 있도록 창조된 존재입니다. 이것을 아는 것이 성숙한 인격입니다. 삶의 질을 여기서 높여갈 수 있다고 생각합니다. 누구나 임종을 하게 되면 사람이 착해진다고 합니다. 그래서 마지막으로 크게 세 가지를 뉘우친다고 합니다. 그 첫째가 베풀지 못한 것입니다. 좀더 좋은 일 할 수 있었는데, 좀더 줄 수 있었는데, 그렇게 못하고 말았구나—그대로 그대로 생각이 납니다. '좀더 넉넉하게 주면서 살 수 있었는데… 이렇듯 부르쥐고 그러모아보아도 쓰도먹도 못하고 가는 것을… 좀더 좋은 일 하면서 살았더면 좋았을 것을…' 이것이 큰 후회, 첫째 후회입니다. 둘째로 뉘우치는 것이 참지 못한 것입니다. '조금만 참았더면 좋았을 걸, 왜 쓸데없는 소리를 했던고, 왜 쓸데없이 행동했던고.' 세 번째는 '좀더 행복하게 살 수도 있었는데, 좀더 즐길 수 있었는데, 그렇게 아옹다옹하고 울고불고할 것 없었는데, 얼마든지 즐겁게 살 수 있었는데 내가 사람이 못돼먹어서 나 괴롭고 남 괴롭혔구나, 그렇게 사는 것이 아닌데' —이것이 공통적으로 가지는 후회입니다. 받는 데만 급급하고 못받았다는 원망, 더 가지고자 하는 욕심에만 매여서 버둥거리고 있다면 행복할 길은 영영 없습니다. 한번 마음을 돌려서 '베풀자' 하고 생각을 해봅시다. 베푸는 마음을 한번 가져봅시다. 그리하지 않고는 절대로 여러분은 행복이 무엇인지를 모르는 생을 살아가게 될 것입니다.

베푸는 자가 누구입니까. 흔한 생각에는 '아, 돈많은 사람이 주는 거지 우리같이 가난한 사람이야 구제받아야 할 대상인데 누구를 구제한단말인가' 하겠지마는 그렇지 않습니다. 지금은 문전에 찾아오는 거지가 눈에 띄지 않지마는 옛날에는 문전걸식 하는 거지가 많았습니다. 그런데 그 거지들은 대문이 크고 담장이 높은 집에 가서는 얻어먹지 못한다고 말했습니다. 잔뜩 욕만 먹는다고 합니다. "썩 물러가지 못해? 아침부터 재수없게시리…" 이렇게 박대당하기 일쑤라고 합니다. 아주 가난한 집, 대문도 없는 집에 가야 넉넉히 얻어먹는다고 합니다. 구제를 부자가 하는 것이 아닙니다. 이것을 알아야 합니다. 성공한 사람이 구제하는 것이 아닙니다. 오히려 사업 망한 사람이 구제를 합니다. 가난한 사람이 돕게 마련이지 부한 사람, 그 사람들은 돈에 미쳐가지고 정신없습니다. 내버려둘 것입니다. 어림도 없습니다. 어렵고 가난한, 바로 그 형편에 있는 사람이 진정으로 마음을 쓸 수가 있는 것입니다. 또, 주되 누구에게 주어야 됩니까. 보아하면 쓸데없이, 괜히 돈있는 사람에게 주느라고 문제입니다. 뭐, 사과상자(돈을 담은)니 뭐니… 하고 말입니다. 우리의 선행은 전혀 보상할 수 없는, 대신 보답할 수 없는 사람에게 베풀어져야 되는 것입니다. 내 친척, 내 아는 사람에게가 아니라 날 찾아오지도 못하고, 와서 도움을 청할 수도 없는 바로 그런 사람들에게 말입니다. 예수님께서는 "네가 점심이나 저녁이나 베풀거든 벗이나 형제나 친척이나 부한 이웃을 청하지 말라(눅 14:12)"하고 말씀하십니다. "두렵건대 그 사람들이 너를 도로 청하여 네게 갚음이 될까 하라"하십니다. 대신 청할 수 없는, 보답할 수 없는 바로 그, 그 사람을 대상으로해서 선한 일을 하라고 말씀하십니다. 세 번째로, 베풀되 어떻게 베풀어야 됩니까. 오늘본문에서 그것을 배웁니다. 저는 며칠전에 미국으로 집회 인도하러 가면서 비행기 안에서 참 아픈 마음으로 뉘우쳐보았습니다. 내 앞자리에 점잖은 미국사람 내외분이 앉았는데 한국에 와서 고아를 데리고 가는 길이었습니다. 아직 낯을 가리지 못하는 어린아이, 칭얼거리는 그 아이를 안고 가면서 열 시간 동안 내내 아버지가 돌봅니다. 이상하게도 그 어머니는 까딱도 안합니다. 옆에서 구경만 할 뿐이었습니다. 아버지가 그 아이를 안고 애쓰는 것을 보았습니다. 속으로 '나는 저렇게 오랫동안 아이를 안아본 일이 없는데' 했습니다. 그렇게 정성스러울 수가 없었습니다. 그 고아는 분명히 한국아이인데 그렇게 정성을 다합니다. 보고 저는 많이 생각했습니다. 저 사람들은 여기까지 와서 저 아이를 데리고 가는데 우리는 도대체 고아를 '팔아먹는' 나라가 되었으니, 이래가지고도 복받겠다고? 조심합시다. 무슨 복이 온다는 얘기입니까, 이 땅에. 도대체 그것이 될 말입니까. "아, 저 사람 참 훌륭하군요." 마침 내 옆에 자리잡은 예비역 미군장성을 보고 말했더니 그는 "아, 내가 아는 사람은요, 지금 아이가 다섯인데 남의 아이가 또 다섯입니다. 그 집에 가면 아주 와글와글하는데 가볼 때마다 참 행복해보입디다"하고 이야기합니다. 제 짐작으로는 이것이 자기자신의 이야기같았습니다. 저는 더욱 부끄러워져서 참 민망했었습니다. '어쩌다가 우리는 이 모양이 됐나…' 복달라고 열심히 소리만 질렀지 복받을만한 짓을 하지 못했습니다, 우리네는.

오늘본문에 나타난 말씀을 봅시다. 사도 바울이 소아시아 전지역을 다니면서 복음을 전하고 Church planting, 교회를 개척하는 중입니다. 전혀 예수믿는 사람이 없는 곳에 가서 예수믿는 사람들 만드는 것입니다. 그 사람들이 아직 신앙적으로 채 성숙하지도 못했는데 그런 사람들을 보고 저 예루살렘의 많은 사람들이 지금 흉년들어서 굶어죽어가니 연보를 하자고 했습니다. 당신들도 소식들어 알지 않습니까, 우리가 도웁시다, 해서 그들이 정성껏 헌금을 하고 예루살렘으로 보내게 됩니다. 그런데 특별히 바울은 본문에 보는대로 그 헌금은 소중하기 때문에, 마음을 담아서 이번만은 내가 그것을 직접 가지고 갈 것이다, 합니다. 특별히 중요한 것은 이 헌금을 한 이방교인들의 마음과 사랑을 예루살렘에 친히 전달하고 싶어서 바울 그가 손수 가지고 갑니다. 여기에는 큰 위험이 있었습니다. 예루살렘에 사도 바울을 죽이겠다고 벼르는 사람들이 있다는 것을 바울은 알고 있습니다. 이번에 갔다가는 살아남기가 어렵겠다는 것을 알고 있습니다. 그래서 로마서를 쓰는 것입니다. 내가 로마로 가고 싶은데, 만일에 여차직해서 못가게 되더라도 이 편지로 대신하고 싶어서 쓰게 된 편지가 로마서입니다. 위험을 무릅쓰고 그 성금을 친히 가지고 갑니다. 그러나 이것을 받은 예루살렘이 결코 그를 용납하지 않습니다. 그를 죽이려들었고, 죽이지 않고는 밥도 먹지 않겠다고까지 맹세하는 사람들도 있었습니다. 사도 바울은 결국 많은 핍박을 받고 갇히고, 죄수의 몸으로 로마까지 가게 되지 않습니까. 그렇게 된 것입니다. 그런데 지금 로마에 편지를 합니다. "예루살렘에 대한 나의 섬기는 일을 성도들이 받음직하게 하고(31절)" ─ 그렇게 되도록 위하여 기도해달라고 말씀합니다. 기도 요청을 하고 있는 것입니다. 얼마나 놀라운 이야기입니까. 주는 자의 마음입니다. 먼저는 주는 자의 마음이 뜨거워야 됩니다. 던져주는 것이 아닙니다. 억지로 주는 것이 아닙니다. 불가피해서 주는 것이 아닙니다. 자랑삼아 주는 것이 아닙니다. 높은 자세로 주는 것이 아닙니다. 주는 자의 마음, 물질이 아니고 사랑을 주고, 희생을 주고, 죄송한 마음으로 주고 해야 되는 것입니다. 더욱이 겸손한 마음으로 주어야 하는 것입니다.

아쉬운 마음으로 주어야 되는 것입니다.
 여러분, 자녀들의 용돈 때문에 고생하십니까? 또 자녀교육에 문제가 있습니까? 말 한마디에 달린 것입니다. 아이들에게 무엇을 주더라도 줄 때 "미안하다. 더 잘해주고 싶은데 요것밖에 없구나. 네가 우리집에 태어난 게 잘못이지. 아버지 재주 없고, 내 재주 더 없고… 그러니까 요것밖에 없지 않니. 다른 집에서는 더 잘해주더라마는 나는 못해주니 미안하다"하면서 주어야 아이들이 눈물을 흘리면서 감사하지요. "야, 왜 이렇게 용돈이 많으냐. 남의 집 아이들은 조금씩만 쓰던데 너는 왜 그 모양이냐." 이렇게 나오면 아이들이(얼마나 머리가 빠른대요) 속으로 '아버지 골프 한번 치는 데 얼마인지 아십니까. 다 알고 있습니다. 아버지가 술자리 한번 벌이는 데 얼마나 드는지 아시느냐고요' 합니다. 말은 안하지만 속은 멀쩡합니다. 이 아들이 어떻게 잘되겠습니까. 보십시오. 마음이 없지 않습니까. 마음을 주지 못하고 있지 않습니까. 모름지기 주는 사람의 마음에는 언제나 '미안합니다' 하는 마음이 있어야 하는 것입니다. 아쉬운 마음이 있어야 되는 것입니다. 부모에게 효도할 때도 "더 잘해드리고 싶지마는 그저 형편이 이래서요"하는 마음이라야지 "뭐, 그만하면 됐지 뭘"해서는 안되는 것입니다. 「탈무드」에 재미있는 이야기가 있습니다. 어떤 왕의 외동딸이 병들어 죽어갑니다. 죽어가니까 왕이 하도 다급한 나머지 '이 딸의 병을 고치는 자는 사위를 삼고, 내 대를 이어서 왕위에 오르도록 하겠다' 하고 방을 붙였습니다. 먼 나라의 산골에 어느 삼형제가 살았는데, 이 삼형제는 저마다 신기한 보화를 하나씩 가지고 있었습니다. 큰형은 멀리 보는 망원경을 가졌습니다. 그 망원경으로 그 방 붙인 것을 보게 되었습니다. 둘째는 하늘을 날아다니는 양탄자 하나를 가지고 있었습니다. 이것을 타고 이제 삼형제가 가게 되는 것입니다. 셋째는 어떤 병이라도 낫게 하는 사과 하나를 가지고 있었습니다. 자, 이 삼형제가 멀리서 보고, 양탄자를 타고 와서, 이 사과를 먹임으로 공주가 병에서 나았습니다. 이제 사위를 삼아야 하는데, 공을 세운 사람은 세 사람입니다. 어느 사람을 사위로 삼아야 하느냐―「탈무드」가 가르쳐주는 해답은 이렇습니다. '망원경은 도로 가져가면 되고, 양탄자도 도로 가져가면 된다. 그러나 사과는 먹어 없어졌다. 그러니 셋째야말로 큰 희생을 한 것이다.' 그래서 셋째가 왕이 되었다고 합니다. 없어져야 되는 것입니다. 희생해서 내가 없어져야 사랑입니다. 주는 자의 마음은 이토록 지극해야 합니다. 나 자신이 사라지는, 거기에 진정 주는 자의 마음이 있는 것입니다. 또하나는 신앙적이고, 절대적이어야 합니다. 다른 사람하고 비교할 것 없습니다. 하나님과 나와의 관계입니다. 하나님께로서 나는 많은 것을 받았습니다. 그 받은 마음에서 적은 봉사를 하는 것입니다. 받은 마음에 대한 감사가 이렇게 열매를 맺어나가는 것입니다.

또하나는, 전혀 보답을 바람이 없이 주어야 됩니다. 보상을 바람이 없이, 전혀 기대를 걸지 않고. 돌아오는 인사가 없어도 좋습니다. 조금이라도 그 어느 누구에게라도 보상을 바라는 마음 없는 봉사를 해야 한다는 것입니다. 그 다음에는 정성을 기울여야 합니다. 마음을, 사랑을. 똑같은 일이라도 정성을 기울여야 합니다. 지난 삼월달에 북한 나진에 갔을 때(북한은 그때만 해도 퍽 춥습니다) 차를 타고 가다가 식량을 구하러 보따리를 지고 여기저기 다니는 사람을 많이 보는데 마침 넓은 벌판을 지나가게 되어 차를 세우고 "가는 길까지

태워다드릴 테니 타십시오"하고 한 사람을 태웠습니다. 보니 방한복을 입었는데 괜찮은 옷입디다. 그래서 "아이구, 동무 옷이 참 좋습니다"했더니 "이거요, 평화그룹에서 보내준 겁니다"합니다. 우리교회가 북한을 도울 때의 이름이 '평화그룹' 입니다. '소망교회'가 아닙니다. '평화그룹' 이라는 이름으로 줍니다. 그런데 동승한 사람이 쓸데없는 소리를 했습니다. 하지 말았어야 될 소리를 한 것입니다. 저를 가리키며 "이 분이 평화그룹 이사장입니다"라고 말해버린 것입니다. 그러자 방한복 입은 사람이 "아이구, 감사합니다"하고는 딱 쳐다보더니 깜짝놀랄 말을 합니다. "소망교회에서 보내온 것이 제일 좋아요." 어떻게나 고맙던지… 여러분, 어떤 일이건 간에 베풀 때는 정말 정성을 다해야 됩니다. 마음을 주는 것이니까요. 성의를 다해야 됩니다. 그리고 선한 일 하는 사람은 결과에 연연하지 말 것입니다. 쌀을 보냈더니 "누가 먹나요?"하며 말이 많습니다. 누가 먹든 나는 주는 것만 할 것입니다. 누가 먹는지는 하나님께서 아실 일입니다. 그런 것 마음쓰다가는 평생가도 인색한 노릇 하다 끝납니다. 줄 때는 딴생각 하는 것이 아닙니다. 내 손에서 떠난 것으로, 하나님 앞에 기도하는 마음으로 드렸으면 끝난 것입니다. 어떻게 쓰여지느냐, 묻지 말 것입니다. 하나님께서 역사하사 '오병이어' 처럼 삼십 배, 육십 배, 백 배의 기적을 낳을 것입니다. 두고보십시오. 하나 더 있습니다. 선한 일 하고 잊으십시오. 「탈무드」에 말했습니다. '내가 누구에게 주었는지 몰라야 하고, 받는 사람은 주는 사람의 얼굴을 쳐다보지 말아야 한다.' '누구로부터 받았다' 할 때는 벌써 이야기가 달라진다는 것입니다. 의미가 없습니다. 잊을 것입니다. 예수님말씀대로입니다. 오른손이 하는 것 왼손이 모르게―얼마나 강한 말씀입니까. '사람에게 보이려고 하지 마라' — 참 내가 유감스러운 말을 듣습니다. 돕자 돕자 하면 뭐, 도울 마음은 있지마는 내가 가서 직접 주고 악수해야만 주겠다, 누가 받는지도 모르는 거 안준다, 합니다. 요 정도밖에 안되는 것입니다. 수준이 이 정도입니다. 그것이 무슨 구제가 되며 선한 일이 되겠습니까. 누가 받으면 어떻습니까. 잊어버립시다. 내가 얼마를 줬는지도 기억지 말아야 됩니다. 숫자 필요없습니다. 미안하지마는 내가 우리교회에서 회보를 만들지 않습니다. 이유는 간단합니다. 회보가 온통 자랑투성이가 되기 때문입니다. 고아원 방문, 양로원 방문, 어디 무슨 봉사, 언제 무슨 봉사… 하고 말입니다. 교회답지 못한 일입니다. 나는 아무것도 한 것이 없다—그 마음이라야만 됩니다.

　성도 여러분, 지금 우리는 어려운 시대를 맞았습니다. '하필이면 IMF시대에 왜 저런 말을 할까?' 하겠지요. IMF시대니까 이런 말을 하는 것입니다. 여러분, 삶의 질을 높여 삽시다. 베푸는 마음만이 높은 질의 생입니다. 에베소서 4장 28절에 보면 재미있는 말씀이 있습니다. "구제할 것이 있기 위하여 제 손으로 수고하여 선한 일을 하라." '제 손으로 수고하여' — 이자 받아가지고 하는 것이 아닙니다. 내 손으로 수고하여, 입니다. 여러분, '난 밥 먹을 것이 있다. 그러니 나는 그냥 있어도 된다' 하겠습니까? 아닙니다. 잡수실 것이 있거든 이제부터는 구제할 것을 위해서 일합시다. 무엇이라도 합시다. 나를 위해서, 내 처자식 먹이기 위해서가 아니라 구제할 목적으로 돈을 버는 것입니다. 구제할 목적으로 땀을 흘리는 것입니다. 과거보다 더 열심히, 열심히 뜁시다. 무엇이라도 해서, 더 벌어서, 좀더 주의 일 하겠다고 합시다. 나는 밥 먹을 것이 있으니까, 그저 이자 받아가지고 가만히 놀겠다, 한다면 아주 가만히 있게 되고 맙니다. 여러분, 구제할 것이 있기 위하여 일을 합시다. 땀을 흘립시다. 그뿐만이 아닙니다. 오늘본문대로 받으려고 하는 기도에서 이제는 주려는 기도로, 베풀려는 기도로, 또 내가 돕는 그분들이 받음직한 것이 되도록 기도합시다. 그래야 내가 행복하게 될 것입니다. 그래야 여러분의 삶의 가치가 높아질 것입니다. 여기에 행복이 있기 때문입니다. △

여호와께 맡기라

　마음의 경영은 사람에게 있어도 말의 응답은 여호와께로서 나느니라 사람의 행위가 자기 보기에는 모두 깨끗하여도 여호와는 심령을 감찰하시느니라 너의 행사를 여호와께 맡기라 그리하면 너의 경영하는 것이 이루리라 여호와께서 온갖 것을 그 쓰임에 적당하게 지으셨나니 악인도 악한 날에 적당하게 하셨느니라 무릇 마음이 교만한 자를 여호와께서 미워하시나니 피차 손을 잡을지라도 벌을 면치 못하리라 인자와 진리로 인하여 죄악이 속하게 되고 여호와를 경외함으로 인하여 악에서 떠나게 되느니라 사람의 행위가 여호와를 기쁘시게 하면 그 사람의 원수라도 그로 더불어 화목하게 하시느니라 적은 소득이 의를 겸하면 많은 소득이 불의를 겸한 것보다 나으니라 사람이 마음으로 자기의 길을 계획할지라도 그 걸음을 인도하는 자는 여호와시니라

(잠언 16 : 1 - 9)

여호와께 맡기라

　이스라엘나라에 가면 사해(死海)라는 호수가 있습니다. 성경에 '사해 바다'라고 말씀하지마는 바다는 아니고 호수임이 분명합니다. 영어로 'Dead Sea'입니다. 거기에는 아무 생물도 살지 못합니다. 물이 너무 짜기 때문입니다. 너무 염도가 높아서 어떠한 생물도 거기에 살아남지를 못하는, 그러한 호수입니다. 수영을 할라치면 부력이 커서 사람이 그대로 둥둥 뜹니다. 어떤 사람이 이 지방을 지나가다가 그만 사해 바다에 빠졌습니다. 살려달라고 허우적거리고 있지마는 아무도 그를 도와주지 않았습니다. 그저 멀리서들 소리를 지를 뿐입니다. "손을 드십시오. 손을 펴십시오. 허우적거리지 말고 손을 펴십시오." 그렇습니다. 손을 펴면 그대로 둥둥뜨게 되어 있습니다. 몸이 둥둥뜨므로 떡 누워서 책을 볼 수도 있습니다. 그런데 이 사람은 쓸데없이 허우적거리니까 자꾸 짠물만 먹게 됩니다. 저도 얼마전에 한번 거기 갔었습니다. 수영을 하는 사람들도 문제없지마는 못하는 사람들도 가만히 누워만 있으면 저절로 뜨는데, 공연히 허우적거리다가 자꾸 빠져들어가는 사람들이 있었습니다. 여기에는 대단히 상징적인 의미가 있습니다. 우리가 손을 들고, 완전히 항복하고, 손을 펴면 길이 있습니다. 그러나 아직도 허우적거리면, 몸부림치면 칠수록 점점 더 일이 어려워집니다.
　사람은 한평생 자기자신에 대하여 실망하며 사는 것같습니다. 자기지식에 대하여, 그렇게 애써 모아놓은 재물에 대하여, 또 애써서 키워놓은 자식에 대하여, 능력, 지위, 명예에 대해서 계속 실망을 합니다. 낙심도 합니다. 그러면서도 여전히 미련을 버리지는 못합니다. 그렇게 헛된 줄 알면서도 물질을 의지합니다. 믿을만한 것이 못 되는 줄 알면서 자기의지를 믿습니다. 아무 쓸모 없는 줄 알면서도 지위며 명예며 그 부끄러운 과거를 그래도 붙들고, 무슨 큰 훈장이나 되는 것처럼 내세우려고 합니다. 가소로운 일입니다. 철학에서 말하는 바가 있습니다. '하나님께서는 인간궁극에서 사람을 만나신다.' '인간궁극'입니다. 우리의 한계, 모든것의 끝에서 '이제는 끝났다' 하고 손을 들 때, 그때부터 하나님께서는 일을 시작하십니다. 아직도 여러분이 무엇을 할 수 있다고 생각하는 동안은 하나님께서 여러분과 합작하시지 않습니다. 여러분과 함께하려고 하시지 않습니다. 완전히 손을 들고, 백기를 들고, 손을 펴야, 그때부터 하나님께서 역사하십니다. 여러분의 지혜를 통하여, 여러분의 능력을 통하여, 여러분의 마음을 통하여 역사하신다는 것을 알아야 하겠습니다. 벨기에의 여왕이 폴란드를 방문했습니다. 그 당시 폴란드는 공산치하에 있었습니다. 여왕이 가톨릭미사에 참례했습니다. 한 공산당 간부가 그를 뒤따랐습니다. 당 간부가 가톨릭미사 의식에 잘 따라 참례하고 있는 것을 보고 여왕이 한마디 했습니다. "당신은 가톨릭신자입니까?" 그는 대답합니다. "여왕이여, 저는 믿기는 해도 실천은 하지 않습니다." 마음으로는 믿어도 교회는 다니지 않는다는 뜻이었습니다. "그러면 공산당원이군요." "나는 공산당원으로서 실천은 하지만 믿지는 않습니다." 여기에 갈등이 있습니다. 교회에 대해서는 마음으로는 믿는 척하지만 실천이 없고, 공산당원으로는 행위와 실천은 있는데, 그 이데올로기에 대한 믿음은 없습니다. 언제까지 이렇게 살아야 하는 것입니까. 보면 우리교인들 가운데도 어떤 때는 하나님을 믿는 것같은데 믿는대로 살지를 못하는 사람들이 있습니다. 안믿는다고는 못하지만 휘청휘청합니다. 언제까지 이렇게 허우적거릴 것입니까. 왜 이렇게 선명치 못한 생을 살아가야 합니까. 깊이깊이 반성할 일입니다.

신앙이라는 것은 영어로 표현할 때 three totality—total acceptance, total discipline, total commitment입니다. 전적으로 수락하고, 전적으로 순종하고, 전적으로 위탁하는, 그것이 신앙입니다. 그런데 어정쩡해 가지고 전적으로 믿지도 않고 전적으로 부인하지도 않는 채 세월을 보내고 있습니다. 많은 시간을 그렇게 흘려보내고 있는 것입니다. 성경은 말씀합니다. "너의 행사를 여호와께 맡기라(3절)." 행사도 맡기고, 마음도 맡기고, 운명도 맡기라, 합니다. 맡기라는 것은 소극적으로 볼 때 자기자신을 포기하라는 말입니다. 내가 하던 일, 내가 도모하던 계획, 내 능력, 내 지식… 그 모든것을 다 부정하고, 포기하고 손을 들어라, 동시에 적극적으로는 전적으로 하나님을 신뢰하라, 하나님만 의지하라, 그에게 위탁하라, 그 말씀입니다. 하나님의 지혜와 능력과 사랑에 대한 전적인 신앙을 요구합니다. 하나님의 말씀에 대한 신뢰와 말씀에로의 순종을 요구합니다. 하나님의 말씀에 순종한다는 것은 좀더 깊이 심리학적으로 볼 때 '책임을 하나님께 전가한다'라는 뜻입니다. 책임을 많이 지고 있는 사람은 언제나 불안합니다. 내 운명을 내가 책임져야 되니까요. 그러나 하나님의 주신 말씀에 전적으로 순종하고보면 내가 아닌 하나님께서 책임지십니다. 그러고보면 이제는 나의 책임이 아닙니다. 그런고로 하나님의 말씀에 순종하는 사람은 그 영이 언제나 자유로운 것입니다. 걱정이 없습니다. 하나님의 뜻대로 순종했으니까 이제는 하나님께서 알아 하실 것입니다. 나에게는 하등의 책임도 없습니다. 이것을 알아야 합니다. 하나님의 말씀을 거역하는 사람은 거역하면 거역할수록 점점 더 마음이 무거워지게 마련입니다.

또한 오늘성경은 "사람이 마음으로 자기의 길을 계획할지라도 그 걸음을 인도하는 자는 여호와시니라(9절)"하고 말씀합니다. 계획하는 바도 하나님께 맡기고 하나님께 기도하라, 합니다. 마음을 맡기고, 뜻을 맡기고, 그리고 그를 기뻐하라, 합니다. 미국과 캐나다의 사이에 나이애가라 폭포가 있습니다. 그 폭포 바로 밑, 폭포수가 떨어져 여울지면서 흘러가는 물이 좀 거셉니다. 거기에 한 나룻배가 있었습니다. 몇사람이 타고 나이많은 한 노인이 노를 저어 건너갑니다. 여울을 타고 빙빙돌면서 배가 나아갑니다. 타고 있던 한 사람이 더럭 겁을 먹었습니다. "여보시오, 노인장!"하고 그는 노젓는 노인을 불렀습니다. "왜 그러시오?" "노인장은 몇년동안이나 이 사공 노릇을 했소?" "이십 년은 넘은 것같습니다." "그동안 사고난 적은 없었소?" "아직까지는 없었습니다. 꼭 사고나게 되어 있지마는 아직까진 없습니다." 이 사람, 더욱 더 겁이 났습니다. 벌벌떨면서 이렇게 하라 저렇게 하라, 이러니 저러니, 하고 사공한테 말이 많아졌습니다. 참다못해 사공이 한소리 합니다. "여보시오, 손님. 당신 노저을 줄 알우?" "모릅니다." "그러면 입다물고 있어요. 노는 내가 젓고 있으니까. 지금은 죽거나살거나 당신목숨은 내 손에 있소." 사실이 그렇지 않습니까. "손님하고 나하고 같이 가는 것이오. 그러니 걱정일랑 접어두시오. 손님 죽게 되면 나도 같이 죽을 것이고 나 죽게 되면 손님도 같이 죽을 거요. 그리고 내가 아직 죽을 생각은 없소." 겁쟁이는 그제야 조용해졌다고 합니다. 여러분, 노도 저을 줄 모르면서 잔소리만 하지 맙시다. 어차피 내 힘으로는 살지 못하는 세상인데 왜 그렇게 말이 많습니까. 왜 그렇게 생각이 많습니까. 두손 듭시다. 깨끗이 손들고, 운명을 맡겨버립시다. 그래놓고 조용히 있을 것입니다. 세상이 어디로 가든 하나님께서 알아 인도하실 것입니다.

특별히 오늘의 성경말씀을 잘 보면 의를 하나님께 맡기라, 합니다. "사람의 행위가 자기 보기에는 모두 깨끗하여도 여호와는 심령을 감찰하시느니라(2절)"하고 말씀합니다. 내가 보기에는 내가 깨끗하지요. 그러나 문제는 하나님께서 어떻게 보시느냐입니다. 그런고로 의를 하나님께 바칠 것입니다. 자기 의를 하나님께 위탁해버려야 한다는 말씀입니다. 고린도전서 4장 4절에 보면 사도 바울은 말씀합니다. "내가 자책할 아무것도 깨닫지 못하나 그러나 이를 인하여 의롭다 함을 얻지 못하노라 다만 나를 판단하실 이는 주시니라." 나로서는 최선을 다했으니 자책할 것이 없으나 이로 인하여 의롭다 함을 얻은 것은 아니다, 나를 판단하실 이는 오직 하나님 한 분이시다― 옳은 말씀입니다. 우리는 흔히 "최선을 다했다"라고 쉽사리들 말합니다. 최선가지고 통하지 않습니다. 나의 최선은 의미가 없습니다. 이것 때문에 쓸데없는 아집에 빠질 뿐입니다. 나 나름의 최선이라고 하는 것은 하나님 앞에 아무 소용이 없는 것입니다. 내 의를 버립시다. 제가 무슨 공동체모임이라든가 성경공부모임같은 데 강사로 자주 나갑니다. 가보면 늘 거기에 사회하는 분이 있습니다. 그리고 나는 성경공부만 인도하는 것입니다. 그런데 보아하니 사회하는 분이 앉은 자리에서 때아니게 벌떡 일어나 시계를 보면서 "시간이 됐으므로 이제 성경공부 시작하겠습니다"하고 선언할 때가 있습니다. 내 시계를 보니 아직도 5분은 더 남았는데… 그분 시계가 분명히 5분 빠른 것입니다. 그러므로 시계는 좋은 것을 차야 됩니다. 어정쩡한 시계 보고 "시간이 됐으므로…"해서는 안될 것입니다. 자신은 스스로 실수하는 것임을 모릅니다. 왜? 그로서는 자기시계가 맞으니까요. 미련한 노릇이 아닐 수 없습니다. 나는 나대로의 the best를, 진실에 살고 정직함에 살고 최선을 다했노라―이것은 자기마음일 뿐입니다. 객관성이 없는 것입니다. 하나님 앞에 통하는 것이 아닙니다. 대체로 이렇듯 스스로 최선을 다했다고 생각하는 사람들이 교만합니다. 모름지기 내 의를 하나님께 위탁할 것입니다. '하나님만이 아십니다. 내가 어떻게 알겠습니까. 당신만이 아십니다' 할 것입니다. 범브란트 목사님의 「승리하는 신앙」이라고 하는 저서에 나오는 이야기입니다. 얼마전에도 말씀드렸습니다마는 다시한번 말씀드립니다. 유대 랍비가 자기 앞에 앉아 있는 교인들을 보고 물었습니다. "길을 가는 중에 돈이 많이 든 지갑이 하나 길에 떨어져 있는 것을 보고 그것을 주웠다고 하자. 아무도 보는 이 없는 곳에서 주웠다고 하면 그대들은 이 지갑을 어떻게 하겠는가?" 한 사람이 대답합니다. "저는 아이도 많고 살림이 어려우니 하나님께서 나한테 주신 선물인 줄 알고 그 돈 잘 쓰겠습니다." 랍비가 그를 보고 말합니다. "그대는 도둑놈이로다." 그러자 다른 한 사람이 나서서 말합니다. "그것은 빨리 주인을 찾아 돌려주어야 됩니다. 저는 당장 주인을 찾아 돌려주겠습니다." 랍비는 그를 보고 말합니다. "그대는 바보로다." 랍비는 다른 한 사람에게 똑같이 물었습니다. "그대가 이렇게 돈 많이 든 지갑을 발견했다면 어떻게 하겠는가?" "저요? 저는 제 자신을 믿을 수가 없습니다. 그러므로 일을 당해보아야 알겠습니다. 제가 원체 마음이 약하고 욕심이 많아놔서 막상 그런 일 당하고보면 정말 그것을 주인 찾아 돌려줄 수 있을른지 없을른지 모르겠는데요. 그저 하나님의 은총에 맡길 뿐입니다." 이에 랍비는 고개를 끄덕입니다. "그대 말이 옳도다." 내 힘으로 정직할 수 있던가요? 하나님께서 내게 은총을 베푸시지 아니하고는 하찮은 일에서도 내가 바로 살 수 없는 것입니다. 나 나름의 생각, 나 나름의 도덕성, 나 나름의 규범을 잣대로하여 의니 선이니, 옳으니 그르니, 하며 남을 비판하고… 잘못된 일입니다. '당신만이 아십니다' 하고 내 의를 하나님 앞에 맡겨버릴 것입니다.

또하나, 본문에 보니 '원수'가 있습니다(7절). 악한 사람들이 있습니다. 이 또한 하나님께 맡겨버릴 것입니다. 나를 괴롭히는 대립 혹은 대적 상황 속에 살아갑니다. 좋은 사람만 있는 것이 아닙니다. 나에게 손해를 입히고 나를 비방하고 욕보이고 못살게 들볶는 사람들이 있습니다. 이를 어떻게 합니까. 그쪽으로 자꾸 마음이 가서는 안됩니다. 그러다가는 내가 나빠집니다. 나쁜 사람 미워하다가 내가 더 나빠집니다. 그 사람이 분명 나쁜 사람이라 하더라도 그에게 마음을 쓰나가 '나'라는 인간 자체가 페이스를 잃어버립니다. 바탕을 잃어버립니다. 이 점을 명심할 것입니다. 원수라고요? 그것 갚는 것이 하나님께 있습니다. 결코 미워할 것 없습니다. 그래서 성경은 여러 곳에서 같은 말씀으로 말씀합니다. 악인의 형통을 부러워하지 말아라, 원수갚는 것이 내게 있느니라, 너희가 갚으려고 하지 말아라, 원수가 주리거든 먹이고, 목마르거든 마시우라, 오직 너의 할일만 할 것이지 결코 미워는 하지 말 것이니라—원수, 나를 괴롭히는 상황, 하나님께 맡겨버릴 것입니다. 아주 중요한 것입니다. 하나님의 손에 있는 것이므로 하나님께 맡겨버릴 것입니다. 합동하여 선을 이룰 것이므로 하나님께 맡겨버릴 것입니다. "악인도 악한 날에 적당하게 하셨느니라(4절)" — 썩 귀한 말씀입니다. 잘 참고 견디어볼 것입니다. 그러는 것 괜찮은 것입니다. 좋은 일로 나타날 것입니다. 우스운 이야기입니다마는 제가 아주 어렸을 때 중학교를 가야 되겠는데 그때의 형편이 여의치 못했습니다. 이듬해면 중학교를 들어가게 되는데 그것이 몇달 남았습니다. 제가 외삼촌댁을 찾아갔습니다. 외삼촌은 의사였습니다. 세브란스의과대학을 제2회로 졸업하신 분입니다. 책도 많이 가지고 있었습니다. 저는 "며칠 시간이 남아서 영어공부를 좀 할라고 그러는데 책 좀 빌려주십시오"하고 외삼촌 보고 말했습니다. 그랬더니 외삼촌께서는 "너는 농군의 아들이야. 농사 배워서 농사 잘하고 살면 되지, 공부는 뭐하러 해?"하고 면박을 주시는 것이었습니다. 저는 발길을 돌려 40리길을 엉엉 울면서 집에 돌아왔습니다. '두고보자. 나, 공부하고야 만다. 외삼촌네 아들들보다 내가 공부 더 많이 할 거다!' 하고 저는 마음속으로 굳게 다짐했었습니다. 그 외삼촌은 92세에 세상을 떠났습니다. 아들 다섯, 딸 셋이 있었습니다. 임종하는 자리에 모두들 둘러앉았는데 그분은 이상하게도 내 손을 꼭 잡고 숨을 거두었습니다. 그때의 일이 마음에 좀 미안했던지… 여러분, 조금 섭섭한 일이 있습니까. 그리 섭섭해하지 맙시다. 손해 좀 보면 그저 '좀 보는가보다' 합시다. 다 하나님의 장중(掌中)에 있습니다. 합동하여 선을 이룰 것입니다. 그런고로 원수를, 혹은 이 대결상황을 하나님께 맡겨버립시다.

소득을 두고도 그렇습니다. 우리는 너무 자꾸 돈을 많이 벌려고 애쓰는데, 소득은 하나님께 있습니다. 많이 벌게 하실지 덜 벌게 하실지, 내 마음대로 생각하지 맙시다. 나는 씨를 뿌리고 가꿀 뿐 농사가 잘되고 안되고는 하나님의 손에 달려 있습니다. "적은 소득이

의를 겸하면 많은 소득이 불의를 겸한 것보다 나으니라(8절)"하고 말씀합니다. 많이 벌고 적게 벌고에 집착하지 말라, 오직 정직하게, 진실하게 살 것이니라, 소득이 좀 적더라도 의롭게 살 것이니라, 하는 말씀입니다. 소득, 하나님께 맡길 것입니다. 그것에 마음 빼앗기지 말 것입니다. 재미있는 이야기가 있습니다. positive thinking—적극적 사고라고 하는 것을 철학으로 해서 소위 카네기식 교육을 내세운 그 카네기가 어렸을 때 어머니 손에 이끌려 시장에를 갔습니다. 시장에 나온 가지각색의 물건들 가운데서 특별히 어린 카네기의 구미를 당긴 것은 앵두였습니다. 앵두가 보기에도 이쁘지 않습니까. 그 빨간 앵두가 수북이 쌓여 있습니다. 어린 카네기가 군침을 삼키면서 그 앞에 서 있습니다. 어머니가 그 눈치를 알지마는 쉬 사줄 수는 없었던가봅니다. 한동안 그렇게 서 있는데 주인할아버지가 카네기 보고 "얘야, 너 이거 먹고 싶으냐?"합니다. 카네기는 부끄러워하며 고개를 끄덕끄덕합니다. 그런데 그 주인 마음씨가 따뜻했던 모양입니다. "네 손으로 한웅큼 집어라. 집은 만큼만 네가 가져라"하고 주인은 미소지으며 말합니다. 그러나 웬일인지 어린 카네기는 그대로 가만히 서 있습니다. 주인이 한참 다른 일 보다가 보니 아직도 그대로 거기 서 있습니다. "얘야, 내가 집어 먹으라고 말했잖니. 안먹고 싶으냐?" "먹고 싶어요." "한웅큼 집어라." 그래도 카네기는 가만히 서 있습니다. 할아버지가 한웅큼 집어주었습니다. 카네기는 그제야 싱긋 웃으면서 두손펴고 받아 듭니다. "고맙습니다." 어린것은 받아든 것을 어머니 가방에다가 집어넣어놓고 몇 개를 입에 넣었습니다. 집에 돌아왔을 때 어머니가 물었습니다. "얘야, 그 할아버지가 앵두를 한웅큼 가져라 했을 때 왜 가만히 서 있었느냐?" 어린 카네기는 놀라운 대답을 합니다. "할아버지 손이 내 손보다 크거든요." 그래서 그 할아버지가 집어주도록 기다렸던 것입니다. 여러분, 여러분이 그렇게 몸부림쳐보았자 손이 작아서 신통치 않습니다. 하나님의 손이 큽니다. 조용히 기다립시다, 하나님께서 주실 때까지.

또한 나의 기쁨, 나의 행복을 맡겨야 합니다. 하나님을 기뻐하라, 그리하면 네 소원을 이루어주실 것이다, 합니다. "여호와를 기쁘시게 하면…(7절)"―기쁨을 반납해버릴 것입니다. 사람에게는 본능적으로 자신을 기쁘게 하려는 마음이 있습니다. 그러다가 망치는 수가 많습니다. 보십시오. 부부간도 상대방을 기쁘게 하고야 내가 기쁘지 자기만 기쁘게 하겠다고 덤빈다고 기뻐집니까. 기쁨이란 도둑질을 못하는 것입니다. 강도질도 못합니다. 기쁨은 빼앗을 수가 없는 것입니다. 아무리 앙탈을 해도 주어지지 않는 것이 기쁨입니다. 그렇게 주어지는 것이 아닙니다. 상대방을 먼저 기쁘게 해야 내가 기쁜 법입니다. 하나님을 기쁘시게 하고야 내가 기쁩니다. 내 기쁨을 하나님께 맡겨버릴 것입니다. 하나님을 기쁘시게 하는 일에 온 정력을 쏟으면 마침내 하나님의 기쁨에 의해서 내가 기뻐하게 되는 것입니다. 또 이웃을 기쁘게 해보십시오. 그러면 결국은 그 기쁨이 나에게 돌아옵니다. 그런고로 너의 기쁨, 너의 행복, 너의 즐거움을 하나님께 맡겨버리라, 그리하면 네게 기쁨이 돌아오리라, 합니다.

어느날 마르틴 루터가 좀 피곤했던 모양입니다. 그는 잠자리에 들면서 이렇게 기도를 드렸습니다. "하나님, 이 세상이 하나님의 것입니까 내것입니까? 하나님, 이 교회가 하나님의 것입니까 내것입니까? 당신의 세상이고 당신의 교회입니다. 그러니 이제 당신이 그들을 돌보십시오. 나는 잠을 자겠습니다." 나의 모든것을 하나님께 맡

겨버립시다. 너의 행사를 여호와께 맡기라, 그리하면 그가 이루시리라, 하고 말씀합니다. △

위로를 기다리는 자

예루살렘에 시므온이라 하는 사람이 있으니 이 사람이 의롭고 경건하여 이스라엘의 위로를 기다리는 자라 성령이 그 위에 계시더라 저가 주의 그리스도를 보기 전에 죽지 아니하리라 하는 성령의 지시를 받았더니 성령의 감동으로 성전에 들어가매 마침 부모가 율법의 전례대로 행하고자 하여 그 아기 예수를 데리고 오는지라 시므온이 아기를 안고 하나님을 찬송하여 가로되 주재여 이제는 말씀하신 대로 종을 평안히 놓아 주시는도다 내 눈이 주의 구원을 보았사오니 이는 만민 앞에 예비하신 것이요 이방을 비추는 빛이요 주의 백성 이스라엘의 영광이니이다 하니 그 부모가 그 아기에 대한 말들을 기이히 여기더라 시므온이 저희에게 축복하고 그 모친 마리아에게 일러 가로되 보라 이 아이는 이스라엘 중 많은 사람의 패하고 흥함을 위하며 비방을 받는 표적 되기 위하여 세움을 입었고 또 칼이 네 마음을 찌르듯 하리라 이는 여러 사람의 마음의 생각을 드러내려 함이니라 하더라

(누가복음 2 : 25 - 35)

위로를 기다리는 자

데일 카네기의 사무실에는 아주 중요한 자리에 커다란 거룻배 그림 한 점이 걸려 있었습니다. 마치 아주 오래전에 밀물에 쓸려와 오랜 세월 모래톱에 버려져 있는 것같은 낡은 거룻배였습니다. 노는 모래 위에 아무렇게나 던져져 있습니다. 무척이나 한가롭고 처연해 보이는 풍경이지마는 문제는 그 그림 밑에 씌어 있는 한 줄의 글귀였습니다. 이렇게 씌어 있었습니다. '썰물 때는 반드시 온다.' 지금은 물이 다 빠져나가서 이 배가 이렇듯 모래톱에 걸쳐져 있지마는 반드시 썰물 때가 와서 다시 물에 뜰 것이며, 그럴 때 이 낡은 배도 쓸모있게 쓰일 것이다, 밀물 때가 있는가하면 썰물 때도 있는 법이다, 하는 것을 말해주는 글귀입니다. 카네기는 때마다 이 그림을 쳐다보면서 골똘히 생각에 잠기곤 했다 합니다.

윌리엄 마스턴이라고 하는 심리학박사가 삼천 명의 사람을 상대로하여 사람이 살아가는 목적에 대하여 설문조사를 해본 결과, 94퍼센트의 사람들이 '기다리는 데' 있다고 답했습니다. 그 많은 시간, 그 많은 마음, 그 생각을 전부 기다리는 일에 쓰고 있다는 것이었습니다. 무엇인가를 기다립니다. 소식을 기다리고, 사람을 기다리고, 또 기회를 기다리고, 좀더 변화되기를 기다리고, 좀더 좋은 세월을 기다리고, 좀더 발전하기를 기다리고… 무엇인가를 무던히도 기다리며 산다고 했습니다. 그렇게 그 많은 세월을, 마음을 소모하고 있다는 것이었습니다. 기다림이라는 것이 무엇입니까. 현대인은 언제나 현재로 만족하지 못하고 있습니다. 오직 미래를 향하여 기다립니다. 기다리기는 하는데 기다림에 합당한 행동은 또 없습니다. 또 그 기다림이 무엇을 의미하는지, 깊은 사색도 비판도 연구도 없이 막연하게 기다립니다. 프랭클박사는 갖가지 고민을 가지고 찾아오는 정신질환자들에게 아주 강하고 충격적인 질문을 해서 그들로하여금 자기정신의 약한 점을 치료하도록 조처했다고 합니다. 이를테면, 이러저러해서 못살겠습니다, 하고 하소연하는 사람에게 "그러면 왜 아직도 자살을 하지 않았습니까"하고 찔러버리는 식입니다. 그러면 저마다 "아, 이유가 있지요"하고는 자녀들 때문이라거나 명예 때문이라거나 신앙 때문이라거나 하고 이유를 들기 시작하는데, 바로 거기서부터 생각을 다시 하라, 해서 그 생의 궤도를 수정해주었다고 합니다. 어떤 글에 보니 사람이란 목표가 있고, 사랑이 있고, 꿈이 있으면 살만하다고 술회했습니다. 돈은 없어도 됩니다. 때로는 건강이 없어도 됩니다. 목표가 있고 사랑이 있고 꿈이 있으면 충분히 살만한 것입니다. 왜요? 목표가 있으면 길이 있습니다. 사랑이 있으면 친구가 있습니다. 꿈이 있으면 소망이 있습니다. 그런고로 살만한 것입니다. 문제는 여기에 있습니다.

　기다림에는 근본적으로 두 갈래의 다른 방향이 있습니다. 하나는 희망사항에 그치는 기다림입니다. 막연한 바램입니다. '좀 나아지겠지. 알 수 있나, 행여 좀 나아질는지…' 하는 기대입니다. 과거로부터 현재로, 현재로부터 미래로 생각하는 막연한, 아무 내용도 없는, 아무 보장도 없는, 그러한 바램이 있습니다. '희망사항'인 것입니다. 저는 그래서 '희망'이라는 말을 좋아하지 않습니다. '소망'이라는 말이 좋습니다. 소망이라는 기다림은 약속이 있는 것이기 때문입니다. 객관적 약속이 있고, 내용이 있고, 그 미래로부터 현재를 생각케 하는 그것이 바로 '소망'입니다. 그러니까 약속이 있는 바램,

약속을 받은, 그러한 바램이 바로 소망입니다. 결정적 미래로부터, 약속된 미래로부터 주어지는 바램, 그것이 소망이기 때문에 저는 '소망'을 좋아합니다. 기다림이, 그 내용이 현재의 나를 변화시키고 있는 것입니다. 현실이 나를 변화시키는 것도 아니고, 과거가 나 자신을 만들어내는 것이 아닙니다. 문제는 내가 가진 꿈, 내가 가진 소망, 그것에 의해서 내가 변화하는 것입니다. 미래적 존재로 만드는 것입니다. 재미있는 이야기가 있습니다. '여성은 그가 생각하는 사람과 닮은 아이를 낳는다' ─누구 미워하지 마십시오. 그 사람 닮은 아이를 낳을 것입니다. 누구를 열심히 사랑하고 그리워하면 그 사람 닮은 아이를 낳는다고 합니다. 토마스 하디가 쓴「환상의 여인」이라는 소설의 주제도 그렇습니다. 어떤 여인이 시를 읽다가 그 시를 쓴 시인을 마음속으로 사모하고 사랑하게 됩니다. 만난 적도 없고 자신과 이렇다할 관계도 없는 시인입니다. 그러나 그 시를 읽고 또 읽고 또 읽으면서 그 시인을 마음속으로 그리워하게 됩니다. 이 여인, 아이를 낳고보니 그 시인 닮은 아이를 낳아놓았습니다. 남편으로부터 오해를 받습니다. 여러분, 누구를 사랑하십니까? 누구를 기다리십니까? 누구를 열렬히 기다리고 있습니까? 바로 그 사람을 내가 닮게 될 것입니다. 나도모르게 나라는 존재가 그 미래적 이미지로 화하여 갑니다. 어떤 의미에서 사랑하는 것도 생각이고, 미워하는 것도 생각입니다. 그런 내가 생각하는, 그 생각하는 만큼의 존재가 되어나간다는 것을 잊지 말아야 합니다. 무엇을 생각하고 살아야 하겠습니까. 그 꿈이, 그 소망이 나를 변화시키는 것입니다. 무엇을 기다리며, 얼마나 기다리며, 그리고 어떻게 기다려가야 하겠습니까.

    오늘본문은 주님의 위로를 기다리는 사람의 모습을 보여주고 있습니다. 특별한 신앙입니다. 그 내용을 간단히 정리하겠습니다. 그는 물질적인 어떤 풍요로움을 기다리는 것이 아니라 영적인 것을 기다립니다. 자신만의 영달이나 안녕을 기다리는 것이 아닙니다. 자신에게만 좋은 일이 있어지기를 기다리는 것이 아닙니다. 그 기다림은 자기를 위한 기다림이 아닙니다. 하나님의 뜻이 이루어지기를, 만백성을 구원하시는 역사가 이루어지기를 위해서, 그런 우주적 구원의 미래를 생각하면서 기다렸습니다. 내 방법대로 기다린 것이 아닙니다. 내가 생각하는 시나리오대로 미래를 기다리는 것이 아닙니다. 성경이 말씀하는 하나님의 뜻, 하나님의 경륜, 하나님의 길, 하나님의 방법 대로, 그의 계시하신 말씀을 따라서 그를 기다리고 구원을 기다렸습니다. 조금 어려운 신학적 말씀을 드려 죄송합니다마는 이런 기다림을 신학적으로 이렇게 정리합니다. 'the Messianic Age'를 기다리는 것이 아니고, 'the Messiah'를 기다리는 것이다— '메시야의 세대'를 기다리는 것이 아니라 '그 메시야'를 기다리는 것이다, 라고 정리합니다. 무슨 말씀이고 하니, 일반적으로 메시야의 세대라 함은 전쟁도 없이 평화롭고, 빼앗는 것 빼앗기는 것도 없고, 평등하고, 번영하고, 자유롭고, 모두가 평안하게 사는, 그런 유토피아적인 세대인데, 그런 세상이 오기를 기다리는 것이 바로 '메시야의 세대를 기다리는 신앙'입니다. 우리가 생각하는바 이데올로기라고 하는 것, 많은 철학들이 전부 엄격하게 말하면 '메시야니즘'입니다. 그런 세상을 기다리고, 그런 좋은 세상을 만들어보겠다고 저마다 외쳐보았습니다. 그래서 혁명도 해보고, 싸워도 보고… 그러나 그 세대가 오기는커녕 점점 멀어지기만 합니다. 오늘본문에 나타난 것은 메시야의 세대, 그런 좋은 세상, 그것을 기다리는 믿음이 아니고 '그 메시야'를 기다리는, 오로지 메시야를 기다리는 것입니다. 'a Christ'가 아니라 'the Christ'를, '한 그리그도'가 아니라 '그 그리그도' '그 메시야'를 기다리는 것입니다. 여기에 대단히 중요한 의미가 있습니다. 이스라엘사람들의 '메시야대망 사상'은 실로 대단한 것입니다. 예수께서 오심도 바로 그 '메시야대망 사상'의 맥락에서 설명이 됩니다. 또 예수께서 십자가를 지시게 되는 사건도, 또 예수를 십자가에 못박는 사건도 알고보면 바로 이 사상의 차이에 연유한 것입니다. 어떻게 이해하고 있느냐에 따라서 신앙의 내용이 갈음됩니다. 그런데 문제는 여기에 있습니다.

첫째는, 무한히 그저 막연하게 기다리기만 하는 추상적 메시야니즘이 있습니다. 그저 좋은 세상 올 것이다, 하는 막연하고 무한히 미래적인 그러한 대망관념이 있는 것입니다. 여러분, 이것이 문제입니다. 아무것도 없는데, 아무런 약속도 없는데 "좋은 때가 올 것이다. 기다려 봐"하고 그냥 기다립니다. 이것처럼 무서운 사상도 없습니다. 성경이 말씀하는 것은 그런 것이 아닙니다. 마치 무지개를 쳐다보는 것처럼 무한히 미래적인 것이 아니라 약속을 믿었으면 성취를 믿어야 한다는 것입니다. 약속과 성취가 함께 있어서 비로소 바른 대망신앙이 되는 것입니다. 여러분, 우리의 이 소망의 지계표(地界標)를 자꾸 옮겨서는 안됩니다. 나하고 서로 알고지내는, 일흔 넘은 장로님 한 분이 늘 나 보고 "한 가지 소원이 있습니다. 내 큰딸아이가 마흔이 넘었는데도 아직 시집을 못갔어요"합니다. 당자야 별다른 생각 없이 자기 나름대로 생을 즐기고 있다해도 부모의 마음은 그렇지 않은 것입니다. 저게 빨리 시집을 가야 되겠는데, 합니다. 그래서는 이 분은 늘 입버릇처럼 "저것이 시집가는 걸 보고 죽었으면 한이 없겠다"합니다. 그런데 고맙게도 옛날 대학다닐 때 연애하던, 역시 아직 장가 안가고 늙어가는 총각이 하나 있었습니다. 이 둘이 오랜만에 어쩌다 만났고, 그래서 자꾸 만나고 하더니 "우리 다 때늦었는데 그만 우리끼리 삽시다"해서 용케도 결혼이 이루어졌으며 제가 그 결혼에 주례를 보았습니다. 주례 마치고 그 장로님하고 같이 차를 타고가면서 "장로님, 내가 하나 물어봅시다. 그 딸 시집만 보내면 소원이 없겠다고 했는데, 이제 그 딸 시집갔으니 아무 소원도 없겠구만요?"했더니 이 장로님, 빙그레 웃으면서 "저것이 뭘 하나 낳을 수 있을까?"합니다. 그래서 "뭘 하나 낳거든 그것도 아주 시집 장가까지 보내시지 그래요?"하고 말았습니다. 보십시오, 여러분. 소원이라는 것이 어떻게 됩니까. 부모님들 보면 "저 녀석 저거, 대학 입학하는 거 보고 죽었으면 한이 없겠다"하는 분들이 있습니다. 그러다 자식이 대학 입학하고나니까 이제는 또 "졸업하는 것 보고…"합니다. 졸업하는 것 보면 다시 또 "취직하는 것 보고…"하다가 마침내는 그 녀석 장례식까지 보겠다, 할 것만 같습니다. 그렇습니다. 우리 인간들의 소원이라는 것은 이렇듯 자꾸만 옮겨가기 쉽습니다. '내가 하나님께 구한 것을 하나님께서 내게 주셨다. 나는 다 이루었다. 나는 이제 소원이 없다' ―좀 이런 마음으로 살았으면 신바람나겠는데 무슨 욕심이 그렇게나 많은지. 저도모르는 욕심을 그냥 따라가고 있는 것입니다. 약속을 믿는 자는 성취를 믿어야 되는 것입니다.

그리고, 기다리는 마음이 있다면 이에 따르는 행동이 있어야 됩니다. 자, 기도하고 있습니까. 응답받을 준비를 해야 됩니다. 경건한 생활로, 거룩함으로, 준비를 해야 됩니다. 내일을 기다리는 자의 마땅한 준비가 있어야 됩니다. 좋은 날은 기다리면서 준비는 아무것도 없다면 이 얼마나 어리석은 일입니까. 예수님께서 친히 비유로 하신 말씀을 보십시오. 열 처녀가 신랑을 기다리는데, 신랑을 기다린다면 신랑 맞이할 준비를 해야 될 것 아닙니까. 준비는 없이 기다리는 처녀는 어리석은 처녀입니다. 시집갈 날을 기다린다면, 그 신랑과 살 그 때를 생각하고 차곡차곡 준비를 해야 되는 것입니다. 여러분, 다가오는 미래를 위해서 죽음을 준비하였습니까? 주님 만날 준비를 하였습니까? 영원한 하늘나라에서의 그 영광을 누릴 준비가 되어 있습니까? 어차피 이 세상은 떠나야 될 세상입니다. 어차피 멀어질 것이고, 나와 상관없는 것입니다. 다가오는 미래, 약속의 땅, 약속의 시간을 위해서 여러분은 무엇을 준비하고 있습니까? 초대교회사람들은 그 날을 준비하느라고, 그 날을 바라보고 있었기에 오늘의 어떤 고난도 개의치 않았습니다. 순교의 죽음도 아주 넉넉하게 기쁨으로 감수할 수 있었던 것입니다.

 노한 성취문제에 대하여 이것을 현실화하는 신앙이 있어야 합니다. 다시말해서 주님을 기다렸으면 이제는 만나야 되는 것입니다. 만났으면 영접해야 됩니다. 나는 이 성경, 예수님 나심을 중심해서 되어지는 사건들 중 늘 마음에 걸리는 것이 있습니다. 동방박사가 예물을 준비해 가지고 옵니다. 그들은 헤롯궁전을 찾아가 묻지요. "이스라엘나라에 오신 메시야가 어디서 나셨느뇨?" 온 예루살렘이 소동했습니다. 베들레헴에 나셨다는 것을 알고 그 소동을 뒤로 한 채 박사들이 그리로 갔는데, 그런데 예루살렘사람들이 그리로 갔다는 이야기는 없습니다. 떠들기만 하고, 소란만 피웠을 뿐 정작 저들은 안갔습니다. 문제는 이것입니다. 주님을 영접하지 않았다는 것입니다. 바리새인, 서기관, 제사장… 당시의 종교지도자들은 그렇게도 간절하게 메시야를 기다리고 또 가르치면서 막상 예수님께서 오실 때는 영접을 하지 않았습니다. 성경에 아주 시적이면서 우리를 마음 아프게 하는 대목이 있지요. 나실 곳이 없어서, 사관에 용납할 곳이 없어서 말구유에 나셨다는 것, 그 말씀입니다. 주님께서 오실 곳이 없었습니다. 아무도 영접할 수가 없어서 말구유, 마굿간에서 나셔야 했다는 그 사정—그 때나 오늘이나 같습니다. 그뿐입니까. 헤롯은 예수님의 나심을 아는 순간 벌써 해하려고 듭니다. 가야바도 그렇습니다. 자신들의 자리를 양보하기가 싫어서입니다. 자기부정이 어려워서 그 길들여진 곳으로부터 벗어나지를 못합니다. 고정관념에서 벗어나지를 못합니다. 자신의 왕좌를 예수님께 드리지 못했습니다. 영접은커녕 예수님을 십자가에 못박아버립니다. 참으로 마음아픈 이야기입니다. 메시야 오심을 그렇게도 기다리는 것같던 사람들이 오신 예수를 영접하지 못했습니다. 모름지기 우리는 소망을 현실화할 수 있어야 됩니다. 믿음을 구체화하여야 됩니다. 약속 안에서 오늘의 현실을 살아가야 합니다. 성취의 현실을 살아가야 합니다.

오늘, 시므온 보십시오. 아기 예수를 품에 안고 "내 눈이 주의 구원을 보았사오니"합니다. 이 시간에 그에게 주어진 것이 무엇입니까. 그는 나이많은 노인입니다. 빵이 주어지는 것도 아니고 옷이 주어지는 것도 아닙니다. 그러나 그는 만족합니다. 기다리다가 만나뵈었고, 마침내 고백합니다. "종을 평안히 놓아주시는도다." 이제는 기쁜 마음으로 조용히 세상을 떠나겠다, 합니다. 만족함입니다. 주님을 만나뵙고, 주님을 영접한 그것으로 충분합니다. 더 바랄 것이 없습니다. 우리는 앞에 주님을 만날 것입니다. 지금 우리는 이미 주님을 영접했습니다. 주님을 영접하는, 메시야를 영접하는 그 감격 하나만으로 충분합니다. 왜 그렇습니까. 오늘 내가 처한 모든 현실과 생활 그 자체가 약속의 성취의 일환이기 때문입니다. 그 크신 은혜 안에서 가장 뜻있고 가장 만족스러운, 주님을 영접한 자의 충만함이 있는 성탄이 되시기를 바랍니다. △

있는 자에게 더하는 원리

그 주인이 이르되 잘 하였도다 착하고 충성된 종아 네가 작은 일에 충성하였으매 내가 많은 것으로 네게 맡기리니 네 주인의 즐거움에 참예할지어다 하고 한 달란트 받았던 자도 와서 가로되 주여 당신은 굳은 사람이라 심지 않은 데서 거두고 헤치지 않은 데서 모으는 줄을 내가 알았으므로 두려워하여 나가서 당신의 달란트를 땅에 감추어 두었었나이다 보소서 당신의 것을 받으셨나이다 그 주인이 대답하여 가로되 악하고 게으른 종아 나는 심지 않은 데서 거두고 헤치지 않은 데서 모으는 줄로 네가 알았느냐 그러면 네가 마땅히 내 돈을 취리하는 자들에게나 두었다가 나로 돌아와서 내 본전과 변리를 받게 할 것이니라 하고 그에게서 그 한 달란트를 빼앗아 열 달란트 가진 자에게 주어라 무릇 있는 자는 받아 풍족하게 되고 없는 자는 그 있는 것까지 빼앗기리라 이 무익한 종을 바깥 어두운 데로 내어 쫓으라 거기서 슬피 울며 이를 갊이 있으리라 하니라
　　　　　(마태복음 25 : 23 - 30)

있는 자에게 더하는 원리

　몇달전 러시아 희랍정교회신학대학 총장인 요하네스 박사를 초청해서 한국교회와 신학대학들을 돌아보게 했었습니다. 여러 모로 그와 함께했었습니다. 3부예배 때 그분이 우리교인들에게 인사하는 시간도 가졌습니다. 그 모든 일정이 끝나는 마지막 저녁 초대 때 제가 식사시간이지마는 마지막으로 심각한 질문을 한번 해보았습니다. "그처럼 기독교문화로 꽉차 있는 러시아가 어떻게 되어 공산주의의 지배를 받게 되었는지, 그것이 알고 싶소. 어떻게 그리되었습니까?" 아시는대로 러시아는 1917년 10월의 공산주의 '혁명'으로부터 시작해서 페레스트로이카까지 한 칠십 년 동안을 그 무서운 공산주의치하에 고생을 했고, 또 그 후유증으로 지금도 러시아의 경제, 정치가 엉망이거든요. 그러나 러시아를 방문해보면, 그 유명한 붉은 광장 한가운데에 교회당이 버젓이 서 있습니다. 도처에 아주 우뚝우뚝 서 있는 성당들을 볼 수 있습니다. 더욱이 성 페테르부르크같은 데 가보면 가위 온도시가 기독교문화로 넘치고 있습니다. 그곳의 '이삭성전' 같은 것은 그 규모가 로마의 '베드로성당'하고 맞먹습니다. 내가 보기에는 '베드로성당'보다 더 잘 지은 것같았습니다. 이렇듯 광장한 기독교문화, 그 옛날의 그 찬란한 문화가 어떻게해서 공산당한테 덜미를 잡히어 그렇듯 칠십 년이나 모진 고생을 하게 되었으며 오늘까지 그 고생이란말인가—이렇게 심각한 질문을 했습니다. 그는 경청을 하고 조용히 생각하더니 눈물이 글썽해집니다. 눈물방울이 뚝 떨어집니다. 그리고 입을 여는데 "속았지요"라고 합니다. 속았다—심각한 표현입니다. 노동자, 농민을 위한 평등사회를 만들어준다고 하는 데, 프롤레타리아의 아름답고 귀한 평등사회를 이루어준다고 하는 데 그만 속았다는 것입니다. 아차!하고 속았다는 것을 깨달았을 때는 이미 때가 늦더라고 합니다. 꼼짝못하고 칠십 년 동안 그 고역을 치르게 된 것입니다. 이미 기회는 놓쳐버린 것입니다. 그렇습니다. 속은 것입니다. 알게모르게 오늘도 우리는 속고 있다는 것을 잊지 말아야 합니다. 정신을 똑바로 차려야 됩니다. 스스로 속고 있고, 남에게 속고 있습니다. 여러분, 평등분배, 평등자유라는 말이 얼마나 좋은 말입니까. 우리가 다같이 고르게 나누어서 평등을 이루자, 빈부 차이 없이, 계급 차이 없이, 신분 차이 없이 평등하자—얼마나 좋은 이야기입니까. 그러나 정의와 진리와 신앙이 없는 평등이 얼마나 무서운 것인지를 몰랐습니다. 정의 없는 평등이 이른바 혁명이요 진리 없는 폭동인 것입니다. 이것이 멸망으로 치닫는 길이라는 것을 잊어서는 안됩니다. 결코 제도 가지고 해결될 수 있는 일이 아닌 것입니다.

 오늘본문은 평등과 참자유에 대해서 그 뜻을 깊이 깨우쳐주는 아주 귀한 말씀입니다. 오늘 이 세대를 향하여 주께서 주시는 대단히 중요한 메시지라고 저는 생각합니다. 오늘말씀을 피상적으로만 일별하면 엄청난 불평등이 보입니다. 불공평이 보입니다. 보십시오. 열 달란트를 가진 사람이 있는가하면 한 달란트를 가진 사람도 있습니다. 이러니 상식같아서는 많이 가진 사람이 적게 가진 사람에게 나누어주도록 할 것같은데 예수님께서는 그리하시지 않았습니다. 우리네 상식과는 다릅니다. 오히려 하나 가진 사람 것을 빼앗아서 열 가진 사람에게 너 가져라, 하고 주셨거든요. 세상에 이런 불공평이 어디 있습니까. 없는 자의 것을 뺏어서 더 많이 가진 자에게 주다니요. 어째서 이런 일이 있느냐, 이 말씀입니다. 이것이 평등입니까. 그러나 예수님께서는 여기서 평등을 말씀하고 계십니다. 공평을 말씀하십니다. 다시 생각해보면 애시당초 시작할 때부터 불평등이 있었습니다. 한 사람에게는 다섯 달란트, 한 사람에게는 두 달란트, 한 사람에게는 한 달란트를 주었다고 합니다. 왜 그랬습니까. 이것도 불공평 아닙니까. 그러나 이 분배는 주인이 오랫동안 경험하고 그 종들의 능력을 알아서 그 능력에 따라서 공평하게 주어진 것이었습니다. 이 점을 잊지 말아야 합니다. 한 사람은 한 달란트밖에는 관리할 능력이 없습니다. 그래서 너는 한 달란트가 족하다, 합니다. 이것이 평등입니다. 한 사람은 관리능력이 넉넉해서 너는 다섯 달란트 받아라, 그것이 네게 적합하겠다 합니다. 이것이 그 주인이 판단한 평등입니다. 여기 이의가 없습니다. 보십시오. 돈 가질 사람이 돈 가져야 됩니다. 어느 택시기사에게 들은 이야기입니다. 제가 택시를 타고 그 기사 보고 공손하게 이리 가십시다, 저리 가십시다, 하고 좀 공대해서 말을 했더니 "아이구 선생님, 오늘은 제가 기분이 좋으네요" 하고는 한마디 하는데 "가끔 이상한 손님이 있습니다. 어쩌다가 떼돈 좀 벌긴 벌었나본데 참 아니꼽고, 메스껍고, 치사하고, 더러워 못살 때가 있습니다. 돈 몇푼 가졌다고 그까짓 택시 한번 타놓고서 뭐, 그냥 종 부리듯이 이리 가라 저리 가라 여기 서라 저기 서라 하는가하면 운전을 뭐 그따위로 하느냐, 하기도 하고… 그러는 꼴 보면 그저 확 때려엎고 싶고, 에잇 쾅, 하고 받아버리고 싶고…" 합니다. 돈 가져서는 안될 사람이 돈 가져놓으면 그 모양이 됩니다. 그 자리에 올라가지 말아야 할 사람이 그 자리에 올라가놓으면 저 가문 망신하고, 나라 망치고 합니다. 지식도 그렇습니다. 사람이 제대로

못되고 지식 가져놓으니까 여러 가지로 어렵습디다. 여러 사람 괴롭힙니다. 각자의 능력대로, 오랜 경험에 의해서 평가되는 능력대로 한 달란트도 주고 두 달란트도 다섯 달란트도 주었다, 합니다. 또 여러 모양의 사람이 필요한 법입니다. 이런 사람도 필요하고 저런 사람도 필요한 것입니다. 다 머리가 좋아야 되는 것은 아닙니다. 다 능력이 있어야 되는 것도 아닙니다. 다양성—diversity가 있는 것입니다. 하나님의 은사는 다양합니다. 이런 사람 저런 사람에게 이렇게 저렇게 나름나름으로 적합하게 주었다—이것이 공평입니다. 이것을 인정하는 데서부터 출발해야 됩니다. 사람속으로는 하나님께서 좀 불공평하시다 싶을 때도 있습니다. 어떤 사람 보면 도대체가 재주도 여러 가지 있습니다. 남은 한 가지도 없는데 그는 여러 가지 재주를 가졌습니다. 어떤 사람 보면 이것도 없고 저것도 없다 싶은데 잘 보면 무엇이건 한 가지는 있더라고요. 분명히 있습니다. 이것을 발견하고 바로 포착하고 소중히 여겨야 되는 것입니다.

    본문을 보면 공평한 것도 있습니다. 공평을 봅시다. 주인과 종의 관계입니다. 어차피 종은 종입니다. 종이 주인이 되는 것은 아닙니다. 주인 앞에 종입니다. 종으로서 많이 가졌든 적게 가졌든 상관할 것 없습니다. 문제는 신분이 끝까지 종이라는 것입니다. 똑같은 것입니다. 또하나는 맡겨졌다는 것입니다. 자기것이 아닌, 주인의 것을 임시로 맡았습니다. mandate가 있는 것입니다. 위임받은 것입니다. 잠시 재산을 관리할 수 있도록 위임받은 것입니다. 맡겼다는 것은 바로 그런 의미를 가집니다. 그런 의미에서 공평합니다. 그런데 재능대로, 그가 가진 재능대로, 재능에 적합하게, 적당하게, 정말로 공평하게 주어졌습니다. 외적으로 공평한 것이 아니요 내적으로, 아주 실질적으로 공평하게 주어졌다, 이것입니다. 이 점이 중요합니다. 그런가하면 기회가 평등하게 주어집니다. 주인이 잠시 타국에 가면서 맡깁니다. 자율적 기간이 주어집니다. 그간에는 얼마동안 주인이 간섭하지 않을 것입니다. 내버려둘 것입니다. 달란트를 주고나서 가버렸으니까요. 얼마후에 오겠지요. 그 때까지의 자율적 기간이라는 것이 공평하게 주어집니다. 이 점이 중요한 것입니다. 이 자율기간을 어떻게 사용하느냐가 중요합니다. 꼭 제도에 매여서 고지식한 것 가지고는, 그런 정도로는 충성이 될 수 없습니다. 나는 나대로 그저 내 할 일을 할 뿐입니다. 그러한 기회가 주어진 것입니다. 내가 젊었을 때, 미국에서 공부할 때입니다. 미국은 방학이 깁니다. 여름방학은 삼개월이나 됩니다. 도대체 노는 날이 많습니다. 그런데 저는 방학이라고 쉬어본 일이 없습니다. 얼마나 귀한 시간을 냈고, 얼마나 귀한 장학금 받아가지고 공부하는데 그 3개월 동안을 멍청하게 놀겠습니까. 라스베이가스가 옆에 있고 만만찮은 유혹도 받았습니다. 자동차도 있겠다, 그 좀 갔다와도 되지만 "저긴 내가 갈 곳이 아니다"하고 도서관에 들어앉아 공부만 계속했습니다. 공부하는 학생이 둘밖에 없었습니다. 그래 그 사람하고 나하고 3개월 동안 친했습니다. 도서관에 들어앉아 공부하는 것을 교수들이 다 알고 있었습니다. 그래서인지 얼마전에는 그 학교로부터 'The Man of the Year' 상을 받았습니다. 학교를 빛낸 동창이라 해가지고 상패 하나 줍디다. 그 상을 주는 이유의 하나가 거기 가서 공부할 때 여름방학에도 공부했다, 그런 모범생이었기 때문이라는 것이었습니다. 그 때 빈둥거렸으면 지금 무엇을 한다해도 그 상 안줍니다. 모범생이 못되니까요. 자율성이라는 것이 중요한 것입니다. 가라 오라 하는 대로 매이는 것은 충성이 아닙니다. 할 수도 있고 아니할 수도 있을 때 내가 하는 것, 누가 뭐라고 해서가 아닙니다, 그것이 바로 진정한 충성이 아니겠습니까.

자, 이 주인이 원하는 충성이 무엇이었는지 봅시다. 틀림없이 양적인 것이 아니고 질적인 것입니다. 생산적이고 자발적이고 자원적인 충성을 요구하고 있습니다. 여기서 얼마를 남겨라, 이렇게 해라 저렇게 해라 하는 말이 없습니다. 자율적 충성을 요구하는 것입니다. 우리가 쓰는 말 가운데 '서비스'라는 말이 있지요. 옛날에 일본말로 할 때는 사비스라고 했습니다. 서비스—좋은 말입니다. 우리의 서비스정신이 어느 정도의 수준에 있느냐 하는 것은 참 중요한 문제입니다. 그런데 여기에 수식어가 붙습니다. 립 서비스(lip service)가 있습니다. 말로만 충성합니다. 말로만 봉사한다 하고 하는 것이 없습니다. 또 이어 서비스(ear service)—귀로만 봉사합니다. 언제나 그저 듣기만 합니다. "예, 예"하는데 하는 일은 없습니다. 그리고 가장 무서운 것이 아이 서비스(eye service)입니다. 사람 보는 데서는 잘하는 척하고 안보는 데서는 그렇지 않습니다. 눈치보는 서비스입니다. 이것은 참 문제거리입니다. 서비스는 좋은데 립 서비스, 이어 서비스, 아이 서비스는 안좋습니다. 그것은 충성이 아닙니다. 남이야 보건말건, 남이야 어떻게 평가하건 나 나름의 충성과 진실을 다하는 것, 주인은 이것을 요구합니다. 주님께서 요구하십니다. 착하고 충성된 좋은 그 자율적인 기간에 능력대로 열심히 스스로 일을 해서 두 달란트 받았던 사람은 두 달란트를 남기고 다섯 달란트 받은 사람은 다섯 달란트 남겼더란말입니다. 주인이 이 사람들은 칭찬합니다. 네가 작은 일에 충성을 다했으니 내가 더 큰 일을 맡기리라

—참 귀하고 복된 시간입니다. 그런데 한 사람은 한 달란트 받아서 땅에 묻었다가 도로 가지고 와서 '이거 주인의 것입니다' 하고 내놓습니다. 이에 주인은 '악하고 게으른 종'이라고 꾸짖습니다. 여기서 이 사람이 게으르다는 것은 인정하겠는데 악하다는 것은 조금 납득이 가지 않습니다. 본전 잘라먹는 사람도 많은 세상에 아, 그 본전 가지고 왔으면, 그만하면 괜찮은 것 아니겠습니까. 요새같아서는 이만하면 훌륭한 사람이지요. 그런데 그 주인은 '노우!' 입니다. 악하다고 책망을 합니다. 왜냐하면 이 사람은 비생산적이고 비능률적이었기 때문입니다. 그 사람이 왜 그랬을까—아마도 질투하는 마음이 거기에 있었다고, 개재되었다고도 생각됩니다. 질투라는 것은 참 무서운 것입니다. 모든 죄가 질투로부터 비롯하기 때문입니다. 왜 다른 사람은 다섯 달란트 주면서 나는 한 달란트만 주는가, 아, 이거 창피해 못살겠다, 이것입니다. 자존심 상한다, 이것입니다. 질투입니다. 피터 살로비라고 하는 심리학교수는 범죄의 20퍼센트는 질투에서 비롯한다고 말합니다. 또 그레고리 화이트 박사는 「Clinic of Jealousy(질투임상학)」라고 하는 책을 썼는데 그 책에서도 부부관계의 복잡한 문제는 그 30%가 질투라고 말합니다. 여러분, 사업이라는 것도 질투 때문에 실패한다는 것을 아십니까. 흔히 '무한경쟁'이라고 말합니다마는 이 '경쟁'이라고 하는 것이 사람 망칩니다. 경쟁하는 동안에 내 페이스를 잃어버립니다. 도덕성도 잃어버립니다. 허약한 체질이 경쟁을 하게되면 죽습니다. 자기능력을 망각하기 때문입니다. 이것을 잊지 말 것입니다. 언제나 바로된 인간은 수직적 관계, 하나님과 나와의 관계를 크게 여깁니다. 남이 뭐라고 하건 그것은 상관치 않습니다. 그러나 신통찮은 사람은 수평적 관계에 신경을

많이 씁니다. 남들이 뭐라고 하나, 내 체면이… 이런 것 생각하다가 골병듭니다. 정신병자가 따로 없습니다. 이렇게 될 때 사람 병신되는 것입니다. 남이 어떻게 한다—여기에 끌려다니지 말 것입니다. 남같이 하려고들지 말 것입니다. 그런데 한 달란트 받았던 사람이 다른 사람 높이 평가받고 자기 낮게 평가되는 데 대해서 불평을 품었습니다. 자기재능에 대한 주인의 평가에 불만이었습니다. 나를 고작 한 달란트밖에 관리할 능력이 없는 자로 평가했더란말인가, 하고 그것을 수용할 마음이 없었습니다. 그래서 본문에 보면 책임을 주인에게 전가합니다. "당신은 좋은 사람이라 심지 않은 데서 거두고 헤치지 않은 데서 모으는 줄을 내가 알았으므로…" 그래서 주인의 것을 땅에 묻었다 가져왔다고, 그러니 받으라고 말합니다. 못됐습니다. 아주 못됐습니다. 불평을 하고 주인에게 책임을 돌리는 것입니다. 재미있는 우화가 있습니다. 닭과 개가 싸움을 벌였는데 개가 닭 보고 말합니다. "너는 아침에 '꼬끼오' 하고 울어서 주인을 깨워드려야 되는데 요새는 왜 그렇게 침묵하고 있느냐. 울지를 않느냐." 닭은 말합니다. "너는 주인을 지키기 위하여 멍멍 짖어야 되는데 요새는 왜 벙어리개가 됐느냐." 서로 다투다가 달님에게 재판을 청했습니다. 달님이 닭 보고 묻습니다. "너 왜 요새 '꼬끼오' 하고 울지 않느냐?" "아, 그거야 주인이 자명종을 놓고 쉬기 때문에 내가 깨울 필요가 없습니다. 자명종소리로 주인이 원하는 시간에 깨니 내가 울 필요가 없는 것이지요." 달님은 다시 개 보고 묻습니다. "너는 왜 멍멍 짖지를 않느냐?" "저요? 저는 도둑을 지키는 것이 일인데 도둑이 집안에 있기 때문에 짖을 필요가 없게 됐습니다. 주인이 도둑이거든요." 악하고 게으른 종—남에게 책임을 돌린 것, 그것이 바로 불충성이었습니다.

　본문 25절에 "두려워하여"라고 말합니다. 주인을 두려워하고 처벌을 두려워하고, 손해볼까 두려워했습니다. 차라리 이 사람이 한 달란트를 잃어버리고 와서 주인 앞에 엎드려 "주인이여, 주인이 아시는대로 처음부터 나는 시원치 않은 사람이었습니다. 내딴에는 수고를 했습니다마는 그만 고스란히 잃어버렸습니다. 어떡할까요? 죄송합니다"했더라면 제가 생각하건대는 주인이 열 달란트 가진 사람보고 "너 다섯 달란트만 이 사람 주어라"해서 그 잃은 사람 보고 "Try again!"하고 격려했을 것만 같습니다. '본전치기' 가지고는 안 통합니다. 주인이 용납하지 않습니다. 그리고, 있는 자에게 더 주라, 합니다. 평등이 아니지 않습니까. 그러나, 능력을 인정했습니다. 자세히 성경을 읽어보면 알 수 있습니다. 다섯 달란트 주었던 사람이 다섯 달란트를 남겼더니 열 달란트를 주어버렸습니다. 네 달란트를 번 사람에게는 네 달란트를 주어버렸습니다. 그러니까 다시 더 큰 기회를 얻게 되었다, 하는 말입니다. 우리가 쓰는 용어에 뷰로크러시(bureaucracy) — 관료주의, 아리스토크러시(aristocracy) — 귀족주의, 그리고 데모크러시(democracy) — 민주주의라는 것이 있습니다마는 요새 우리에게 가장 중요하게 생각되는 것은 메리토크러시(meritocracy) — 실적주의입니다. 능력주의입니다. 능력에 따라 분배하는 것입니다. 이것을 잊지 말아야 합니다. 만일에 한 달란트 가진 사람이 굳이 "나는 그럼 어떡할까요?"했더라면 (본문에서는 형벌을 내립니다마는) "너는 열 달란트 가진 집에 가서 얻어먹어라"하였을 것입니다. 왜요? 그것이 그에게 마땅한 일이니까요. 우리는 깊이 생각해야 합니다. 우리는 능력대로 평가받는 세상에 왔습니다. 뭐, 몇시에 출근해서 몇시에 퇴근했다고 하는 것가지고 진실을 말할 때는 지났습니다. 무엇을 했느냐입니다. 하루종일 담배 석 대 피운 것밖에는 한 일이 없는 사람, 본전치기도 못하고 월급만 가져가는 사람은 필요없게 된 것입니다. 하나님 앞에서 진지하게 생각해봅시다. 소유는 복이 아닙니다. 소유란 기회일 뿐입니다. 소유란 내게 맡겨진 중요한 사명입니다. 이제 내가 이것을 어떻게 관리하느냐가 중요합니다. 얼마를 가졌느냐를 묻지 맙시다. 가진 것을 가지고 얼마나 생산적으로, 능률적으로 살았느냐가 문제입니다. 이제 그 능력에 따라서 다시 다음기회가 주어질 것입니다. 주인 앞에서, 주인의 평가에 대해서 우리는 온유, 겸손하게 받아들입시다. 그리고 주의 뜻을 알았으면 이제 우리는 다시 정비해서, 진실과 정의와 하나님 앞에 정직함을, 생산적 정직함을 다시 회복해야 합니다. 이것이 내일을 위한 기회이기 때문입니다. △

내게로 돌아오라

여호와께서 가라사대 이스라엘아 네가 돌아오려거든 내게로 돌아오라 네가 만일 나의 목전에서 가증한 것을 버리고 마음이 요동치 아니하며 진실과 공평과 정의로 여호와의 삶을 가리켜 맹세하면 열방이 나로 인하여 스스로 복을 빌며 나로 인하여 자랑하리라 나 여호와가 유다와 예루살렘 사람에게 이같이 이르노라 너희 묵은 땅을 갈고 가시덤불 속에 파종하지 말라 유다인과 예루살렘 거민들아 너희는 스스로 할례를 행하여 너희 마음 가죽을 베고 나 여호와께 속하라 그렇지 아니하면 너희 행악을 인하여 나의 분노가 불같이 발하여 사르리니 그것을 끌 자가 없으리라
(예레미야 4 : 1 - 4)

내게로 돌아오라

「20대가 하지 않으면 안될 50가지 일」이라고 하는 책이 있습니다. 와세다대학 출신으로 새 세대를 대변하는 글을 써온 니카다니 아키히로라고 하는 일본작가가 쓴 책입니다. 희망도 꿈도 많지마는 수없이 좌절하는 20대를 향한 충고의 글입니다. '새로운 일을 시작할 때 작심삼일(作心三日)을 부정해서는 안된다' 라고 이 책에서는 말합니다. 작심삼일 — 결심이 사흘을 가지 못한다는 말로 의지가 굳지 못한 것을 이르는 말입니다. 현대젊은이들의 결정적인 약점은 지구력이 없다는 것입니다. 생각도 많고 머리도 좋고 마음도 있는데 도대체 무엇 하나 꾸준하게 하지를 못합니다. 엄청난 허점입니다. 그러나 이 책의 저자는 이렇게 말합니다. 작심삼일이라고해서 오늘와서 다시 해보지 않는다면 작심삼일로 끝날지 혹은 지속하게 될지 모를 것이 아니냐 — 그렇지요. 무엇을 결심해도 작심삼일로 끝난다고 한다면 그 일로 인해서 자기자신을 책망하지 말라, 낙심하지 말라는 것입니다. 해보았지만 잘 안되었다고해도 잘 안되었다는 것, 그것을 공부하게 되고 또 '조금만 참았더면 지속할 수 있었는데' 하는 깨달음을 얻게 된다는 것입니다. 내가 하려고 했던 일은 참으로 좋은 일이었다 — 그것만 깨달아도 바람직한 것입니다. 사흘밖에 실천 못하고 그만 무산되었다 하더라도 그 결과로 내가 실천하지 못하는 나약한 존재라는 것, 나라고 하는 존재에 대한 인식을 가지게 된다는 것입니다. 지구력 하나가 내게 없었구나 — 이것을 깨닫는 그것만해도 큰 소득이라는 것이지요.

여러분도 영어단어를 외어보았을 것입니다. 학교다닐 때 이것안해본 사람이 없을 것입니다. 단어 하나를 한번 보기만 하면 그저 딱 기억이 되고 다시는 잊어버리지 않는다면 그 얼마나 좋겠습니까. 그런 것을 'photograph memory' 라고 합니다. 보기만 하면 사진박히듯 기억되는 것입니다. 이렇게 된다면 얼마나 좋겠습니까마는 그렇지를 못한 것입니다. 연구결과들을 보면 모든 사람이 다 비슷합니다. 나만 머리가 둔하고 나쁜 것이 아니라고요. 한 단어를 외우려거든 콘사이스를 뒤질 때마다 그 단어에 표시를 해보십시오. 그러고나서 얼마후에 다시 표시하고… 평균적으로 다섯 번을 그렇게 익혀야만 암기가 된다고 합니다. 다섯 번이면 특별하게 멍청하지 않은 사람은 다 기억을 합니다. 그런데 보아하면 한 번 보고 잊어버렸다해서 자신을 탓하는 것입니다. 나는 구제불능이다, 나는 머리가 나쁜가보다, 합니다. 나쁜 것이 아닙니다. 그것이 정상입니다. 다른 사람은 다섯 번 이상 콘사이스를 뒤져보아서 그 단어를 외운 것입니다. 노력이 부족했던 것이지 결코 머리가 나빴던 것이 아닙니다. 그리한데도 공부 못하는 아이들은 꼭 '나는 왜 이렇게 기억력이 나쁠까' 하고 한숨을 쉽니다. 그래서는 안될 일입니다. 지극히 정상적인 것입니다. 미국의 베이브 루스라고 하는 야구선수는 '홈런 왕'으로 불릴만큼 유명한 사람입니다. 그는 통산 칠백열네 번의 홈런을 날렸습니다. 그 홈런기록으로해서 많은 사람들이 그를 칭찬하고 있습니다마는 그가 통산 천삼백삼십 번의 스트라이크 아웃을 당했다는 사실은 사람들이 유념하지를 않습니다. 천삼백삼십 번의 스트라이크 아웃이 있고야 칠백열네 번의 홈런이 있었던 것입니다. '아웃' 없는 홈런이 없습니다. 우리가 오늘날 전등의 혜택을 보고 삽니다마는 이 전등을 발명할 때 에디슨은 사백 수십 번의 실패를 했다고 합니다. 그렇게 많은 실패를 하고나서야 발명해낼 수 있었던 것입니다. 그런데 우리는 사백 번 실패한 것은 생각지 않고 한 번 성공한 것만 생각하더라는 말입니다. 그 한 성공의 뒤안에는 사백 번의 뼈아픈 실패가 있었던 것입니다. 그런고로 우리는 결코 실패를 두려워할 것이 아닙니다. 작심삼일이라도 좋고 작심일일이라도 좋습니다. 다시 결심하는 것입니다. 다시 시작하는 것입니다. 실패는 방치하면 독약이 됩니다. 그러나 그 원인을 깊이 연구해서 잘 살피고보면 그 실패는 양약(良藥)이 됩니다. 실패자체는 죄가 아닙니다. 실패했다고 절망하는 것이 죄입니다.

오늘본문을 봅시다. 하나님께서 말씀하십니다. 맹세하라, 내 앞에서 다시 서약을 하라, 돌아오려거든 내게로 돌아오라, 하십니다. 아주 깊은 뜻이 있습니다. 내게로 돌아오라—다른 말로 말하면 다시 만나자는 것입니다. 이스라엘은 범죄하고 있습니다. 여기 '가증한 것'이라고 말씀하십니다마는 원본대로 번역을 바꾸면 '우상섬기는 것'입니다. 하나님 섬기던 백성이 우상을 섬기다니 말도 안되는 일입니다. 그럼에도 이스라엘의 백성이 지금 우상을 섬기고 있습니다. 그 더러워진, 신앙적 정조가 깨어진 백성을 향하여 하나님께서 말씀하십니다. 돌아오라, 돌아오려거든 내게로 다시 돌아오라—만나기를 원하십니다. 다시 만나자고 말씀하십니다. 초청(招請)입니다. 청소년과 젊은 직장인들을 한 사백 명 상대로 '21세기를 내다보면서 가훈을 정한다면 어떤 가훈을 정할 것인가' 하고 설문조사를 해보았는데, 응답의 통계가 재미있습니다. 제1위가 '가끔 얼굴 좀 보고 살자'였습니다. 하도 얼굴들을 못보고 사니까요. 서로가 숫제 얼굴을 볼 수가 없습니다. 그러니 앞으로는 '제발 얼굴 좀 보고 살자' 하는 것입니다. 제2위는 '사생활을 존중하자' 입니다. 그 5위는 IMF사태를 당할 만큼 어려운 세월이어서 이런 응답이 나온 것같습니다. '끝까지 살아남자' 입니다. 생활은커녕 생존자체가 어려우니까요. 하나님께서는 '내게로 돌아오라' 하십니다. 내 얼굴을 좀 보라, 내가 너희를 좀 보고 싶다, 하심입니다. 돌아오려거든 내게로 돌아오라, 하십니다. 이미 더러워진 자임을 아시면서도 또다시 기대하시고 부르시는 것입니다. 아예 심판해버리지 아니하십니다. 사람, 저들은 절망했는데 하나님께서는 절망하시지 않았습니다. 오늘도 애타게 부르고 계십니다. 다시 돌아오라고… 시카고의 어느 작은 교회에서 장례식이 있었습니다. 죽은 사람은 세 살바기 아기였습니다. 이 아기의 주검을 놓고 장례식을 합니다. 목사님이 기도할 때 다들 눈을 감고 있었는데, 초라하게 더러운 옷을 입은 거지몰골의 남자가 하나 들어왔습니다. 그는 죽은 아기의 신발을 몰래 벗겨 가지고 도망갔습니다. 그것을 35센트에 팔아서 술을 마셨습니다. 그는 알콜중독자였습니다. 바로 그 죽은 아기의 아버지였습니다. 한번 상상해보십시오. 세 살바기 어린 딸이 죽었는데, 그 장례식에 참석했다가 그 아기의 신발을 벗겨다가 팔아서 술을 마시는 인간, 이런 인간을 누가 사람이라고 하겠습니까. 짐승만도 못하지요. 다 끝난 인간 아닙니까. 그러나 끝난 인간이 아니었습니다. 이 사람이 예수를 믿게되고, 예수믿고 구원받게 되었을 때 멘트라이더라고 하는 유명한 목사님이자 부흥사가 되어 시카고역사에 기록되는 변화가 일어났습니다. 그는 주로 알콜중독자들을 상대로 전도하여 수천 명의 알콜중독자를 주님 앞에 인도하였습니다. 짐승만도 못한 그같은 사람도 주님께로 돌아온즉 이렇듯 새사람이 됩니다.

문제는 돌아오는 것입니다. 나 스스로가 무엇을 해보겠다고, 나 스스로가 어떻게 해보겠다고들 합니다. 부질없는 것입니다. '여호와께로 돌아오라' 하십시다. 와서 여호와의 이름을 가리켜 맹세하라, 진실과 공평과 정의로 살겠다고 맹세하라, 다시 맹세하라, 하십니다. 진실은 자신에 대한 진실이요, 공평은 이웃에 대한 공평이요, 정의는 하나님 앞에서 이루는 정직함입니다. 하나님께서 그렇게 부르실 때 부르시기만 한 것이 아닙니다. 번번이 실패하는 나약한 존재임을 아시기에 원인과 또 고칠 수 있는 방도까지 말씀하십니다. "너희 묵은 땅을 갈고 가시덤불 속에 파종하지 말라" 하십니다. 얼마나 귀중한 교훈인지 모릅니다. 농사 이치가 그렇습니다. 우선 좋은 토양이 있어야 합니다. 땅이 있어야 됩니다. 그리고 좋은 종자가 있어야 됩니다. 그 다음에 비가 오고 햇빛이 잘 나고… 이런 자연여건이 좋아야 됩니다. 그리고 농군의 정성어린 수고가 있어야 됩니다. 이 네 가지가 합해서 농사가 되는 것입니다. 그러나 가장 기본적인 것은 토양입니다. 토양이 좋지 않으면 농사가 될 수 없습니다. 예수님께서도 비유로 말씀하실 때, 옥토와 같은 마음이 있고 길가와 같은 마음이 있고 가시덤불과 같은 마음이 있다, 라고 말씀하십니다. 왜 이런 말씀을 하시는 것입니까. 돌짝밭과 같은 마음도 있다, 하십니다. 종자는 좋은데 토양이 나쁘면 말씀의 역사가 일어날 수 없다는 말씀입니다. 하나님의 능력이 나타날 수 없다는 것은 생명적 역사가 이루어질 수 없다는 것입니다. 창조적 역사가 일어날 수 없다는 것입니다. 그런고로 토양을 준비하라 하십니다. "너희 묵은 땅을 갈고"—화전민(火田民)은 저 깊은 산 속에서 산림에 불을 지르고 그 자리를 파서 밭을 일구어 농사하여 먹고사는 가난한 사람들입니다. 씨를 뿌리려면 불을 질러야 됩니다. 다 태워버립니다. 그리고 돌을 제하고 좋은 흙이, 그 토양이 나올 때까지 수고를 한 다음에 소중한 종자를 뿌리는 것입니다. 묵은 땅을 갈고 가시덤불 속에 파종하지 말라―얼마나 중요한 교훈입니까. '묵은 땅'이란 버려진 땅을 이르는 것입니다. 다 버려졌습니다. 관심 밖으로 버려진 것입니다. 잡초가 우거졌습니다. 그 속에는 좋은 땅이 있지마는 가시덤불이 있으면 씨앗을 뿌려도 그 땅에 떨어질 수가 없고, 떨어져도 자랄 수가 없습니다. 그러니 가시덤불을 제거해야 됩니다. 가시덤불이 좋은 종자의 생명력을 저해하기 때문입니다.

여러분, 무엇에든지 가시덤불을 제하는, 이런 준비가 있어야 합니다. 운동하는 사람들을 보면 운동 전에 워밍업을 하지요. 그것이 필요한 것입니다. 결심하고 후다닥 뛰쳐올라간다해서 운동이 되는 것은 아닙니다. 우리교회교인 가운데 제가 결혼주례 해준, 권투를 하는 선수가 있었는데 만날 때마다 보면 그는 늘 피곤해하였습니디. 제중조절 하느라고 굶어서 비쩍 마르고… 얼마나 고생을 하는지 모릅니다. 이 짓 계속 못하겠습니다, 그러나 배운 게 이거밖에 없으니 큰 걱정입니다, 하면서 고민하는 것을 보았습니다. 한번 게임에 나가려면 석 달 동안 훈련을 한다고 합니다. 맹훈련을 하는데, 그것도 마지막 한 달 동안은 집에 돌아오지도 못하고 합숙하면서 그 험한 코치의 지시를 따라 호된 훈련을 합니다. 링에 올라가 시합하는 것은 이기든 지든 한 번입니다. 얼마나 힘든 일입니까. 이것을 알아야 됩니다. 우리는 만사를 너무 쉽게 생각하는 경향이 있습니다. 공부하는 것도 그렇지 않습니까. 그냥 덤벼든다고 공부가 되나요. 공부에도 워밍 아워가 필요합니다. 너무 많이 놀고나면 다시 공부하기

힘듭니다. 공부가 안됩니다. 그러므로 놀 때라도, 설사 휴가맡아서 놀러 가더라도 책을 가지고 가야 되는 것입니다. 그래서 하루에 적어도 몇시간은 꼭 책을 보아야 됩니다. 아주 맥을 놓고 놀아버리면 다시 공부하려 할 때 마음잡는 데만 몇달이 걸립니다. 만사를 너무 쉽게만 생각을 하는 것, 미신적 신앙입니다. 말씀을 받아들이기 위해서는 피나는, 잡초를 제거하는, 불을 질러버리는, 땅을 갈아엎는, 그런 수고가 따라야 한다는 말씀입니다. 제가 유학을 두 번 했습니다. 60년대와 70년대 초에 유학을 했습니다. 처음 유학갔다 와서 한 9년 동안 있다가 다시 갔습니다. 그 9년 동안에 공부 안한 것은 아닙니다. 계속 공부도 하고 학교에서 가르치기도 하다가 9년 후에 다시 갔는데 공부가 안되는 것입니다. 한 학기만 하고 그만둘까 할 정도였습니다. 얼마나 고민했는지 모릅니다. 그런데 한 학기를 다시 지내고나니 그제야 길이 열리기 시작하는 것입니다. 이것을 알아야 됩니다. 만사, 공짜로 되는 것 없습니다. 준비하는 것, 워밍업이, 워밍아워가 필요한 것입니다. 결심으로 되는 것이 아닙니다. 버려진 땅, 해묵은 땅을 옥토로 만들려면 응분의 손질이 필요합니다. 또한 묵은 땅이란 무의식상태를 말합니다. 습관화하고, 체질화하고, 성품화해서 무엇이 옳고 무엇이 그른지 알 수 없게 되어 있습니다. 그저 방종과 게으름과 사치와 낭비와 거짓과 혈기와… 이런 것으로 점철되어 왔습니다. 그런 것으로 아주 습관이 되어버렸습니다. 그것이 죄인지 아닌지도 모릅니다. 잘못되었다고도 생각지 못합니다. 사는 것이 그런 거지 뭐, 나도 사람인데 뭐… 이래가면서 망해가는 것입니다. 그렇게 고스란히 체질화하여버렸거든요. 여기서 하나님의 사람으로 바뀌는 데는 땅을 갈아엎는 것같은 혁명적 변화가 있어야 합니다. 또

하나, 이것은 고질화한 것이요 병리적인 고집이요 정당화한 것입니다. 지금 자신의 생활을 완전히 정당화하고 있고, 고정관념에 빠져 있습니다. 이것을 깨뜨려야 합니다. 오랫동안 해묵은 것입니다. 수백 년 동안 묵어온 것입니다. 우리나라의 경제가 잘못된 이유를 한마디로 말하라고 하면 봉건주의적 기업이기 때문이라 할 것입니다. 한마디로 축소하면 봉건주의에서 벗어나야 되는데 못벗어나기 때문에 문제인 것입니다. 양반 되려 하다가 망한 것입니다. 돈벌었으면 됐지 양반까지 되려 하다니요. 양반인 체하다가 망한 것입니다. 무엇에든지 고정관념이 있습니다. '해묵은' 것입니다. 오랫동안 묵어 온 것입니다. 지금도 결혼같은 것을 할 때 보면 족보 따지고 양반 상놈 따지는 사람들이 있습니다. 이 고정관념, 이것을 어떡하면 좋습니까. 이것이 모든 방면에 관계되거든요. 익숙해지고 의식화한 것으로부터 벗어나야 됩니다.

하나님께서 말씀하십니다. "묵은 땅을 갈고…" 그리고 잡초를 제하고 다시 씨를 뿌리라, 하십니다. 옥토와 종자가 깨끗이 만나야 되고 토양과 씨앗이 만나야 됩니다. 아주 깨끗이. 여기에 아무 방해요소가 있어서는 안됩니다. 여기 여러분이 설교를 듣고 있는 바로 이 시간에도 여러분의 마음속에 잡초가 왔다갔다 합니다. 몇주일 전에 보니 예배드리는 도중에 어느 가족 세 분이 예배당을 빠져나갑디다. 저는 몹시 급한 일이 있는가보다, 했습니다. 그럴 수 있다고 생각했습니다. 그 나가는 것을 보면서 설교를 했었습니다. 며칠 뒤, 그 중 아들되는 사람이 제게 편지를 했습니다. 너무도 죄송합니다, 그렇게 예배 도중에 나감으로 지장을 드려 죄송합니다, 어머니가 집에 가스를 잠그지 않고 왔다고해서, 그게 자꾸 생각이 나고 마음이 불안해서 못견디겠다고 하셔서, 라는 내용이었습니다. 그래 내가 속으로 생각했습니다. 분명히 가스는 잠갔을 것이라고요. 잠그지 않았을 것이라고 생각하니, 이것 생각하는 동안 말씀이 한마디도 안들어오는 것입니다. 이 한 시간만이라도, 정 못하겠거든 30분만이라도 제대로 옥토가 되어서 말씀을 받아들여야 되는데 어떤 분들은 또 이상한 도전을 해오는 사람들도 있습니다. 요상한 잡초가 그 마음에 있어서, 가시덤불이 있어서 목사님이 "사랑합시다, 사랑하십시오"하고 말씀하면 속으로 '저는 사랑하나' 합니다. "참으십시오"하면 '에이, 목사님 자기도 못참던데? 말은 잘하네' 하고 돌아가는 것입니다. 이것 되겠습니까. 사도 바울은 이렇게 희생을 했습니다, 하고 말씀하면 아멘으로 받아들이지 못하고 '그거야 사도 바울이니까 그렇지' 하고 속에서 비비꼬이고 있습니다. 이 가시덤불이 언제 빠질 것입니까. 싹 다 지워버리고, 불태워버리고 깨끗한 마음으로 수용하면 얼마나 좋겠습니까. 어떤 때는 부부간에 앉았다가 내가 무슨 말을 하면 옆의 남편을 쿡 찌르면서 "잘 들어둬요"하는 것같은 분이 있습니다. 자기가 들을 생각은 안하고 다른 누군가가 들어야 될 것이라고 생각하는, 이것도 가시덤불입니다. 불질러버릴 것입니다, 당장. 다 지워버리고 깨끗한 옥토가 되어가지고 말씀을 받아야 생명의 역사가 이루어지는 법입니다. 토양의 문제입니다.

여러분, 새해를 맞아서 무엇을 생각하십니까? 엄청난 일, 굉장한 일 계획하시겠습니까. 그보다는 simple mind, pure receptivity, 아주 깨끗한 수용성을 가져봅시다. 이제는 말씀을 들을 때 깨끗한 마음으로 들을 것입니다. 옥토가 되어서 받아들일 것입니다. 순수한 수용, 아주 깨끗한 순종과 온유와 겸손이 있어서 하나님의 말씀을 받아들이며 하나님께로 나아갑시다. 돌아오려거든 내게로 돌아오라, 하십니다. 묵은 땅을 갈고 가시덤불 속에 파종하지 말라, 하십니다. 모름지기 깨끗한 마음으로 다시 돌아올 것입니다. 그럴 때 하나님의 놀라운 역사는 이루어질 것입니다. △

나를 본받는 자 되라

내가 너희를 부끄럽게 하려고 이것을 쓰는 것이 아니라 오직 너희를 내 사랑하는 자녀같이 권하려 하는 것이라 그리스도 안에서 일만 스승이 있으되 아비는 많지 아니하니 그리스도 예수 안에서 복음으로써 내가 너희를 낳았음이라 그러므로 내가 너희에게 권하노니 너희는 나를 본받는 자 되라 이를 인하여 내가 주 안에서 내 사랑하고 신실한 아들 디모데를 너희에게 보냈었노니 저가 너희로 하여금 그리스도 예수 안에서 나의 행사 곧 내가 각처 각 교회에서 가르치는 것을 생각나게 하리라

(고린도전서 4 : 14 - 17)

나를 본받는 자 되라

 「운동선수가 운동을 잘하려면」이라고 하는 글을 읽어보니, 운동선수가 운동을 잘하려고 할 때는 우선 목적이 좋아야 한다고 합니다. 돈벌자는 생각, 출세하자는 생각, 혹은 어떤 잡스러운 생각이 목적이 되고보면 그 운동이 제대로 될 수 없다고 합니다. 그러니까 운동도 고상한 목적, 불변하는 높은 목적을 가지고 해야 된다, 하는 이야기입니다. 또한 열심히 해야 한다고 합니다. 총력을 기울이는데, 심지어는 꿈을 꾸어도 운동하는 꿈을 꾸어야 한다고 합니다. 오로지 운동 하나만을 열심히 생각하고 총력, 집중해야 됩니다. 그래야 성공할 수 있다, 하는 것입니다. 그 다음으로 하나는 절제와 인내입니다. 운동하는 그것만이 아니고 그 생활 전체가 운동을 위한 것이 되어야 합니다. 먹는 것, 자는 것, 생활하는 것, 시간 지키는 것, 마음먹는 것까지도 다 여기에 집중하면서 인내해야 한다고 합니다. 오랜 훈련이 필요한 것입니다. 하루아침에 무슨 기적이 나타나리라고는 상상도 못합니다. 많은 시간 동안 훈련을 쌓아서 거기에 도달할 수 있다, 합니다. 자, 그런데 그래가지고도 안되는 수가 있습니다. 그러고도 안된다면 원점으로 돌아가서 이것은 모델이 잘못되었다는 것입니다. 맨처음에 어떻게 기초부터 배웠느냐, 그것이 중요하다고 합니다. 가끔 외국사람으로 한국말 잘하는 사람을 봅니다. 그런데 그 가운데 어떤 사람은 사투리를 씁니다. 우리네야 고향이 따로 있으니 사투리를 쓰겠지만 당신은 어디가 고향이기에 사투리를 쓰느냐—해보면 맨처음 한국말을 배울 때 자기가 배운 사람이 사투리를 쓰는 사람이었다고 합니다. 그로부터 배우면 40년 동안을 못고치더라고요. 그런만큼 맨처음에 어떤 사람을 만나느냐에 따라서 교육이 달리 이루어집니다. 그런고로 무엇을 배웠느냐가 중요한 것이 아니라 누구에게서 배웠느냐가 중요합니다. 운동도 그렇습니다. 학문도 그렇습니다. 누구에게서 배웠느냐―그것이 그 사람의 운명을 결정하는 것입니다. 말로 배우는 것이 있습니다. 또 말로 가르칩니다. 이것은 논리적 교육입니다. 이성에 호소하면서 이치에 맞도록 합리적으로 이해를 도와가면서 가르치는 그런 교육이 있고, 또하나는 가슴으로 가르칩니다. 말이 없어도 소위 정서교육이라는 것입니다. 교육의 분위기를 만들어주고 감정에 호소합니다. 그래서 가슴과 가슴에서 교육이 이루어집니다. 또하나는 본을 받는 것입니다. 본받는 데는 존경과 신뢰가 있어야 됩니다. 바로 이 점에서 우리가 고민하는 것입니다. 우리젊은이들이 존경할 사람이 없다고 합니다. 도대체 존경할 사람이 없습니다. 그런가하면 신뢰할 사람이 없습니다. 그러니 무엇을 배우겠습니까. 어디서 배우라는 것입니까. 존경과 신뢰를 통해서 교육은 이루어지는 것이다, 하는 것입니다. 가장 효과적인 교육, 어쩌면 무서운 교육이 바로 지식 이전에 있는 교육입니다. 아무 생각 없이 배우는 것, 저절로 배워지는 것, 무의식중에 가르치고 무의식중에 배우는 것, 이것이 정말 무서운 것입니다. 이것은 우리가슴 깊이, 깊이깊이 뿌리박아서 한평생의 운명을 좌우하게 됩니다.

　　인류역사상 가장 끔찍한, 최악의 사건 중의 하나로 기억하고 있는 사건이 있습니다. 바로 나치의 히틀러가 유대사람 육백만을 죽였다고 하는 사건입니다. 아무리 생각해도 믿기도 어렵고 이해하기도 어려운 일입니다. 전쟁상황 중에 서로 죽이고 죽고 하면서 이루어진 사건이라면 육백만이라 해도 이해가 갑니다. 그러나 조용하게, 평안하게 사는 유대사람을 하나씩 둘씩 끌어내어다가 가스실에 처넣어 죽였다는 것입니다. 저항도 못하는 유대사람들이었습니다. 육백만이라고 하면 서울인구가 지금 통틀어서 천이백만이라고 하니 이의 절반되는 숫자입니다. 상상해보십시오. 박물관에 가보면 깜짝놀랍니다. 유대인들의 금니빨을 뽑아서 모아둔 것, 머리카락을 잘라서 모아둔 것, 시계들 막 풀어놓은 것, 그런 것들이 산더미같이 쌓여 있는 것을 봅니다. '원 세상에 이럴 수가 있나! 이런 끔찍한 일이 어떻게 인류역사에 있을 수 있단말인가!' 하고 혀를 차게 됩니다. 그 히틀러가 누구냐, 이것입니다. 그의 아버지는 본래 행상인이었다고 합니다. 물건을 해다가 돌아다니면서 팝니다. 이것 다 팔 때까지 집에 못 돌아옵니다. 한 달도 걸리고 두 달도 걸립니다. 그리고 집에 돌아옵니다. 말하자면 집을 늘 비웠습니다. 그 어머니가 고독해서, 외로움을 참지 못해서 이웃남자들하고 불륜관계를 맺습니다. 그런 중에도 돈많고 세력 있는 유대사람, 전형적으로 돈많은 유대사람남자와 어머니가 불륜의 관계 맺는 것을 히틀러는 보면서 자랍니다. 그러지 말라고 눈물로 하소연하고 매달리고 말리고 했지마는 어머니는 듣지를 않았습니다. 그렇게 자랐습니다. 그래서 히틀러는 두 종류의 사람들을 미워하게 되었습니다. 하나는 유대사람들이고 하나는 여자들입니다. 이리하여 그는 결과적으로 유대인 육백만을 죽이는 사람이 되었고 또 평생 결혼을 못하게 되었습니다. 주변의 수없이 많은 여자들이 죄다 증오의 대상이었습니다. 끝까지 미워하고 독신으로 살다가 자식 없이 세상을 떠납니다. 이제 생각해보십시오, 얼마나 무서운 것이 교육인가.

여러분, 사랑하고 배웁니다. 존경하면서 닮습니다. 그것만이 아닙니다. 미워하면서 닮습니다. 이것이 무섭습니다. 누구를 열심히 미워하면 그 사람 닮은 아이를 낳는다고 하는 말이 있습니다. 아시겠습니까? 제가 어느 책에서 심리학적으로 써놓은 것을 보고 혼자 웃었습니다. 여러분에게 자녀들 있지요? 맏아들, 둘째아들, 셋째아들이 있는데 보아하면 대게 맏아들은 남편을 닮습니다. 제 아버지를 닮았습니다. 둘째아들은 어머니를 닮았습니다. 셋째아들은 모를 사람을 닮았습니다. 왜 그런지 아십니까? 첫째아들 낳을 때는 열심히 연애를 해왔기 때문에 일단 남편을 사랑했었습니다. 둘째아들 낳을 때쯤은 그 사랑이 별로였습니다. 그래서 그렇습니다. 여러분, 누굴 미워하십니까? 그러면 나도모르게 그 미운 사람을 배우고 있는 것입니다. 미운 사람을 내가 닮고 있는 것입니다. 미운 사람에게 내 마음과 생활이 끌려가고 있는 것입니다. 얼마나 무서운 일입니까. 모델라이징(modelizing)이라는 것이 이렇듯 중요한 것입니다. 표본을 닮아간다는 것, 이것은 학습효과가 있습니다. 많은 세월 동안 그렇게 경험을 쌓아서 거기에 도달한 어떤 패러다임이기 때문에 우리가 그로부터 배운다는 것은 그 일생을 배우는 것이나 다름없습니다. 엄청난, 많은 지식과 경험을 본받음으로해서 우리는 쉽게 배우는 것입니다. 또 한 가지는 학습촉진효과가 있습니다. 배우는 사람하고 같이 앉아 있고, 그저 편안하게 배울 수 있으니까요. 또, 뛰는 사람하고 같이 뛰는 것은 쉽지 않습니까. 그래서 행동학습촉진효과가 있습니다. 또하나는 결과에 대한 두려움이 없습니다. 이렇게 배워서 어떻게 되나—그것 모릅니다. 되었잖아요? 이렇게 해서 그렇게 되었다는 것을 알고 공부하기 때문에 아주 쉬운 것입니다. 그뿐아니라 모방이라는 것은 결과에 대해서 무방비상태입니다. 이의 결과가 어떻게 되느냐?—생각지 못하고 따라갑니다. 또한 무비판적일 때가 많습니다. 내가 그 사람을 좋아하니까, 사랑하니까, 무비판적으로 본받거든요. 그리고 어떤 때는 미워하면서 본받습니다. 미워하는 그것도 생각하는 것이니까요. 사랑도 생각이고 미움도 생각입니다. 집착하고 있다보니 닮아가고 배우게 되더라는 것입니다. 자, 이제 이 '본받는다는 것'을 깊이 생각해야 합니다. 이것은 전인적 교육이요 가장 효과적인 교육입니다. 그런데 문제가 여기에 있습니다. 모방이나 혹은 본받는다는 것은 하나의 만남의 관계를 말합니다. 인격과 인격의 만남의 관계입니다. 이상적으로 만나는 것이면 얼마나 좋겠습니까. 뭐, 비판할 것도 없고 걱정할 것도 없이 전적으로 믿고 위탁하고 그대로 본받으려고 한다면 이 얼마나 좋은 일이겠습니까마는 그렇지 못할 때가 많거든요. 본받을만한 자가 없고 본받아서는 안될 여건에서 살아가고 있다는 말입니다. 어쨌든 이 '만남'이라는 것이 참 중요합니다. 맨먼저는 부모를 만나지요, 다음으로 친구를 만나지요, 신생님들을 만납니다. 이 만남의 관계 속에서 알거나 모르거나 원커나 원치 않거나 믿거나 말거나 우리는 공부를 하고 있습니다. 내가 닮아가고 있다는 것입니다. 그런고로 만남의 관계라는 것은 대단히 중요한 축복이라고 생각합니다. 좋은 사람을 만나고, 좋은 사람과 함께하고, 안심하고 그를 본받고, 가능하면 더 본받고 싶고, 닮고 싶고, 그런 분이 옆에 있고 여러분이 한평생을 산다면 이 얼마나 아름다운 일이겠습니까. 이상적 모델을 앞에 두고 살아간다는 것, 행복한 일입니다.

사도 바울은 말씀합니다. 나를 본받으라—이 말씀을 두고 '좀 지나친 얘기가 아닌가, 어떻게 감히 자기를 본받으라 할 수 있는가'

하는 분도 있습니다마는 여러분, 그 말이야 하든 안하든 그렇게 운명지어져 있습니다. 생각해보십시오. 우리가 본받는다고 하는 상황, 이 '서로 만남'의 관계라고 하는 것은 실제상황입니다. 이것은 운명적 상황입니다. 때로는 은총적 상황이며, 어떤 때는 악연적 상황입니다. 안만나야 될 사람을 만나지요. 여기서 내 운명이 잘못됩니다. 잘 생각해야 합니다. 그것이 은총적 관계라면 얼마나 좋겠습니까. 저의 할아버지가 제게 늘 이야기해주시던 것 중에 제가 나기도 전 얘기입니다마는 이런 이야기가 있습니다. 장사하러 다니던 중 송천 소래라고 하는 곳에 갔다가 장날 선교사를 만납니다. 선교사를 한번 만난 그 사건으로해서 할아버지는 상투를 자르고 예수를 믿고 결국은 교회를 봉사하는 장로님으로 살아가십니다. 그 장날 그 선교사를 만난 그 사건 하나가 할아버지의 운명을 바꾸어놓은 것입니다. 그런가하면 생각해보십시오. 그 일로 인해서 그 손자인 내가 지금 여기에 있는 것이 아닙니까. 그 만남이야말로 은총적 만남이었다고 생각합니다. 보십시오. 우리가 서로 만난다고 하는 것이 얼마나 중요합니까. 제가 우리학생들 가운데 유학간다고 하는 학생들이 찾아와서 "목사님, 기도해주십시오"하면 기도를 해주는데, 여러 가지 기도제목이 있겠지마는 제가 빼놓지 않고 기도하는 내용이 하나 있습니다. "이 학생이 앞으로 가서 공부할 때 좋은 교수님 만나게 해주십시오. 좋은 친구 만나게 해주십시오. 좋은 학설을 만나게 해주십시오." 꼭 그렇게 기도하고 싶은 것입니다. 교수님 한번 잘못 만나면 운명이 바뀝니다. 제가 아는 분들 가운데, 친구들 가운데도 참 어찌생각하면 불행하게 한평생을 사는 분들이 있습니다. 마지막에도 많이 잘못되었습니다. 이런 분들이 이런 말을 합니다. 내가 유학시절에 첫번째로 만나게 된 아무개 교수, 내가 그분을 만난 것이 내 운명을 이렇게 만들었다—확실히 잘못살았다고 토로합니다. 잘못만났지요. 왜요? 거기서 알게모르게 본받게 되었으니까요.

오늘 바울은 말씀합니다. 복음으로써 내가 너희를 낳았다, 그런고로 너희는 나를 본받으라—나를 본받는 자 되라, 합니다. 너희가 나와 만난 것은 은총적 관계다—이것입니다. 그래서 고린도후서에서는 이런 말씀을 합니다. "우리 주 예수의 날에 너희가 우리의 자랑이 되고 우리가 너희의 자랑이 되는 것이라(고후 1:14)." 이것이 그의 바라는 것이라고 말씀합니다. 그런고로 나를 본받으라, 나와 함께하자—이렇게 말씀하고 있습니다, 담대하게. 어쩌면 그럴 수밖에 없습니다. 여기서 우리가 깊이 생각할 문제가 있습니다. 본받는다고 하는 말의 뜻이 무엇입니까. 이 이전에 생각할 것이 있습니다. 본받으라 할 때는 그 뒤에 자기만족이라고 하는 기본이 있습니다. 기본적 신앙고백, 기본적 철학이 있는 것입니다. 자기가 만족할 때에만 이것이 가능한 것입니다. 생각해보십시오. 여러분은 스스로 만족하십니까? 내 생활에 만족하고 행복하게 사는 사람이라면 여러분도 행복하고 주변사람을 행복하게 만드는 것입니다. 만일에 불행하고 신세타령을 하고 팔자타령을 하고 '어쩌다가 이렇게 되었나' 하면서 사는 사람하고 살면 그 옆에 있는 사람까지 다 운명이 비뚤어지는 것입니다. 이 사실을 잊지 말아야 됩니다. 뭐 본받으라 말라 할 것 없이 우선 내가 만족한 행복을 느끼고 있어야 하는 것입니다. 그러니까 나를 본받으라 하는 말이 나오는 것입니다. 나는 행복하다, 너희도 나와 함께, 나를 본받아 행복하라—이런 말씀 아니겠습니까. 사도행전 26장에 보면 바울이 아그립바왕 앞에서 생사를 가름할 재판을 받습니다. 그 재판정에서 사도 바울은 감히 말씀합니다. 여러 사람 앞에서 말씀합니다. "오늘 내 말을 듣는 모든 사람도 다… 나와 같이 되기를 원하노이다(행 26:29)." 얼마나 좋은 이야기입니까. 내가 남을 부러워할 것이 없습니다. 다른 사람은 나를 부러워합니다. 나는 나로서 만족합니다. 행복합니다. 그것이 먼저입니다. 아주 중요한 일입니다. 그리고야 모든 역사가 이루어지는 것입니다. 자기만족이 없으면 한마디로 많은 사람을 괴롭히고 살게 됩니다. 많은 사람을 불행하게 만들고 사는 것입니다. 잊지 말아야 합니다. 나의 목적이 선했습니다. 목적에 만족합니다. 나의 선택에 만족합니다. 이런 사람이 행복합니다. 어떤 분들은 자녀들에게 이런 말을 합니다. "내가 잘한 일 가운데 최고로 잘한 것은 네 어머니를 만난 것이다." 어떻습니까. 괜찮지요? 그만한 가정이면 행복한 가정입니다. "내 일생 가장 큰 실수는 너희 엄마를 선택한 것이다." 이런다면 운명이 어디로 가겠습니까. 곤두박질할 것입니다. 내 목적, 내 선택, 내 과거, 내 현재, 내 미래, 내 운명, 하늘나라의 약속까지 다 확실히 잘했다, 확실히 나는 만족하다, 잘살았다, 나는 행복하다, 내 직업 만족스럽다, 내 노력, 내 수고, 유감이 없다—이러해야 되지 않겠습니까.

　제가 아는 외과의사가 있습니다. 그는 늘 피를 만집니다. 피를 많이 만지다보니 수술 끝난 다음이면 속이 다 울렁거릴 때가 있습니다. 그래서 그런 날이면 집에 바로 돌아가지를 않고, 가만히 보니 자기가 돈을 내가면서 친구를 불러가지고 탁구도 치고 당구도 치고 하더라고요. 믿지 않는 사람들은 이럴 때 술을 많이 마신다고 그는 말합니다. 그러나 그는 술생각은 없고 그런 여흥을 한참 즐기다가 밤 열한두 시쯤 되어서야 집에 돌아갑니다. 그 부인이 더러는 짜증을

냅니다. 장로라는 사람이 집에는 안들어오고 당구장으로만 돈다, 하고 투덜거리기도 합니다. 슬하에 아들 둘이 있는데 부인은 그들 보고 "너희들은 앞으로 절대 의사 되지 마라. 나는 의사하고 결혼한 것을 후회한다"하더라고요. 그런데 웬걸, 아들 둘이 커서는 다 의사가 되었습니다. 왜요? 그 아버지는 의사된 것을 행복으로 여기고 있었거든요. 가장 큰 보람으로 생각하고 있었던 것입니다. "나는 의사로 만족한다." 그랬기 때문에 아들들도 의사가 된 것입니다. 그것이 중요한 것입니다. 제가 일본에 갔을 때 일본의 재벌인 김봉학 장로님하고 같이 저녁식사를 하게 되었습니다. 모처럼 초대받았는데 내가 싼 것 먹겠습니까. 그래서 제일 오래오래 기억할만한 맛있는 음식을 사 내라고 했습니다. 그랬더니 "갑시다" 해서 차를 타고 갔는데, 납작하게 지은, 조그마한, 허름한 집에 들어갔습니다. "이 집이 5대째 스시를 하는 집인데, 유명한 집입니다. 여기에 고관들도 많이 오지요. 며칠전에 예약하지 않으면 못들어옵니다. 저는 단골이라서 이렇게 예약을 할 수 있었지마는 사실 이 집에 와서 먹기가 쉽지 않습니다"하고 장로님이 소개를 합니다. 들어가자마자 우리를 크게 환영합디다. 거기서 제가 제일 감격스러웠던 것은 거기서 일하는 사람들의 모습에서였습니다. 주인이 "저 사람이 첫째아들이고, 저 사람이 둘째아들이고, 이 사람이 손자고…"하면서 그 사람들을 소개하는데, 자그마치 5대째 스시를 하는 것이었습니다. 음식맛이야 어쨌든간에 저는 거기서 큰 감격을 맛보았습니다. 그분은 '내가 스시를 만들면서, 가장 좋은 스시를 만들면서' 스스로 행복했던 것입니다. 그러니까 줄줄이 5대를 이어가며 똑같은 일을 하는 것입니다. 얼마나 아름다운 일입니까. 자손들이 본받았지요. 선대가 본을 끼쳤지요. 내가 행복할 때 다시 자녀들에게 소원이 있습니다. '나와 같기를 바란다' 하는 마음이 있습니다. 기도가 있습니다. 내가 하는대로 너희도 하고, 내가 원하는대로 너희도 원하고, 내가 즐기는대로 너희도 즐기고, 내가 행복한대로 너희도 행복하고, 내가 목적삼고 있는 것과 같은 목적에서 살아주기를 바란다, 내가 사랑하는 것을 너희도 사랑하고, 내가 소망하는 것을 너희도 소망하고, 내가 의지하는 것을 너희도 의지하고, 내가 감사하는 일을 너희도 감사하게 되기를 바란다— 이보다 더 웅변적이고 강한, 능력있는 교육이 어디 있겠습니까.

고린도전서 11장 1절을 보면 사도 바울은 말씀합니다. "내가 그리스도를 본받는 자 된 것 같이 너희는 나를 본받는 자 되라." 다른 면에서가 아닙니다. '그리스도께 충성하고, 그리스도를 본받으려고, 이미테이트(imitate)하려고, 그리스도를 닮으려고 애쓰는 그것, 그의 고난에 동참하고, 십자가를 본받아 부활에 이르려는 그의 마음, 이것을 본받으라' 함입니다. 그 본받음의 대표가 한 사람 있습니다. 디모데입니다. 그래서 여기서 디모데 이름을 부릅니다. "내 아들 디모데"하고 바울은 말씀합니다. 피 한방울 섞이지 않은 '아들'입니다마는 그는 철저하게 사도 바울을 본받습니다. 빌립보서 2장 19절로 보면 바울은 디모데를 가리켜 그만이 내 뜻을 알고, 그만이 진실하고, 그만이 내 생각을 다 이해하고 있다, 라고 말씀합니다. 참으로 참아들입니다. 본받은 자 된 모범적 샘플입니다. 현대인에게 문제되는 것이 있습니다. '부모는 교본이 아니요 참고서일 뿐이다'—이렇게들 말합니다. 바로 여기에 오늘의 불행이 있는 것입니다. 아브라함 링컨은 대통령이 되어서 연설을 할 때 이렇게 말합니다. "나의 나됨은, 내가 바라는 모든것은 다 나의 천사같은 어머니 덕택입니다." 그 어머니는 계모입니다. 천사같은 그 어머니, 그를 본받아 '오늘 내가 있다'고 말합니다. 여러분, 이같은 은총적 관계, 은총적 만남, 은총적 표본이 되어야 합니다. 우리는 벌써 그 누구에게 본을 끼치고 있습니다. 이것은 실제상황입니다. 배우고 또 가르치고 있습니다. 나의 나됨이란 그런 의미에서 책임을 진 존재인 것입니다. 나 하나만의 세계가 아닙니다. 나 하나로 인해서 수많은 사람들이 행복할 수도 있고 불행할 수도 있습니다. 참으로 함께 나를 본받으라 할 수 있는, 그런 사람으로 살아가야 할 것입니다. 제가 한번은 초등학교 교장선생님 은퇴하는 자리에 참석해보았습니다. 교단에서 40년을 산 분인데 은퇴인사를 하면서 눈물을 흘립니다. 학생들에게 "나를 본받으라"하는 말을 한 번도 못해보고 교단을 물러선다고 하면서 우는 것입니다. 그렇습니다. "나를 본받으라." 이 말을 하고 살 수 있는 사람이야말로 가장 행복한 사람이 아니겠습니까. 가장 성공적인 삶이 아니겠습니까. △

하나님이 구하시는 것

  내가 무엇을 가지고 여호와 앞에 나아가며 높으신 하나님께 경배할까 내가 번제물 일 년 된 송아지를 가지고 그 앞에 나아갈까 여호와께서 천천의 수양이나 만만의 강수 같은 기름을 기뻐하실까 내 허물을 위하여 내 맏아들을, 내 영혼의 죄를 인하여 내 몸의 열매를 드릴까 사람아 주께서 선한 것이 무엇임을 네게 보이셨나니 여호와께서 네게 구하시는 것이 오직 공의를 행하며 인자를 사랑하며 겸손히 네 하나님과 함께 행하는 것이 아니냐
(미가 6 : 6 - 8)

하나님이 구하시는 것

간혹 외국의 무슨 학자들이 모이는 세미나라든가 혹은 목사님들이 모이는 수양회 같은 데 참석을 하게되면 세계의 많은 신학자나 목사님들이 우리 한국교회가 특별히 불과 100년 동안에 이렇듯 크게 부흥한 것을 부러워하면서 한국교회의 성장비결이 무엇이냐고 물어보는 일이 많습니다. 그런 질문을 받고 생각해보면 선뜻 이것이다, 저것이다, 대답할 말이 잘 생각나지 않습니다. 한국교회 부흥의 원초적 비결은 무엇일까? 아무리 생각해보아도 이것은 은총이다, 특별한 하나님의 은혜다, 라고밖에 생각되지 않습니다. 특별히 하나님께서 은총적 계기를 우리에게 선물로 주셨기 때문이다, 라고 대답하게 됩니다. 선교학을 연구해보면 다른 나라에 가서 선교를 한다고 할 때 그 선교사역에 가장 큰 장애가 되는 것, 높은 장벽은 뭐니뭐니해도 바로 내셔날리즘입니다. 협소한 민족주의, 아주 좁게 생각을 하는 그런 고집스러운 민족주의가 선교에는 아주 큰 장애물인 것입니다. 자기종교문화에 대한 강한 집착, 이런 것들이 있으면 선교가 어려워집니다. 어떤 때는 불가능합니다. 자기고정관념, 자기문화에 대한 고집이 그대로 있는 동안은 개인이나 민족이나 선교역사는 이루어지지 않습니다. 이것을 넘어서야 되는데, 누가 이것을 넘어뜨리겠습니까. 그런데 이 담장을 넘어뜨리는 역사가 한국에서는 아주 자연스럽게, 저 3·1운동 때에 이루어졌습니다. 정녕 이것은 하나님께서 주신 은총적 계기라고 생각합니다.

예컨대 우리의 가까운 이웃 일본을 봅시다. 우리는 지금 기독교인이 전체인구의 25%라고 합니다. 이만큼 우리는 많은 기독교인을 가지고 있습니다. 이에 비해서 일본은 겨우 1%일 뿐입니다. 우리는 백 년 역사에 25%인데 일본은 삼백 년 선교역사에 1%입니다. 일본사람들이 예수를 영 안믿어줍니다. 왜 그럴까, 많은 사람들이 연구를 합니다. 그 가운데 대표적인 사람이 닥터 리라고 하는 분입니다. 그는 연구비를 받아 일부러 일본에 가 몇년동안 있으면서 이것을 연구했습니다. 그리고 「The Stranger on the Land」라고 하는 책을 써냈는데 그 책의 결론이 이것입니다. 일본사람들이 가진 독특한, 아주 고집스러운 자기문화, 이것을 깨지 못했기 때문에 일본은 교회선교가 어려웠다, 하는 이야기입니다. 사실은 일본의 선교가 이미 삼백 년 전에 이루어졌고 수백 명에 이르는 순교자도 냈습니다. 그런 역사를 가지고 있는데도 일본교회는 영 부흥이 안됩니다. 그런데 한국은 정치적으로 문화적으로 사회적으로, 그리고 특별히 종교적으로 문이 활짝 열렸습니다. 일본사람들이 한국을 침략했고 또 이에 대하여 독립을 해야겠다고 하는 우리 온민족의 열망이 기독교를 받아들이게 됩니다. 심지어는 아주 진공상태였다고 합니다. 막 빨아들이듯이 기독교를 받아들였습니다. 저마다 예수를 믿게 됩니다. 특히 잊지 말 것은 구한국 말에 부르던 찬송가, 그때는 찬미가라고 일컬었습니다마는, 그때의 찬송가 14장이 애국가입니다. 찬송가를 애국가로, 애국가를 찬송가로 부르는 민족입니다. 그런 교회라는 말입니다. 그렇게 교회가 시작이 됩니다. 그러니까 여기서 협소한 민족주의를 다 벗어났습니다. 높은 문화적 장벽도 다 무너졌습니다. 쉽게 무너지고 예수 그리스도를 영접하게 됩니다. 일본에 가서 보면 저렇게 지금 경제적으로 부강한 나라로, 문화적으로 수준높은 나라로 치지마는 종교에 관한 한은 참으로 한심합니다. 집집마다 저들의 이른바 '신'

을 모신 가미다나(神棚)라는 것이 있고 지금도 사방에 '신사(神社)'를 만들어놓아 그 앞에다 절하고 또 미신섬기는 것을 보면 딱할 지경입니다. 언제나 이 꼴을 벗어날는지. 딴에는 이것이 우리 민족의 것이다, 이것은 우리 고유의 것이다, 기독교는 서양종교일 뿐이다, 하고 '우리 것' 찾다보니까 그 모양 된 것이라고 그 책은 말합니다. 그러니까 의식의 변화, 문화적인 큰 개혁개방이 이루어지지 아니하는 한 기독교선교는 아주 힘들게 된다는 말씀입니다. 그런데 우리는 무슨 특별한 운동을 한 것이 아닙니다. 어떤 정치적 상황, 문화적 상황이 이렇게 만들어주었습니다. 그래서 기독교를 우리종교로 받아들이게 됩니다. 나라 사랑하는 것은 곧 하나님을 사랑하는 것이다, 신앙과 애국은 하나다—일직선상에서 이해합니다. 그런고로 애국자가 되려면 신앙을 가져야 한다—여기에 도달하게 되었습니다.

　우리교회에 출석하고 있는 연세높은 어른 한 분이 언젠가 제게 이런 이야기를 해주었습니다. 자기가 젊었을 때, 아주 어렸을 때, 식구가 여럿인데 형님이 늘 자기들, 동생들 보고 "나는 조상을 섬겨야 하는 장손이어서 교회에 못나간다마는 너희들은 다 교회에 나가거라. 나라를 건지려면 예수를 믿어야 한다. 이 나라를 찾는 길은 예수 믿는 길밖에 없다"하고 가르쳤다 합니다. 그 덕분에 자기들은 예수를 믿게 되었다고 하는 이야기입니다. 이분들만 그러했던 것이 아닙니다. 우리 모두의 생각이 그러했습니다. 특별히 3·1운동을 중심한 그 당시에는 모든 사람이 생각할 때, 나라를 찾는 길은 예수믿는 길이다, 했습니다. 신앙을 갖는 것이, 그것이 바로 애국이다, 라고 생각하게 되었습니다. 그 결정적 계기가 '삼일운동'입니다. 나라를 건지기 위해서 그들은 일어났습니다. 그런데 독립을 위하여 애국하는 형태에 두 가지가 있지요? 하나는 무력내지 폭력으로 대항하는 것입니다. 무력으로 나라를 찾겠다, 하는 운동입니다. 또하나는 비폭력적인 운동입니다. 삼일운동의 가장 특별한 특징이 바로 비폭력적이라는 것입니다. 절대 대항하지 않고, 무력을 쓰지 않고 독립만세를 부르고, 그리고 한국민족의 정체성을 만방에 알리는 그런 것으로, 비폭력적으로 애국운동을 일으켰다는 데서 높이높이 평가받는 것입니다. 그러나 꼭 그런 것만도 아니었지요. 폭력을 가지고, 무력으로 나라를 찾아보려고 애쓰는 사람들 참 많았습니다. 참으로 많았습니다. 이 동리 저 동리에서 일본사람을 죽이기도 하고, 파출소나 경찰서를 불지르기도 했습니다. 그래서 나라가 찾아졌습니까. 오히려 그 결과로 엄청난 피해를 보았습니다. 특별히 그옛날 만주라고 하는 땅에는 나라를 찾겠다고 애국청년들이 많이 갔고 거기서 그들은 애국운동을 많이 했습니다. 그것은 그대로 의미가 있습니다. 그러나 간간이 그들은 일본사람들을 죽였습니다. 일본사람들이 사는 마을을 불질렀습니다. 경찰서를 습격했습니다. 여기까지는 그렇다쳐도 그 다음이 문제였습니다. 일본사람들이 그에 대한 보복을 합니다. 일본사람 하나 죽였는데 그들은 한국사람을 백 명 죽였습니다. 백 배로 보복을 했습니다. 그래서 만주에 살던 우리 동포들이 죄없이 얼마나 많이 죽어갔는지 모릅니다. 결국은 애국운동 한다고 무기들고 다니면서 많은 일본사람과 싸운다고 했지마는 그것은 한국사람을 죽이는 결과가 되었습니다. 피는 피를 불러일으켰습니다. 무력에는 무력으로, 악에는 악으로 나타나게 되었습니다. 그런가하면 어떤 사람들은 무력으로 나라를 찾아보려고 애쓰다가 안되니까 절망하고 실의에 빠진 나머지 이제는 '애국'이라는 것을 빙자해서, 애국이라는 이름으로 타락을 하기 시작합니다. 나라를 잃어버렸으니, 이 풍진 세상을 만났으니 너의 희망이 무엇이냐, 부어라 마셔라, 했습니다. '폭탄주'라고 하는 것도 따지고보면 내력이 거기에 있습니다. 술이라는 것도 결국은 음식인데, 도대체 그것으로 살자는 것입니까 죽자는 것입니까. 이런 말도 있습디다. 코가 비뚤어지도록 마신다나, 코로 밭을 간다나… 어쩌자는 것입니까. 이 좋지 않은 술 문화가 소위 나라를 잃어버린 사람들이 애국한다고 앉아서 한 짓이었습니다. 그 타락이 오늘까지 흘러오고 있습니다. 아직도 여기서 헤어나지 못하고 있는 것입니다. 우리 한국사람들 어디 가 살든지 좌우간 술먹는 데는 '도사들'입니다. 못됐어요, 아주. 부끄러운 것을 모릅니다. 딴에는 이런 것을 애국이라고 했었습니다. 이따위 애국이 어디 있단말입니까. 이 버릇이 오늘까지 흘러오고 있는 것입니다.

그러나 신앙인들은 달랐습니다. 우리가 당해온 이 어려운 시련은 하나님께서 우리를 위하여 주신 것이다, 무엇인가 우리의 잘못이 있으니까 이 시련이 주어진 것이다, 그러니 근본으로 돌아가 다시 시작해야 되겠다, 하나님 앞에 성실하게 서야 한다, 해서 이제 신앙적 애국운동이 일어났습니다. 이것이 3·1운동입니다. 그들은 외쳤습니다. "아는 것이 힘이다, 배워야 산다." 제가 어렸을 때도 이 노래를 얼마나 불렀는지 모릅니다. 아는 것이 힘이다, 배워야 산다—애국을 교육열로 승화시켰습니다. 열심히 배웠습니다. 교회에서 한글을 가르치고 목사님이 농사를 가르쳤습니다. 목사님이 동네사람들을 모아놓고 닭치는 법을 가르쳤습니다. 이렇게 배워야 살고, 가르쳐야 산다고 했습니다. 안창호 선생은 말씀합니다. '개인은 제 민족을 위하여 일함으로 인류와 하늘에 대한 의무를 다한다.' 그래서 밥을 먹어도 독립을 위하여, 잠을 자도 독립을 위하여, 어떤 일을 해도 독립을 위하여—이렇게 외쳤습니다. 그들은 애국심을 구체화하였습니다. 한낱 감상적인 애국이 아니었습니다. 실제로 생활에 옮겨야 했습니다. 그래서 정직과 성실과 부지런을 부르짖었습니다. 여러분, 심리학적으로도 그렇지만 사회학적으로도 가난한 사람은 도덕성을 무시하려드는 경향이 있습니다. 나는 가난하기 때문에 못된짓 좀 해도 괜찮다, 나는 억울함을 당하는 사람이니까 거짓말을 해도 괜찮다, 합니다. 그렇습니까? 내가 빼앗겼으면 빼앗아도 되는 것입니까. 남이 나에게 거짓말했다고 같이 거짓말을 해도 되는 것입니까. 그러나 이상하게도 가난하고 억눌린 사람, 어려운 사람, 피압박계층은 도덕성을 떠나려고 합니다. 마치 가난이 내 행동 전부를 정당화해줄 수 있는 것처럼 착각을 합니다. 정직이다 진실이다 하는 것은 배부른 사람이나 하는 소리다, 나같이 어려운 사람에게 정직이 무엇이고 진실이 무엇이란말인가, 되는대로 살 뿐이다, 나는 그럴 수밖에 없다—이것이 문제입니다. 이것이 약소민족의 고질적인 병입니다. 도덕성을 스스로 버립니다. 포기하는 것이지요. 이래서 우리의 믿음의 조상들은 "아니다!" 했습니다. 나라를 찾는 길은 정신에서부터다, 정직하고 성실하고 부지런할 것이다, 그리고 자기일을 충실히 해야 한다, 농민은 부지런히 농사할 것이다, 그것이 애국이다, 학생은 열심히 공부를 할 것이다, 그것이 애국이다, 장사하는 사람은 정직하게 장사할 것이다, 그것이 애국이다—이렇게 외쳤던 것입니다. 이제 보십시오. 안창호 선생은 말씀합니다. '죽더라도 거짓이 없을지니라. 농담이라도 거짓말은 하지 말라. 꿈에라도 성실을 잃었거든 통회하라.' 여러분, 한번 깊이 반성해봅시다. 우리가 지금 왜 못사는 것입니까. 왜 어려워진 것입니까. 한국사람, 머리좋습니다. 공부 많이 했습니다. 기술 있습니다. 세계적으로 우수합니다. 그런데 딱 거짓말을 많이 합니다. 성실이 부족합니다. 여기에 문제가 있는 것입니다.

　국제시장에 나가봅니다. 우리네 물건, 절대로 나쁘지 않습니다. 저는 관심기울여 자동차를 봅니다. 여러 나라 자동차를 타보았습니다. 여러분, 우리나라 자동차 훌륭합니다. 특별히 일본자동차하고 비교할 때는 조금도 다른 것이 없습니다. 100%가 똑같습니다. 일본 자동차마저 우리나라에서 부속을 갖다 만든 것이 많습니다. 자, 그런데 왜 일본차는 resale값이 비쌉니까. 낡은 차를 팔 때 비싸게 팔립니다. 우리 차는 처음에는 좋은 듯하지마는 중고차로 팔릴 때는 resale price가 영 비지값입니다. 왜 이래진 것같습니까. 성실함이 없고 정직함이 없기 때문입니다. 보십시오. 우리나라사람들 남의 나라에 가서 공사할 때는 잘 해서 이름이 높습니다. 그러나 한국에서 공사할 때는 거의가 엉터리입니다. 다리가 무너지고, 건물이 무너지고 하는 것을 보아도 그렇습니다. 왜 이 모양입니까. 기술이 없는 것입니까. 아닙니다. 정직함이 없는 것입니다. 큰 것에만 그런 것도 아닙니다. 작은 일에까지도 그렇습니다. 정직과 신실이 기본입니다. 우리는 알아야 됩니다. 세계의 경제는 이제는 정직함에 흥망이 달렸습니다. trust―신용이 문제입니다. 그리고 일에 임하는 자세, 바른 자세가 문제를 해결합니다. 오늘 우리는 이 시점에 왔습니다. 정직함이 곧 애국인 것입니다. 부끄러운 이야기입니다마는 중국 베이징공항 바로 옆에 '국제골프클럽'이라고 하는 골프장이 있습니다. 베이징에 골프장이 두 군데 있는데 그 하나가 비행장 가까이 있다고해서 특별히 한국사람들이 거기까지 골프를 치러 갔습니다. 많이 갔습니다. 그런데 이제, 거기에 '한국인 출입금지!' 라고 하는 공고문이 붙어 있습니다. 왜 그렇겠습니까. 한국사람들, 부끄러운 일을 부끄러운 줄 모릅니다. 한국사람들, 도대체가 시끄럽습니다. 마구 떠들어요. 남들 이목은 아랑곳없습니다. 골프를 치면 그저 운동삼아 즐겁게 쳐야 하는데, 꼭 내기를 합니다. 도박을 합니다. 그리고 싸웁니다. 이 꼴 보기 싫어서 '한국인 출입금지!' 가 등장한 것입니다. 이것이 한국인 골프족속입니다. 정신 좀 차립시다. 골프 하나를 쳐도 정직하게 칩시다. 그것 몇번 쳐보면 사람이 어떤 사람인가를 안다고 하지 않습니까. 여기 떨어진 공을 슬쩍 저기 옮겨놓고… 양심을 팔아먹고 있는 것입니다. 자존심은 어디 간 것입니까. 그까짓 점수가 올라가든 내려가든, 지든 이기든, 그런 짓은 내 양심이 허락질 않아, 내 자존심이 허락질 않아—이래야 애국자입니다. 골프도 애국적으로 칩시다. 무엇 하나를 해도 정직하게 바르게, 그리고 통쾌하게 합시다. 왜 이렇게들 거짓이 많습니까. 여러분, 우리가 보고 다같이 슬퍼하는 것이 요사이 정치가들 모습입니다. 도대체 진실이 없습니다. 어디까지가 참말인지 알 수가 없습니다. 선거운동 할 때 한 말하고 정치활동 할 때 한 말하고 다릅니다. 으레 그런 것이라고요? 그렇다면 정치는 죄이지요. 나라가 망하더라도 거짓말을 해서는 안됩니다. 거짓말로 세워진 나라는 망할 테니까요. 간디라는 사람 잘 알지 않습니까. 그는 한평생 나라와 독립을 위해서 일한 사람입니다. 그의 글에 이런 말이 있습니다. '내가 한번 거짓말을 해서 나라가 독립된다해도 나는 거짓말할 수 없노라. 거짓말로 세워진 나라는 망할 것이니까.' 여러분, 애국은 정직함입니다. 정직은 윤리적으로 신실함입니다. 신실함이 바로 믿음입니다. 믿을 수 있는, 서로 믿을 수 있는 거기에 나라가 있고 애국이 있는 것입니다.

하나님께서 구하시는 것이 무엇입니까. 오늘본문에 보면 하나님께서는 공의를 구하신다고 말씀합니다. "공의를 행하며"—의가 나라를 세우는 것입니다. 의는 나라를 영화롭게 합니다. 그런고로 나라가 서고 못서고는 그의 가진 의에 달린 것입니다. "인자를 사랑하며"—사랑이라고 하는 것은 공의의 적극적 표현입니다. 나 자신에게 의요, 다른 사람의 부족한 의를 내가 채워줄 때, 이 의의 적극적 표현이 바로 사랑입니다. 1919년 4월 15일, 일본사람들은 저 제암리 교회에다 동네 남자청년들을 다 불러모으고 불을 질러버렸습니다. 불타고 있을 때 부인들이 나와서 남편이 타죽는 것을 보면서 애타게 우니까 우는 여자들까지 일본군인들이 다 쏘아버렸습니다. 말살을 했습니다. 이런 끔찍한 사건이 제암리에 있었습니다. 4월에 이 사건이 있었는데 7월달에 장례를 치르고 이런 묘비명을 씁니다. '신앙의 절개를 지키다가 숨져간 자랑스런 하나님의 자녀들. 그리스도의 사랑으로 일본을 용서하되 잊지는 말라.'—이것이 3·1운동의 정신입니다. 신앙의 절개를 가지고 죽어간 사람들입니다. 그리스도의 사랑으로 용서하라 합니다. 그러나 이 사건을 잊어서는 안된다고 하는 것입니다.

인자와 사랑을 지켜가야 하고, 그리고 겸손을 찾아야 합니다. 하나님께서 구하시는 것은 겸손입니다. 그의 섭리와 경륜이 우리에게 겸손을 요구하십니다. 우리는 너무 교만했습니다. 변변치 않은 일을 가지고 교만했습니다. 돈 몇푼 있다고 외국에 여행하면서 교만했습니다. 꼴불견노릇 했습니다. 이제 우리는 뉘우쳐야 합니다. 우리는 번영과 자유를 앞세우고 정의를 잃었습니다. 하나님께서는 언제나 겸손하기를 원하시며 정의를 요구하십니다. 그리고 먼 저 앞에 번영을 약속하십니다. 우리는 국제금융기금의 지배를 받고 있습니다. 이것이 무엇을 의미하는 것입니까. 잃어버린 공의를 되찾으라시는 명령입니다. 잃어버린 인자와 사랑을 다시 회복하라시는 것입니다. 하나님께서는 이 엄청난 사건을 통해서 우리민족 모두에게 겸손을 요구하고 계십니다. 우리는 이 사건을 또다른 은총적 계기로 만들어야 할 것입니다. 하나님께서 이러한 사람을 원하십니다. 공의를 행하며 인자를 사랑하며 겸손히 행하는 사람, 이런 민족 이런 사람 되게 하기 위하여 오늘도 하나님께서 친히 역사하고 계십니다. 거기에 진정한 나라사랑의 길이 있습니다. △

증거되려 함이라

너희는 스스로 조심하라 사람들이 너희를 공회에 넘겨주겠고 너희를 회당에서 매질하겠으며 나를 인하여 너희가 관장들과 임금들 앞에 서리니 이는 저희에게 증거되려 함이라 또 복음이 만국에 전파되어야 할 것이니라 사람들이 너희를 끌어다가 넘겨줄 때에 무슨 말을 할까 미리 염려치 말고 무엇이든지 그 시에 너희에게 주시는 그 말을 하라 말하는 이는 너희가 아니요 성령이시니라 형제가 형제를, 아비가 자식을 죽는 데 내어주며 자식들이 부모를 대적하여 죽게 하리라 또 너희가 내 이름을 인하여 모든 사람에게 미움을 받을 것이나 나중까지 견디는 자는 구원을 얻으리라

(마가복음 13 : 9 - 13)

증거되려 함이라

　유럽을 여행해보면 기독교의 유적들을 많이 보게 됩니다. 베드로성당을 비롯하여 많은 기독교문화의 흔적들을 보게 됩니다마는 제가 개인적으로 생각할 때 가장 중요한 유적은 카타쿰(catacomb)이라고 생각합니다. 동굴같은 통로와 묘실이 있는 초기기독교시대의 지하묘지입니다. 박해를 피하여 많은 기독교인들이 거기 들어가 일평생을 살고 죽어서 하나님 앞에 갔던 이 카타쿰을 저는 제일 소중하게 생각합니다. 제가 로마에 처음 갔을 때 저를 안내해준 분은 아주 젊은 청년집사님이었는데, 그는 본래 기독교인이 아니었다고 합니다. 그런데 로마에 유학을 가서 관광학을 전공하다보니 많은 유적에 대해서 전문적으로 연구하게 되었고, 관광객들을 여러 유적지로 안내하던 중에 이러한 내용 저러한 사실들을 그대로 역사적으로 설명을 해나갔지마는 카타쿰이라고 하는 이 굴 앞에 서서는 말문이 막히더라고 합니다. 예수를 믿지 않았기 때문입니다. 도대체 카타쿰에 대해서는 신앙이 아니고는 설명을 할 수가 없는 것입니다. 그런 카타쿰 앞에서 "이 굴은…"하고 설명을 하다가 결국은 그 자신이 예수를 믿게 되고 신실한 청년으로 많은 전도사업에 봉사하게 된 모습을 볼 수 있었습니다. 무수하게 갈라지고 교차하는 그 통로들의 길이만 해도 다 연결한다면 수백만 킬로미터가 된다고 합니다. 숫자도 수십만 개는 됩니다. 응회암을 파고 들어가서 갱도를 만들고 갱도의 벽에 수평으로 묘혈을 팠는데 대개가 직사각형으로 되어 있고 그 크기도 다양합니다. 로마에만도 육십여 개의 카타쿰이 있습니다. 카타쿰은 소리없는 언어입니다. 우리에게 복음보다도 더 많은 이야기를 해줍니다. 말없이 말해주는 증거입니다. 거기 있는 벽화며 조각이며 공예품이며 석비(石碑)들, 그리고 그 많은 해골들—여기서 우리는 그리스도의 메시지를 듣게 됩니다. 아무리 생각해도 이해가 가지 않는 유적입니다. 저는 옛날 공부하면서 책을 읽을 때는 '카타쿰'이라는 것을 그저 우리고향에 많이 있는 동굴 비슷한 것 정도로 생각했었습니다. '아마 바위로 된 동굴이 있어서 그 속에 신앙인들이 들어가 핍박을 피했나보다' 하는 정도였습니다. 그러나 뒷날 내가 내 눈으로 카타쿰을 보았을 때 놀란 것은 그것이 인공적으로 만들어졌다는 사실입니다. 산도 아닌 평지를 파고들어간 것입니다. 여간 놀라운 것이 아니었습니다. 생각해보십시오. 옛날에는 전등불도 없었습니다. 도대체 이 깊은 굴들을 첩첩으로 어떻게 파고들어간 것인지, 저로서는 불가사의였습니다. 2천 년전 그때인데 무슨 등불을 들고 이렇게 파고들어갈 수 있었단말입니까. 그 속에서, 그 칠흑 속에서 설사 횃불을 켜들었다해도 그 붉빛은 겨우 몇발자국의 거리나 비춰줄 뿐 그 앞은 끝없는 암흑인 것입니다. 그리고 햇빛 한 점 드는 법 없는 그 깊은 암흑의 땅 밑에서 그들은 어떻게 살고 그렇게들 죽어간 것인지—그러나 그들은 기쁘게 죽어갔습니다. 참으로 놀라운 이야기가 아닐 수 없습니다. 카타쿰은 로마에 가장 많고 이탈리아 전역, 시리아, 알렉산드리아, 시칠리아, 스페인에도 있습니다. 이제 기독교에 대한 박해가 지나간 다음에는 기독교인들이 이 카타쿰을 성지화하였습니다. 그래서 이제는 순례의 중심, 신앙의 중심, 신앙의 고향이 된 것입니다. 우리가 기독교를 이해하려면 적어도 카타쿰에 서부터 생각을 해야 합니다. 그 속에 복음이 있고 진리가 있고, 웅변해주는 증거가 있습니다. 살아 있는 증거, 확실한 증거가 거기 있습니다.

여러분, 초대교회의, 특별히 사도행전에 나타난 사도행전적 기독교인의 모습을 한번 봅시다. 기독교가 무엇이며 기독교인들은 어떤 사람이었습니까. 예수께서는 단순한, 배우는 대상이 아닙니다. 배움의 대상이 아니고 따를 분이었습니다. 그에게서 배운다, 그에게서 교육을 받는다, 라고 한다면 어떻게 삼 년밖에 일하지 아니하고 서른세 살에 십자가에 죽으신 예수께서 우리의 '믿음'의 대상이 될 수 있겠습니까. 삼 년입니다. 그런고로 예수님을 그의 교훈이라든가 그의 가르침 속에서 이해하려고 해서는 안됩니다. 예수님의 십자가 사건과 그 부활—여기서부터 이해를 해야 되는 것입니다. 예수를 믿는다는 것은 적어도 초대교회에 있어서는 세상적인 복과는 상관이 없습니다. 성공하고, 잘살고, 병낫고, 출세하고… 이런 유의 이야기와는 하등의 상관이 없습니다. 흔히 말하는 기복적 신앙하고는 차원이 다른 것이 초대교회사람들의 믿음입니다. 예수께서 "나를 따라오려거든 자기를 부인하고 자기 십자가를 지고 나를 좇을 것이니라(마 16:24)"하고 말씀하십니다. 여기서 '나를 좇으라' 하시는 말씀은 추상적인 말씀이 아닙니다. 이것은 현실적입니다. 이것은 실제상황입니다. '십자가의 종교'라는 것은 추상적인 이야기가 아닙니다. 참으로 역사적으로 십자가에 죽으셨고, 자기십자가를 지고 나를 따르라, 하시는 말씀도 실제상황입니다. 초대교인들은 십자가를 져야 교인이었습니다. 십가가에 죽음으로써, 죽어야 교인이었습니다. 이것을 잊지 말아야 합니다. 여기에 기독교인의 뿌리가 있습니다. 핵심이 있습니다. 예수를 믿는다, 하면 십자가가 무엇을 의미하는지를 알아야 합니다. 그것이 말하는 제사적 의미를 알아야 됩니다. 그것이 말하는 속죄적 역사를 알아야 합니다. 그 창조적 능력을 믿어야 합니다. 그래서 그 능력의 증인으로, 증거로 살아갈 때 이 사람이 그리스도인입니다.

예수님의 십자가가 지닌 특징은 뚜렷하게 몇가지 있습니다. 먼저는 자원적인 것이었습니다. 십자가는 고통이요 죽음입니다. 성경 복음서가 역설적으로 말씀하고 계속적으로 말씀하고 웅변적으로 말씀해주려고 하는 핵심이 뭐냐하면 십자가는 우연사가 아니라는 것입니다. 피치 못해서 도망다니다가 어떻게 되어 할수없이 당한, 그런 십자가가 아니라는 것입니다. 처음부터 계획된 것이었습니다. 처음부터 예정된 것이었습니다. 처음부터 선택적인 것이었습니다. 자원적이었습니다. 그것이 예수님 지신 십자가의 특징입니다. 그것이 메시지의 전부입니다. 그래서 예수님께서는 "예루살렘을 향하여 올라가기로 굳게 결심하시고(눅 9:51)" 즉 유월절에 올라가시어 죽으실 것을 알고 결심하시고 예루살렘을 향하여 올라가십니다. 제자들에게 마지막으로 교훈하십니다. 그리고 예루살렘에 올라가시어 그 도도한, 당시의 무서운 종교가들과 정면충돌을 하십니다. 예루살렘성전을 깨끗이하시면서 충돌하시고, 그리고 십자가에 돌아가시게 됩니다. 곧 그 고난은 자원적이지 결코 나약함에서 온 것이 아니고 피치 못해서 된 일이 아니라는 것입니다. 또 한 가지, 십자가는 곧 '승리'라고 하는 것입니다. 십자가의 승리—분명히 십자가에 죽으셨는데 이것이 실패가 아니고 승리라는 것입니다. 그래서 십자가 상에서 "다 이루었다"라고 말씀하십니다. 십자가는 본래적으로 바랐던 것이기에 승리로 그렇게 끝납니다. 뿐만아니라 이것은 만백성을 위한 것입니다. 당신자신을 위한 것이 아니라 만백성의 죄를 위한 것이고,

특별히 대신 죽으셨다는 것입니다. 대신 고난당하셨다는 바로 거기에 십자가의 의미가 있습니다. 나를 위하여, 내 죄를 위하여 내가 받을 저주를 받으시고 내가 죽을 대신에 그가 죽으십니다. 대속(代贖) —거기에 십자가의 의미가 있습니다. 제사적 의미인 것입니다. 그리고 특별히 귀중한 것이 있습니다. 이것은 하나님의 뜻이요 하나님의 능력이요 하나님의 지혜라는 것입니다. 여러분은 하나님의 능력을 어떻게 생각하십니까? 폭풍이 몰아치고 태풍이 휩쓸고 지진이 나고… 그런 것입니까. 전쟁이 나고 하는 것입니까. 하나님의 능력은 그렇게 파괴적으로 비인격적으로 나타나는 거기에 있는 것이 아닙니다. 하나님의 능력은 바로 십자가를 통하여 사람을 구원하는 일에 나타납니다. 거기에 능력이 있고, 나를 구원하시는 데, 십자가에 하나님의 능력이 계시됩니다. 그런고로 여러분, 십자가를 바로 이해하고 십자가를 쳐다보십시오. 엄청난 창조적 능력이 나타납니다. 또한 십자가는 하나님의 지혜입니다. 십자가는 복음이요, 십자가는 하나님의 능력이요 하나님의 지혜입니다. 최상의 지혜입니다. 신비, 미스터리가 거기에 숨어 있는 것입니다. 이 점을 깊이 생각하여야 합니다.

예수 그리스도의 십자가는 그런 의미에서 계시적 사건입니다. 속죄하심과 그의 구원과, 그리고 하나님을 믿는 우리 모든 사람들에게 주시는 영생의 약속, 그 표적입니다. 십자가 속에서 우리는 나 자신을 알고 나를 향한 하나님의 사랑을 알고 내가 얼마나 소중한 존재인지를 압니다. 그는 나를 위하여 죽으셨습니다. 그만큼 나는 소중합니다. 거기 십자가 안에서 내 생의 의미, 내 생의 가치 그것을 발견합니다. 그런고로 이 십자가는 곧 말씀이요, 십자가는 곧 계시적 사건입니다.

그런데 우리가 져야 할 십자가는 그 말씀에 대한 증거적 의미를 가지고 있습니다. 그리스도인의 고난은 십자가의 능력을 증명하는 증거로서의 의미가 있는 것입니다. '증거'라고 하는 말은 헬라말로 '마르튀리아'라고 합니다. 영어에 '마터(martyr)'라고 하는 말이 있습니다. 이 말은 '순교자'라는 뜻입니다. 마터덤(martyrdom)이라 하면 순교입니다. '마터'의 어원이 '마르튀리아' 입니다. 그러니까 이대로 직역을 하면 순교자가 증인이요 증거가 순교입니다. 증거가 곧 순교다—이렇게 설명됩니다. 사도행전 1장 8절에 "오직 성령이 너희에게 임하시면 너희가 권능을 받고 예루살렘과 온 유대와 사마리아와 땅끝까지 이르러 내 증인이 되리라"하고 예수님 말씀하십니다. 너희가 내 증거가 되겠다, 하심입니다. 주께서는 내가 너희에게 전한 것을 가르치라, 또 지켜 행하게 하라 하고 여러 가지로 말씀하시지마는 가장 큰 교훈은, 마지막 교훈은 '증거하라' 입니다. '증인이 되리라' 하시는 말씀입니다.

오늘본문에도 보면 예수님께서 최후의 훈령 가운데 말씀하십니다. 예언하십니다. 너희는 공회에 끌려가겠다—제자들 보고 하시는 말씀입니다. 공회에 끌려가서 고통을 당하겠다, 매질을 당하겠다, 내 이름을 인하여 미움을 사게 되겠다—왜요? 이런 일은 그리스도의 제자됨의 증거입니다. 예수께서 핍박받은 세상에서 핍박받지 않으면 그리스도인이 아닙니다. 예수께서 배척받은 세상에서 환영받으면 그 사람은 그리스도인이 아닙니다. 이것을 잊지 말아야 합니다. 악한 세대로부터 미움받고 핍박받는 것은 당연합니다. 악인으로부터 칭찬받는 사람은 악인입니다. 구부러진 세대에서 환영받는 사람, 그 사람은 세상과 타협한 사람입니다. 믿음의 사람, 그리스도를 위하여 핍박받게 되어 있습니다. 그것이 바로 그리스도인된 증거입니다. 증거란 사건과 사실을 말하는 것입니다. 역사적 사실이 여기에 있습니다. 확실합니다. 믿거나말거나 알거나모르거나 사실은 사실인데, 문제는 이것입니다. 이것이 사실화되고 사건화되어야 한다는 것입니다. 보십시오. 어느 집에 불이 났다고 합시다. 모두가 불이 났다고 피신을 하는데 불이 났다는 것을 안믿는 사람이 있다고 합시다. 끝까지 안믿는다면 불에 타 죽어도 그 사람에게는 불이 나지 않은 것입니다. 그것을 알아야 합니다. 내게 병이 있습니다. 병이 있다는 것을 믿으면서부터 치료의 길이 있습니다. 내 병을 인정하지 않는다면 그 사람은 병으로 죽어도 병이 그 사람에게는 사건이 아닙니다. 사실과 사실에 대한 사건화는 같은 것이 아닙니다. 사실사건과 신앙사건은 같은 것이 아닙니다. 내가 믿어서 내게 그 사실이 사실로 다가올 때, 사실이 될 때에 가서 구원의 역사는 이루어집니다. 바로 이것입니다. 그러려면 믿어야 하고 믿으려면 어떠해야 되겠습니까. 증거가 있어야 됩니다. 이것이 문제입니다. 젊은사람들이 연애하는 것을 보아도 그렇습니다. 한 남자가 여자에게 사랑을 고백합니다. 그런데 이 여자가 믿지를 않는다면 어떻게 되겠습니까. 그 사랑은 이루어지지 않는 것입니다. 그래서 똑똑한 여자가 노처녀될 가능성이 많습니다. 안믿거든요. 누가 뭐라해도 안믿는 것입니다. "세상 누구를 믿어?" 그러면 그냥 늙어야지요. '믿는다' — 이 얼마나 중요합니까. 믿어야 그 사랑이 내게 사랑되는 것입니다. 안믿는 동안은 그 사랑이 아무것도 아닌 것입니다. 오히려 모독일 수도 있고 욕이 될 수도 있는 것입니다.

진실을 믿고 진리를 믿고 십자가의 역사적 사실을 믿는 그것, 믿게 하려고 하면 증거가 필요합니다. 증거상황이 꼭 필요합니다. 그런데 문제가 여기에 있습니다. 증인이 어떤 때에 증인될 수 있느냐입니다. 참진리는 고통 중에서 진리됨이 드러납니다. 유명한 스위스의 정신분석학자 폴 투르니에(Paul Tournier)는 그의 「창조적 고통」이라고 하는 저서에서 이렇게 말합니다. '위대한 용기는 가장 위급한 시련기에 생기는 것이다.' 필요한 용기는 오직 시련 그 자체와 함께 생기는 것이다, 합니다. 참사랑, 참진리 그것은 꼭 고난 중에 나타납니다. 어려운 핍박과 고난 중에 그 참됨이 나타납니다. 여러분, 누구를 사랑했습니까? 아무리 사랑한다고 좇아다녀도 소용없습니다. 고난 중에 그 참사랑이라고 하는 것이 드러납니다. 나타납니다. 이것을 알아야 합니다. 참은 고난 중에 드러나게 마련입니다. 그런데 또 한 가지, 고난 중에 정체가 드러날 뿐만 아니라 고난 중에만 대화가 이루어집니다. 평안한 때는 대화가 되지 않습니다. 우리가 뭐 이렇다하게 좋은 음식 차려놓고 축하파티를 하면서 축배를 들어보았댔자 거기서 주고받는 말들은 거의가 거짓말입니다. 진실한 대화는 어디서 이루어지는고하니 고난 중에서 이루어집니다. 병원에 입원해 있는 우리교인들을 방문할 때가 있습니다. 남편은 아주 중환자로, 암환자로 선언을 받고 지금 여기에 있습니다. 아내가 그 옆에 앉았습니다. 저들이 주고받는 말은 많지 않습니다. 그러나 본인들의 입을 통해서도 말을 듣고 저도 그렇게 느낍니다. 모처럼 진짜데이트 한번 하는 것입니다. 그동안에 이런저런 이야기 많이 하고 살았습니다마는 다 거짓말이었습니다. 지금 이 자리에서 죽음을 앞둔 남편하고 그 아내가 나누는 대화 속에서 비로소 진실된 오랜만의 사랑이야기를 할 수 있습니다. 제가 6 · 25 전쟁 때 군대에 나가 있었습니다. 어느 때에 작전에 좀 문제가 있어서, 여러 사람이 실수한 터입니다마는, 제가 책임자였기 때문에 끌려들어가 기합을 받았습니다. 제 일생에 잊을 수 없는 기억입니다. 좌우간 얼마나 때렸는지 열네 대까지는 제가 세었습니다. "하나, 둘… 열 넷"을 세고 더는 세지 못했습니다. 정신을 잃었으니까요. 이 경우, 그 다음에 때린 것은 무효입니다. 암만 때렸어도 나는 모르니까요. 어쨌든 이러고 영창에 들어갔습니다. 깜깜한 방에 한참 있다가 정신이 들면서 추워졌습니다. 온 몸이 춥고 떨리는데 또 가만 생각하니 좀 슬프기도 하더라고요. 나이도 어릴 때여서 훌쩍훌쩍 울고 있으니까 옆에 있는 사람이 나를 흔들면서 "울지 말게. 세상이 다 그런 거라네"라고 딱 한마디 하는데 작전참모였습니다. 그런데 그 한마디의 말이 그렇게 소중할 수가 없었습니다. 훗날 그는 목사가 되었고 저도 목사가 되었습니다마는 만날 때마다 악수를 하면 그때 일이 생각납니다. 아주 어려운 그때의 고난 속에서 주고받은 한마디, 그것은 진짜였습니다. 여러분, 돈많은 사람이 예수믿는 것 보았습니까? 아무리 전도해도 안믿습니다. 믿었다면 병들었지. 출세한 사람이 예수믿는 것 보았습니까? 그 사람이 만약 예수믿었다면 실패를 한 것입니다. 어려운 중에 진실이 있습니다. 어려운 중에 참대화가 있습니다. 어려운 중에 전도하기도 하고 전도되기도 합니다. 이것을 잊지 말아야 합니다. 복음사역에는, 전도가 이루어지기 위해서는, 증인이 증인되기 위해서는 고난은 필수입니다. 하나님의 선교의 역사는 고난과 질병을 통해서만 이루어졌습니다. 잊지 말 것입니다. 진리성과 생명성, 사실성, 그 능력, 지혜, 참사랑이 바로 고난 중에서 전달되는 것입니다.

록트 목사님이라고 하는 분이 미국의 기독교신문에 기고한 '그리스도의 증인'이라고 하는 제목의 짤막한 글에 이런 이야기가 있습니다. 어느날 친구되는 부흥목사님과 같이 점심먹으러 식당에 갔더랍니다. 그런데 이 부흥목사님이 좀 교만해서 거기 있는 종업원들 보고 이놈아, 이래라 저래라, 하고 막 명령을 합니다. 같이 간 이 목사님이 하도 민망해서 '원, 이럴 수가 있나' 싶었습니다. 대놓고 나무랄 수도 없고… 그런 중에 식사가 나왔습니다. 감사기도를 해야 되겠는데 '우리 기도할 때 종업원이 제발 우리 기도하는 것 좀 안보았으면 좋겠다' 했습니다. '저런 사람이 예수믿는 사람인가' 하고 흉보면 곤란하지 않습니까. 그랬는데, 며칠후에 또다시 친구와 함께 그 식당에 갔습니다. 종업원이 실수하여 목사님 옷에 그만 커피를 엎질러버렸습니다. 그래서 매니저까지 나와가지고 미안해합니다. "아니올시다. 그렇잖아도 이 옷은 너무 오랫동안 입어서 세탁하려던 참입니다. 차라리 잘됐습니다. 마음쓰지 마십시오. 괜찮습니다." 목사님은 이렇게 말하고 아무렇지 않은 듯 식사를 했습니다. 그 다음 주일날 보니 그 종업원이 교회에 나왔더라고 합니다. 여러분, 십자가라고해서 너무 거창하게만 생각하지 마십시오. 예수님 이름으로 손해를 보십시오. 때로는 명예를 손해보기도 하고, 자존심에 손해보기도 하고, 물질에 손해보기도 할 것입니다. 그러나 예수님 이름으로, 오직 예수님 이름으로 손해를 보고 고난당할 때, 바로 그것은 주님께서 기뻐하시고, 이렇게 증인될 때 주께서 채워주십니다. 성경에 스데반을 보십시오. 돌에 맞아 죽으면서 그 얼굴이 천사의 얼굴과 같았습니다. 이것이 증인입니다. 사도 바울은 감옥에 있으면서 항상 기뻐하라, 다시 말하노니 기뻐하라, 하고 찬송합니다. 이것이 증인입니다. 그리스도인은 생활을 통하여 증인되고, 특별히 죽음을 통하여 영생의 기업을 얻는 자 된 증인이 되는 것입니다. 오늘말씀은 우리에게 가르칩니다. 내 이름을 인하여 핍박을 받으리라, 이것은 너희가 증인이 되고 증거되기 위함이다, 내가 너희에게 전한 복음이 증거되기 위해서는 이같은 일들이 있으리라―이 은혜와 이 축복 가운데서 증인된 축복, 증인된 영광 함께 누릴 수 있기를 바랍니다. △

겸손한 선지자

저희가 예루살렘에 가까이 와서 감람산 벳바게에 이르렀을 때에 예수께서 두 제자를 보내시며 이르시되 너희 맞은편 마을로 가라 곧 매인 나귀와 나귀새끼가 함께 있는 것을 보리니 풀어 내게로 끌고 오너라 만일 누가 무슨 말을 하거든 주가 쓰시겠다 하라 그리하면 즉시 보내리라 하시니 이는 선지자로 하신 말씀을 이루려 하심이라 일렀으되 시온 딸에게 이르기를 네 왕이 네게 임하나니 그는 겸손하여 나귀, 곧 멍에 메는 짐승의 새끼를 탔도다 하라 하였느니라 제자들이 가서 예수의 명하신대로 하여 나귀와 나귀새끼를 끌고 와서 자기들의 겉옷을 그 위에 얹으매 예수께서 그 위에 타시니 무리의 대부분은 그 겉옷을 길에 펴며 다른 이는 나무 가지를 베어 길에 펴고 앞에서 가고 뒤에서 따르는 무리가 소리질러 가로되 호산나 다윗의 자손이여 찬송하리로다 주의 이름으로 오시는 이여 가장 높은 곳에서 호산나 하더라 예수께서 예루살렘에 들어가시니 온 성이 소동하여 가로되 이는 누구뇨 하거늘 무리가 가로되 갈릴리 나사렛에서 나온 선지자 예수라 하니라

(마태복음 21 : 1 - 11)

겸손한 선지자

우리는 참으로 새로운 시대에 살고 있습니다. 옛사람들이 보지도 못하던 것 많이 보고 삽니다. 옛사람들 구경 못한 것 많이 구경하고 삽니다. 저는 가끔 이런 생각을 합니다. '옛날에 죽은 분들 참 불쌍하다. 이런 것도 못보고, 이런 것도 못먹고 그랬구나' 싶습니다. 특별히 저는 저의 어머니께서 너무너무 고생하시는 것을 많이 보았습니다. 고생고생 하시다가 가셨습니다. 정말 너무 고생만 하셨다 싶습니다. 그런데 오늘의 우리는 참 많은 것을 보고 많은 것을 경험하며 삽니다. 또 못듣던 여러 가지를 듣는 이른바 정보홍수시대에 살아가고 있습니다. 그런데 말입니다. 전에 못듣던 말 한마디가 있습니다. '왕따'라고 하는 말입니다. 왕 따돌림의 준말인데 신조어입니다. 과거에는 보통 '학교폭력'이라고 말했고 혹은 일본말로 '이지메'라고 했습니다. '이지메루' — '구박한다'고 하는 데서 '이지메'라는 말을 썼습니다. '왕따'는 집단따돌림을 의미하는 새 유행어입니다. 최근에는 '은따'라는 말도 있습니다. 은근히 따돌린다고해서입니다. 이런 것이 있는 시대에 우리는 삽니다. 그런 것이 점점 심화하고 있습니다. 학교다니는 아이들의 4분의 1이 '왕따'를 경험했다고 1999년 1월의 한국교육개발원보고서에 나옵니다. 1998년 한 해 동안에만도 4천 건의 '왕따'가 있었고, 피해자만도 5천4백 명이라고 합니다. 요새는 직장에도 '직장왕따'가 있다고 합니다. 그래서 결국은 대인공포증으로, 사람만나는 두려움으로 병을 얻어서 정신병원에 찾아오는 사람들이 줄지어 나타난다고 합니다. 여러분, 도대체 '왕따'가 무엇입니까. 저는 이렇게도 생각합니다. 많지도 않은 두 사람이 사는 가정에도 '왕따'가 있습니다. 여러분 중에도 '왕따' 당하는 분이 있습니까? 여러분은 누구를 '왕따' 시키고 있습니까? 왜 인간은 이렇게 서로 격을 두고 사는 것입니까. 왜 상대방으로부터 피해 의식을 느끼거나 상대방을 괴롭히며 살아가야 하는 것입니까. 원인이 어디에 있습니까. 자세히 연구해보면 가해자나 피해자나 그 원인은 같습니다. 꼭 같이 과잉보호화에서, 흔히 말하는 '왕자병' '공주병' 같은 것에서 오는 것입니다. 그래서 결손가정이 절대적으로 '왕따'가 많습니다. 많은 사랑을 받지 못하고 사는 사람, 또 사랑을 해야 되겠는데 여건이 그렇지 못해서 대리 사랑을 하게 될 때 여기서 또 문제가 됩니다. 그 깊은 이야기를 제가 다 하고 싶지 않습니다. 문제는 교만입니다. '특별' 의식입니다. '너는 특별하다' 하고 키워놓으면 여기에 문제가 생기는 것입니다. 부모의 교만이 잠재적으로 자녀에게 유전인자처럼 전해지면서 '왕따'라고 하는 심판을 받게 됩니다. 깊이깊이 생각해보십시오. 부모의 교만한 마음이 알게모르게 자녀들에게 또 교만을 심어주었습니다. 아이들이 결국은 그같은 부모류의 인간이 되고 말더라고요. 깊이 생각해야 될 문제입니다. 미국의 기독교잡지에 「크리스챤 센추리」라고 하는 유명한 잡지가 있습니다. 거기 로널드 고에츠 박사가 기고한 논문에 'A period of anti-modesty(반 겸손의 시대)'라고 하는 제목의 글이 있습니다. 반 겸손의 시대—여기에 문제가 있습니다. 그 사상적 차원에서 올라가 뿌리를 살피면 대표적으로 칼 마르크스, 프로이트, 니체를 꼽게 됩니다. 마르크스의 이론이 무엇입니까. 프로이트가 무엇을 생각한 것입니까. 니체의 '초인간' 철학은 무엇을 말한 것입니까. 하나같이 겸손은 미덕이 아니라는 것이었습니다. 겸손이란 사람을 억압하는 구실이며 인류발전을 저해하는 기질이다, 겸손을 버려라, 하는 것입니다. 끝까지 교만하라, 이것이지요. 그렇게 가르쳤습니다. 착취하는 자가 착취당하는 자를 순종케 하기 위하여, 착취의 수단으로 '겸손'을 강요하고 있다, 지배하는 자가 지배받는 자로 하여금 정신적으로 꼼짝못하고 지배받도록 하기 위해서 겸손이라고 하는 '미덕'을 가르쳐왔다, 했습니다. 얼핏 생각하면 그럴듯하기도 합니다. 여기에 사람들이 현혹되어서 마침내 겸손이라는 덕을 포기하기에 이릅니다. 자기자랑을, 자기피아르(PR)를 하게 됩니다. 소위 인권을 찾겠다고 목소리를 높이게 됩니다. 그 결과로 인간성을 상실했고 사회성도 무너졌습니다. 삶이라고 하는 소중한 아름다움은 전쟁터로 바꾸어졌습니다. 부부간에도 생존경쟁을 합니다. 네가 죽나 내가 죽나 보자, 합니다. 이렇게 살다가 많은 사람들이 너나할것없이 모두 피해자가 되었습니다. 가릴것없이 다 '왕따' 족속이 되어버렸습니다.

여러분, 겸손이 힘이라는 것을 생각해보았습니까? 겸손이 덕이라는 것을 여러분은 어느만큼 인정하고 살아가십니까? 겸손한 자만이 감사할 수 있습니다. 고린도전서 10장 30절에 보면 "어찌하여 내가 감사하다 하는 것에 대하여 비방을 받으리요"라고 말씀합니다. 너무나도 쉬운 이치가 아닙니까. 웃는 얼굴에 침뱉는 법 없습니다. 내가 감사하는데야 누가 나를 '왕따' 합니까. 내가 겸손한데 누가 나를 괴롭히더라는 말입니까. 깊이깊이 생각해보십시오. 되지못한 교만이 속에서 꿈틀거리고 있기 때문에 당신의 얼굴은 피지를 못하는 것입니다. 사람들이 친구가 없습니다. 여러분, 가만히 보십시오. 저는 가끔 봅니다. 어느 음식점에 들어가 잠깐 앉아서도 보면 겸손한 사람은 말끝마다 고맙습니다, 고맙습니다, 합니다. 이런 사람에게는 그 집 아가씨나 아주머니까지도 뭘 자꾸 갖다주고 싶어합니다. 그렇게 기분좋아합니다. 서로가 기분좋아집니다. 그러나 어떤 사람은 밥 한 그릇 사먹으면서 되게 거만해가지고 이게 뭐냐 저게 뭐냐, 하고 이것 가져오라 저것 가져오라, 말이 많습니다. 이런 사람들을 가만히 보니 거기서 일하는 사람들도 '왕따' 해버립디다. '되게 못되게 노네.' 그럴 일입니다. 이것 되겠습니까. 사서 불행해지는 것입니다. 이것이 '왕따' 입니다. 별것 아닙니다. 교만한 데 대한 하나님의 심판입니다. 그것을 알아야 합니다. 왜 불행해졌습니까. 왜 친구가 없습니까. 왜 사람이 반갑지를 않습니까. 자신이 교만하기 때문입니다. 여러분도 스스로를 한번 점검해보시기 바랍니다. 당신의 겸손은 어디까지 왔습니까? 자신에 대해서 불평이 많습니까? 자기능력, 자기지혜, 또 자기얼굴에 대해서 불만이 있습니까? 거울을 볼 때 자신에게 불만이 많습니까? 자기됨에 대하여 불만이 많은, 원망이 많은 사람은 교만한 사람입니다. 또한 다른 사람에 대하여 그가 니를 대하는 태도가 못마땅합니까? 나이 마흔 넘었으면 자기얼굴에 책임을 지고, 쉰이 넘었으면 주변환경에 책임을 지라고 합니다. 내가 늘 남에게 친절해왔으면 주변사람들이 다 나에게 친절할 것입니다. 왠일인지 모르게 사람들이 나에게서 멀어지고 있다면 'Something wrong with me' 입니다. 문제는 나에게 있는 것입니다. 내가 어떻게 살았기에 이렇게 되었는가—그런데 뉘우칠 생각은 없고 불만이 많습니다. 왜들 이렇게 나를 알아주지 않는가, 친구들이 왜 나를 버리는가, 왜 사람들은 나를 섭섭하게 하는가—다시한번 깊이 생각해볼 것입니다. 그러면 교만 때문이라는 해답을 얻을 것입니다. 나아가 하나님께 대해서도 하나님께서 내게 베푸신 은사, 내게 베푸신 경륜, 내게 베푸신 이 환경, 내 처지, 내 지위, 하나님께서 하시는 일에 대하여 원망이 많습니까? 아니면 감사하는 마음뿐입니까? '나는 부족한데 분에 넘치도록 하나님께서 내게 은혜 주셨다, 하나님은 좋으신 하나님이시다.' 느껴집니까, 아니면 '하나님 참 한평생 나를 괴롭히누만.' 그런 생각입니까? 여기서 당신의 겸손지수를 점검하게 됩니다. 겸손한 사람에게 감사가 있고 겸손한 사람에게 은혜가 있는 것입니다. 겸손한 사람은 항상 자기만이 아는 신비로운, 넉넉한 능력을 즐길 수 있습니다.

　오늘본문에 보면 아시는대로 예수님께서 지금 눈앞에 십자가가 있음을 아시고 그 시간까지도 알고 계시는데도 예루살렘을 향하여 올라가십니다. 올라가실 때 나귀를 타고 올라가십니다. 이런 행사는 전래적으로 유대사람들 가운데 있는 왕의 대관식행사에 속합니다. 왕이 왕으로 취임할 때, 그때에 행하는 행사의 하나입니다. 이러한 역사적인 일을 어떻게 이렇듯 공개적으로 할 수 있는 것입니까. 여기서 우리는 깊이 생각합니다. 먼저 승리하시고, 승리를 향하여 밀고올라가시는 것입니다. 무슨 천신만고 끝에, 저 끝에 가서 승리한 것이 아니고, 처음부터 승리하시고 승리를 밀고나가서 승리하신 것입니다. 이것을 생각해야 됩니다. 예수 그리스도의 십자가를 볼 때, 이 종려주일에 있었던, 나귀를 타고 올라가시는 행사, 이것을 통해서 설명해야만 십자가의 의미가 설명되는 것입니다. 생각해보십시오. 가령 예수님께서 아무것도 모르시고 예루살렘에 올라가셨다가 체포되었다거나 이리저리 도망다니다가 운나쁘게 어디선가 붙들렸다, 하는 것이면 다른 이야기가 됩니다. 예수님께서는 나귀를 타시고 왕된 권세를 만천하에 시위하시면서 예루살렘에 올라가셨습니다.

수많은 사람들이 앞뒤로 따라오면서 만세를 부릅니다. 굉장한 행사가 아닙니까. 그리고 성전을 깨끗이하시는 역사를 이루시고 십자가를 지십니다. 곧 십자가는 자발적이고 자원적이고 선택적인 것이었습니다. 여기에 귀한 의미가 있습니다. 이 조용한 행사, 이 행사가 그렇듯 온 유대사람들에게 알려질만한 것은 아니었습니다. 그러나 기다리는 십자가를 향해서 당당하게 나귀를 타고 올라가시는 예수님의 모습을 보십시오. 놀라운 계시적 의미가 거기 있습니다. 무한한 말씀이 그 속에 있습니다. 여유 능력이 거기 있습니다. 그것은 하나의 해학입니다. 생각해보십시오. 여러분, 사람이란 힘이 달리면 목소리가 커지고 행동이 거칠어집니다. 힘이 넉넉하고 자신감이 있으면 자연히 여유가 생깁니다. 돈 잘버는 남편들이 아내 앞에 여유가 있지 않습니까. 그런데 돈 못벌고 처 덕에 사는 사람들이 꼭 아내를 치거든요. 힘이 모자라니까 목소리가 높아지는 현상입니다. 여러분, 부부싸움을 하십니까? 제가 비록 여러분 부부싸움 하는 것 보지는 못했지만 여기 앉아서 제가 판정을 해드리겠습니다. 누구든 목소리 높인 사람이 진 것입니다. 넉넉한 사람, 여유 능력이 있는 사람은 온유할 수 있습니다. 함께 분히 여길 것도 억울해할 것도 없습니다. 자신만만 하면 웃음이 있습니다. 빙그레 웃으면서 대하게 됩니다. 이 사람이 이긴 것입니다. 지금 저 앞에 제사장과 바리새인들이 십자가를 준비해놓고 시간을 기다립니다. 카운트 다운하고 있습니다. 예수님께서 그 악당소굴을 향하여 나귀를 타고 만세소리를 들으면서 올라가시는 모습을 보십시오. 기막힌 해학이 여기 있습니다. 여유만만입니다. 남이 이렇게 생각하든 저렇게 오해하든 개의치 않으십니다. 그 깊은 뜻을 헤아릴 수 있어야 할 것입니다. 권세는 겸손이다, 겸손하여 나귀새끼를 타고 올라가신다—그 초라한 행사 속에, 그 조용한 사건 속에 엄청난 능력이, 숨은 생명력이 계시되어 있다는 말씀입니다. 그렇습니다. 겸손이 곧 능력이라고 하는 것을 알아야 합니다. 빌립보서 2장 7절에 보면 주님께서는 하나님과 동등됨을 취할 것으로 여기지 아니하시고 오히려 자기를 비어 사람이 되고 종의 형체를 입으셨다고 말씀합니다. 여기 비었다는 말, 헬라말로 '에케노센'이라 하는 것은 emptied, 없게 만들었다는 것입니다. 아나 모르는 자같이, 할 수 있으나 할 수 없는 것같이, 능력이 있으나 아무 능력도 없는 것같이—그것이 겸손입니다. 말하고 싶다고 다 하겠습니까. 안다고 다 아는 척하겠습니까. 그렇다면 겸손이 아닙니다. 알고도 모르는 척하는 것이 아닙니다. 모르는 것입니다. 할 수 있습니다. 그러나 할 수 없습니다. 그렇게, 그것이 겸손입니다. 얼마든지 저항할 수 있습니다. 그러나 전혀 저항할 마음이 없습니다. 비우셨습니다. 자기능력, 자기존재를 완전히 비워버리셨습니다. 이것이 겸손이었습니다. 보십시오. 예수님 십자가에 돌아가실 때 그 앞에서 쳐다보는 사람들이 당신을 희롱합니다. 십자가에서 내려오라, 그리하면 믿겠노라, 장님의 눈을 뜨게 하며 죽은 자를 살리며 여러 가지 능력을 행하던 사람이여, 이제 마지막으로 십자가에서 내려와보라, 그리하면 믿겠노라, 하고 소리지릅니다. 죄송한 말씀이지마는 저같았으면 그 당장 내려왔겠습니다. 홀쩍 뛰어내려서 "봐라, 이놈들아!" 했으면 얼마나 통쾌할까. 그러나 주께서는 참으십니다. 자기를 비우고 나니 어떻습니까. 능력도 없지요, 남은 살리고 자기는 죽지요, 남은 고치고 자기는 못고치지요, 무능하고 초라하고 형편없어지는 것입니다, 지금. 그것이 겸손입니다. 그러나 그 속에 굉장한 능력이 숨기어 있습니다.

또하나, 죽기까지 복종하셨다고 말씀합니다. 복종해야 될 분이 아닙니다. 그러나 복종하셨습니다. 거기에 또한 놀라운 역사가 있는 것입니다. 십자가에 돌아가시기 전 겟세마네동산에서 예수님 기도하시지 않습니까. "내 뜻대로 마옵시고 아버지의 뜻대로 하옵소서." 복종하십니다. 내 뜻을 포기하십니다. 내 의견, 내 생각, 내 판단 깨끗이 포기하고 하나님의 뜻에 순종하십니다. 복종하십니다. 힘이 모자라서 그러시는 것이 아닙니다. 바로 이것이 겸손입니다. 여러분은 자신의 의견을 버리고 다른 사람의 의견에 따르는 것을 얼마나 해보았습니까? 아주 기쁜 마음으로, 깨끗한 마음으로 복종해보았습니까? 복종의 덕을 이해하지 못하는 사람은 영영 불행합니다. 어찌 나 하고 싶은 대로만 하고 살겠습니까. 그런데 어떤 분들 보면 복종을 하긴 하는데 굴종을 합니다. 신세타령 하며, 팔자타령 하며, "이 웬수"해가면서 한평생을 사는 것입니다. 이것은 겸손이 아닙니다. 겸손이 있어서 복종할 때 바로 여기에 깊은 능력이 있는 것입니다. 또한 "십자가에 죽으심이라" 합니다. 우리는 너무 성급하게 결과를 기다리는 경향이 있습니다. 내 수고와 내 희생에 대해서 적어도 나 죽기 전에는 결과를 보아야 되겠다는 것입니다. 그러나 그러는 것이 아닙니다. "십자가에 죽으심이라" — 엄청난 의미가 있습니다. 이에 대한 보상도 묻지 않으십니다. 그 결과가 어떻게 될 것입니까? 나 죽은 다음에 제자들은 어떻게 되고 내 한평생 수고한 것은 어디로 돌아가는 것입니까? 알 바 아닙니다. 그저 하나님께 맡기십니다. total commitment입니다. 전적으로 하나님께 맡기고 그대로 십자가에 돌아가십니다. 이것이 겸손입니다. 우리는 겸손도 아닌 작은 겸손에 대하여 너무 많은 대가를 요구합니다. 너무 조급하게 보상을 바랍니다. 그때문에 겸손도 무위로 돌아가고 맙니다. 십자가에 죽기까지 겸손하신 거기에 겸손이 있다는 것을 깊이 생각하여야 합니다.

이제 이 겸손, 겸손한 왕, 예수 그리스도에 대한 신앙고백을 분명히하여야 하겠습니다. 권력과 권위는 다른 것입니다. 권력으로 행사할 때는 복종을 이끌어낼 수는 있습니다. 그러나 진정한 의미의 충성은 거기에 없습니다. 권위가 있을 때, 영적 권위가 있을 때 이것은 존경과 자발적 희생까지, 심지어는 순교까지 이끌어낼 수가 있습니다. 생각해보십시오. 교만한 자가 권력을 가지고 이래라저래라 하면 일단은 순종하겠지요. 복종하는 척하겠지요. 그러나 돌아서서는 다 마음이 멀어집니다. 그러나 권위로 특별히 겸손한 지도자, 겸손한 왕 그 앞에 우리는 꼼짝못합니다. 충성하게 되고 마지막에 순교로 희생하게 됩니다. 이것을 잊지 말아야 합니다. 겸손할 때 우리는 많은 것을 배우게 됩니다. 겸손할 때 많은 사람을 얻게 됩니다. 겸손할 때 자기만이 누리는 높은 권위를 스스로 강요할 수가 있습니다. 자기를 얻고 자신감을 얻고, 나아가서는 많은 사람도 얻게 됩니다. 아브라함 링컨은 크게 외모로 두 가지 특징이 있었습니다. 하나는 키가 컸다는 것입니다. 좌우간 의자를 따로 맞추어야 했다니까요, 다리가 길어서. 워싱턴에 있는 기념관에 가 보아도 그런 그의 모습을 짐작할 수 있습니다. 특별한 의자에 앉아 있는 것을 보면 키가 컸던 것을 느낄 수가 있습니다. 두 번째는 얼굴이 영 못생겼다는 것입니다. 하도 못생겨서 그것이 문제될 정도였다니까요. 생전의 어느 때 어떤 초등학생이 그를 보고 "수염을 길러보십시오"하고 조언을 했는데 그 다음부터 그 못생긴 얼굴을 위장하느라고 턱수염을 기른

덕분에 그만큼이라도 보기 괜찮게 되었다고 합니다. 그런데 어느날 야당국회의원이 아브라함 링컨을 정면으로 대고 비방합니다. "저 사람은 이중인격자요. 두 얼굴을 가진 남자요." 그리고 갖은 욕설을 다 퍼부었다고 합니다. 그러나 아브라함 링컨은 만면에 웃음을 띠고 "내가 두 얼굴을 가졌다면 하필 오늘 여기에는 왜 이 못생긴 얼굴을 가지고 나왔겠습니까." 이렇듯 여유 만만하게 대답했다는 것이 아닙니까. 유명한 이야기가 있습니다. 남북전쟁을 일으켜놓았을 때 자꾸 전세가 어려워지자 주변사람들이 "이런 때에 하나님이 우리 편에 서 계시다면 얼마나 좋을까요?"라고 말했습니다. 그러나 링컨은 이렇게 대답했습니다. "무슨 생각을 그렇게 하오? 나는 하나님이 내 편에 있다는 것은 의심하지 않소. 다만 내가 하나님 편에 서 있는지 어떤지, 그것을 걱정하고 있을 뿐이오." 여러분, 이것이 겸손입니다. 겸손한 자는 하나님 앞에 충성되고 사람을 두려워하지 않습니다. 오해를 두려워하지 않습니다. 비방을 두려워하지 않습니다. 겸손한 자에게 은혜주시는 하나님의 약속을 믿고 있기 때문입니다. 여러분, 나귀를 타고 입성하시는 예수님의 그 모습을 명상해보시기 바랍니다. 이것은 계시적 사건입니다. 그 속에 무궁무진한 말씀이 있습니다. 그것은 유능한 해학입니다. 그것은 그리스도적 유머입니다. 남이야 뭐라고 하든 예수님께서는 충만하십니다. 넉넉하십니다. 여유 능력이 있으십니다. 여유가 있고 초연함이 있으십니다. 나귀를 타시고 의연하게 예수님 입성하십니다. 이것을 보고 '세속적 왕권의 행사'라해서 예수를 십자가에 못박는 사람도 있고, 어떤 사람은 아리송하게 "갈릴리에서 온 선지자입니다"하고 하나의 퍼레이드 정도로 평해버리기도 했지요. 그러나 깊이 생각하여야 합니다. 그 속에 하

나님의 말씀이 있습니다. 승리의 길이 있습니다. 영원한 승리가 거기에 약속되어 있습니다. △

빈 무덤의 증거

　　안식일이 다하여 가고 안식 후 첫날이 되려는 미명에 막달라 마리아와 다른 마리아가 무덤을 보려고 왔더니 큰 지진이 나며 주의 천사가 하늘로서 내려와 돌을 굴려 내고 그 위에 앉았는데 그 형상이 번개 같고 그 옷은 눈같이 희거늘 수직하던 자들이 저를 무서워하여 떨며 죽은 사람과 같이 되었더라 천사가 여자들에게 일러 가로되 너희는 무서워 말라 십자가에 못박히신 예수를 너희가 찾는 줄을 내가 아노라 그가 여기 계시지 않고 그의 말씀하시던 대로 살아나셨느니라 와서 그의 누우셨던 곳을 보라 또 빨리 가서 그의 제자들에게 이르되 그가 죽은 자 가운데서 살아나셨고 너희보다 먼저 갈릴리로 가시나니 거기서 너희가 뵈오리라 하라 보라 내가 너희에게 일렀느니라 하거늘 그 여자들이 무서움과 큰 기쁨으로 무덤을 빨리 떠나 제자들에게 알게 하려고 달음질할새 예수께서 저희를 만나 가라사대 평안하뇨 하시거늘 여자들이 나아가 그 발을 붙잡고 경배하니 이에 예수께서 가라사대 무서워 말라 가서 내 형제들에게 갈릴리로 가라 하라 거기서 나를 보리라 하시니라

　　　　　　　(마태복음 28 : 1 - 10)

빈 무덤의 증거

미국 매사추세츠 주의 어느 시골교회를 목회하시는 조지 모건 목사님이 목회 중의 경험담을 잡지사에 기고해서 알려진 실화가 있습니다. 건강이 몹시 좋지 못한 어린이가 있었습니다. 발로 걸어다닐 수도 없는 처지여서 휠체어에 태워져 교회에 출석하는 어린이였습니다. 그러나 그 아이는 아주 총명했고 신앙이 남다르게 좋았습니다. 아이의 이름은 톰이었습니다. 부활절을 앞둔 어느날 교회학교 선생님이 반 아이들에게 플라스틱으로 만들어진 계란을 하나씩 나누어 주었습니다. 그 계란 속은 비어 있었습니다. "일주일 동안 잘 생각해서 각자 이 계란 속에 생명을 넣어 가지고 오세요." 선생님은 아이들 보고 이렇게 말했습니다. 일주일 뒤, 아이들은 그 계란 속에 꽃을 넣어 오기도 하고 대부분의 아이들이 꿈틀거리는 곤충을 담아 가지고 왔습니다. 그런데 톰은 빈 플라스틱 계란을 그대로 가지고 왔습니다. 이 아이가 몸을 움직일 수 없으니까 곤충같은 것을 잡을 수가 없어서 그런가보다, 하고 선생님은 오히려 톰을 위로해주었습니다. "괜찮다. 숙제를 못했어도 괜찮다." 그러나 아이는 심각한 표정으로 이렇게 말하는 것이었습니다. "저는 이 속에 생명을 담아 가지고 왔습니다. 보이지 않는 생명을 담았습니다. 예수님의 무덤은 비어 있지 않았습니까." 선생님은 깜짝놀랐습니다. 이 어린이의 부활신앙, 빈 무덤을 통하여 증거된 그 신앙을 보고 큰 감명을 받았습니다. 이런 일이 있고 얼마 안되어서 톰은 하늘나라로 갔습니다.

기독교신학에 '험증학'이라고 하는 분야가 있습니다. 요새는 이런 것을 잘 가르치지 않습니다마는 오래전에 제가 이것을 가르쳐본 일이 있는데, 이 험증학에서는 특별히 '부활'에 대해서 증거할 때 이 것을 철학적으로, 논리적으로, 혹은 역사적 증거를 통해서 예수님의 생애나 이적이나 혹은 부활의 사건들을 전부 증명합니다. 거기서 '빈 무덤'에 대한 이야기는 대단히 중요한 소재가 됩니다. 왜 그렇겠습니까. 여러분, 한번 생각해보십시오. 무덤이 비었다—우리 단순하게 생각하기 쉽지마는 도대체 시체가 어디에 간 것입니까? 예수부활이라는 이 사건으로 해서 무덤이 빈 것을 보고 많은 사람들이 예수 부활하셨다고 증거합니다. 이때문에 당시 예루살렘 온 성이 난리였습니다. 유대나라가 난리요 온세계가, 온세대가 난리였습니다. 예수부활—이를 믿는 사람들이 온세계를 다니며 복음을 전합니다. 또 한편 부활을 부인하는 사람들이 부활하셨다고 믿는 사람들을 저지할 수가 없었습니다. 아주 기쁨으로 순교를 하는 것입니다. 부활의 증인은 순교하는 것입니다. 생명을 믿으니까요. 역사적으로 2000년에 걸쳐 있어온 크고 놀라운 사건들이 여기서 시작되는 것입니다. 그런데 상상해보십시오. 이 '빈 무덤' 사건이 거짓이라면 어떻게 되겠습니까. 먼저 시체에 대해서 우리 생각해봅시다. 예수님의 제자들이 시체를 어떻게어떻게 어물쩡 감추었다고 생각해봅시다. 무덤지키는 군사들을 뇌물로 꾀어가지고 잠들게 한 다음에 시체를 도적질해갔다, 그래 어디다 감추어놓고 예수 부활하셨다고 소리지른다—말되는 추측입니까? 상상해보십시오. 거짓을 사실이라고 말하면서 목숨 바치는 사람 보았습니까? 이렇게 될 수가 없는 것입니다. 그러니 시체가 제자들의 손에 들어간 것은 아니겠고 또, 이렇게 복잡한 문제가 되어서 자, 보십시오. 빌라도가 예수를 죽였는데 그 예수가 부활을 했거든요. 이제 빌라도는, 또 로마는 완전히 정죄되는 것입니다.

여기서 어떤 방법으로든지 시체를 찾아내가지고 빌라도가 "여기 있다. 쓸데없는 소리 하지 마라" 하면 그만이 아니겠습니까. 그 많은 예수믿는 사람들을 잡으려고 할 필요가 없는 것입니다. 시체만 찾아놓으면 그만입니다. 그런데 이것을 못했습니다. 더구나 제사장 가야바는 예수를 십자가에 못박은 원흉인데, 그야말로 큰 고민입니다. 메시야를 죽여놓았습니다. 하나님의 아들을 죽인 죄, 이것을 벗어날 길이 없습니다. 시체만 내보이면 되는 것인데 그러지를 못했습니다. 그리고 정죄당한 것이 아닙니까. 그러고보면 이 얼마나 놀라운 이야기입니까. 무덤이 비어 있다 하는 것—여기에는 굉장한 신학적 의미가 있고 상징적 의미가 있고 엄청난 메시지가 그 속에 있습니다. 무덤이 비었습니다. 시체가 온데간데없습니다. 여기서 부활증거의 첫째가 빈 무덤이라는 것을 생각하게 됩니다.

　세상사람들은 모든것의 끝은 죽음이라고 생각합니다. 죽음은 인생의 종착역입니다. 어떤 의미에서 인간은 죽음을 향하여 살아가고 있는 것입니다. 누구나 다 갈 것이니까 말입니다. 대단히 실례되는 말씀입니다마는 지금 여기 앉아계신 분들도 짐작컨대 한 백 년 후에는 이 자리에 한 분도 남아 있지 않을 것입니다. 그것이 인생입니다. 죽으면 끝입니다. 이렇다하는 지식이라고 해보아도 죽음 앞에 아무것도 아닙니다. 명예며 부귀영화며 아름다움이라는 것도 죽음 앞에는 아무것도 아닙니다. 저 모든 권세는 또한 무슨 의미가 있습니까. 죽으면 그만입니다. 그래서 죽음을 끝이라고 우리는 말합니다. 장례식에 가보면 아주 위로를 받지 못하는 분들을 봅니다. 조금 더 살아야 할 텐데 죽었다, 답답하다, 합니다. 위로하느라 애쓰고, 위로받지 못해서 몸부림치고… 그러나 알고보면 그럴 일이 아닙니다. 버스를 타고 가다가 먼저 내리는 사람도 있고 좀 뒤에 내리는 사람도 있는 법입니다. 조금 먼저 간 것일 뿐 조금도 이상할 것이 없습니다. 누가 누구를 위로한다는 말입니까, 다 같은 처지에. 미국사람들 보면 죽음 앞에서도 유머가 있습니다. 어떤 아내가 죽어가는 남편을 보고 몸부림을 치면서 "당신 없으면 나 어떻게 살아?" 어쩌고저쩌고 하니까 그 남편이 이렇게 말하더라고 합니다. "걱정할 것 없소. 당신도 곧 죽을 텐데 뭘." 사실이 그렇습니다. 모름지기 우리, 웃으면서 죽고 웃으면서 보냅시다. 몸부림칠 것 하나도 없습니다. 나도 갈 것이니까요. 누가 누구를 위로하고 말고 할 것 없습니다. 슬퍼할 것도 아닙니다. 죽음은 엄연한 실제요 우리 앞에 놓인 사건입니다. 문제는 또 있습니다. 죽여서 해결하겠다고 덤비는 것입니다. 최후의 해결책은 죽음이라고 생각합니다. 히틀러가 그러했고 숱한 독재자들이 그러했습니다. 엄청난 사람을 숙청해버렸습니다. 죽였습니다. 그러면 다 해결된다, 조용해진다, 하는 것입니다. 정말 그렇습니까. 구 소년이 일년에 백만 명씩을 숙청했습니다. 중국의 천안문사건이 있을 때, 사건 바로 뒤에 제가 중국을 방문했었습니다. 천안문광장 여기저기 남아 있는 핏자국을 내 눈으로 확인했습니다. 많은 사람 죽었습니다. 그때의 신문에 보니 많은 청년들이 그렇게 죽고 있을 때 중국의 지도자(실례가 되기 때문에 이름은 대지 않겠습니다) 한 사람은 이렇게 말했다고 합니다. "우리 중국인구가 11억이다. 11억인구 앞에 백만 명은 별것 아니다." 그 말에 광장이 조용해졌습니다. 백만 명을 죽여서라도 조용하게 만들겠다는 것이었습니다. 할말 있습니까? 온세계가 놀랐습니다. 중국이 조용해졌습니다. 우리 북한에서도 한 해 동안에 7백 명을 처형했다고 하는 기사가 며칠전 신문에 났습니다. 그것은 사실입니다. 너무도 가난하고 어렵고 하니까 도둑질도 많고 부정부패가 많아졌습니다. 그래서 700명이나 총살했다는 것이 아닙니까. 앞에다 세워놓고 쏘아버립니다. 아주 조용해집니다. 죽여서, 없애서 해결하겠다는 것입니다. 자, 그래서 해결이 되는 것입니까. 역사는 그렇게 말하고 있지 않습니다. 성경에도 보면 이런 이야기가 많이 있습니다마는 심지어는 예수님을 중심해서도 이런 이야기가 있습니다. 요한복음 11장 49절로 50절에 보면 제사장 가야바가 이런 엉뚱한 소리를 합니다. '한 사람이 죽어서 온민족이 조용할 수 있다면 죽어야지. 그가 메시야든 아니든, 의인이든 죄인이든은 알 바 아니다. 한 사람이 죽어서 온민족이 조용할 수 있다면 죽여버려!' 이것이 가야바의 생각이었습니다. 죽임으로 문제를 해결하려고 하는 이 엄청난 죄악―이때문에 세상이 이렇듯 소란합니다. 그러나 역사적으로 아는 바와 같이 일이 그렇게 해결된 적은 없습니다. 빌라도 법정을 생각해봅시다. 많은 사람들이 예수를 십자가에 못박아라, 예수를 십자가에 못박아라, 하고 소리질렀습니다. 가야바, 바리새인, 빌라도, 헤롯 당, 사두개인, 서기관―이 사람들이 원래 서로 사이가 좋은 것이 아닙니다. 서로가 철천지원수인 양 미워하는 사이들입니다. 그러나 예수 그리스도를 죽이는 일에서는 하나가 됩니다. 합작을, 협력을 합니다. 연합해서 예수의 십자가를 작품으로 만듭니다. 교묘하게 씌워서 빌라도의 이름으로 예수를 십자가에 못박아버립니다. 상상해보십시오. 이것은 악의 성공입니다. 악한 사람들이 빚어놓은, 만들어놓은 하나의 성공작품입니다. 이렇게 빌라도의 이름으로 십자가에 딱 못박아놓고 저들은 아마도 손을 씻으면서 안도했을 것입니다. '드디어 성공했다. 어이구, 오랫동안 시달렸다.' 이렇게 시름을 놓고 다 끝났다고 생각했겠지요. 그러나 그것이 아니었거든요.

예수님의 제자들의 입장도 한번 봅시다. 그들의 기대, 청운의 꿈, 정치적 욕망, 메시야 대망사상… 이런 것들도 이제 다 끝나버렸습니다. 하늘로서 온 표적이 무엇입니까, 하고 끈질기게 묻던 사람들도 이제는 다 끝났다고 생각했습니다. 절망과 실망으로 끝났습니다. 누가복음 24장 21절에도 보면 여기서 실망하고 엠마오로 내려가는 제자 둘이 있었습니다. 그들이 하는 말입니다. '우리는 그가 메시야인 줄로 알았노라. 이스라엘을 회복할 자라고 믿었노라. 그렇게 바랬는데 그는 비참하게 죽어가고 말았다. 우리의 기대와 간절한 소원도 이렇게 끝나고 말았다.' 그리고 장례를 치렀습니다. 그리고 혹시나 해서 군사까지 세워서 무덤문을 지키게 했습니다. 이제 밤은 고요합니다. 이것이 인생사입니다. 인생들은 여기까지 생각합니다. 이러면 모든 문제가 끝났다고 생각합니다. 그렇습니까? 본문은 분명히 말씀합니다. 그 무덤에서 새로운 사건이 시작됩니다. 창조적 능력이 나타납니다.

초월한 생명의 역사가 시작이 됩니다, 그 빈 무덤에서부터. 이것이 기독교요 이것이 신앙이요 이것이 생명입니다. 성경은 이렇게 말씀합니다. "그의 말씀하시던 대로 살아나셨느니라." 제자들이 예수님의 말씀을 일찍이 바로 깨달았더라면 절망할 것이 없었는데… 말씀대로 부활하셨습니다. 사도 바울은 고린도전서 15장에서 말씀합니다. 성경대로 부활하셨다고. 성경의 곳곳에 계속적으로 부활신앙이 있습니다. 이 부활에 대한 말씀들을 똑바로 이해했더라면 예수님 십자가지실 때 실망할 필요가 없었습니다. 성경은 분명히 말씀합니다.

"말씀하시던대로 살아나셨느니라." 그리고, 엄청난 복음이 있습니다. 부활하신 예수님의 말씀입니다. "가서 네 형제들에게 갈릴리로 가라 하라 거기서 나를 보리라(10절)." 갈릴리에서 만나자—저는 이 말씀이 너무도 가슴뜨겁습니다. 너무나도 감사합니다. 예수님 너무도 좋은 분이십니다. 그 제자들이 어떤 자들입니까. 멍청한 제자들. 예수님의 그 많은 능력을 보고 그 많은 말씀을 배우고 따르던 사람들이, 그렇듯 간곡한 부탁까지 받았던 사람들이 예수 십자가에 돌아가실 때 다들 도망갔습니다. 사랑하는 제자 베드로는 세 번이나 예수를 부인했습니다. 예수 모른다고 잡아떼고 맹세하고 저주까지 했습니다. 이렇듯 형편없는 제자들을 예수님께서는 왜 찾아가신단말입니까. 예수님, 저들이 실망하고 갈릴리에 다시 물고기잡으러 갈 줄 아시고 '거기서 만나자' 하십니다. 얼마나 고마우신 분입니까. 거기서 만나자—아무런 책망도 없습니다. '내가 죽을 때 도망간 이 놈들아!' 하시지 않습니다. '이 형편없는 놈들아!' 이런 말씀 없습니다. 부활하신 예수께서 다만 "갈릴리로 가라 하라 거기서 나를 보리라" 말씀하실 뿐입니다. 이 부활의 큰 은혜 앞에서, 이 엄청난 사건 앞에서 생각해보십시오. 이것이 바로 절대적 은혜라는 것입니다.

부활하신 예수님께서는 아무도 비판을 하시지 않습니다. 아무도 책망을 하시지도 않습니다. 저는 특별히 이렇게 늘 생각해봅니다. 부활하신 예수, 저같았으면 빌라도법정을 아예 벼락으로 요절내고 말겠습니다. 가야바, 벼락맞아 죽도록 하겠습니다. 안그렇겠습니까. 그래버리지 않는다면 적어도 빌라도를 찾아가 '이 작자야, 정치 좀 똑똑히 하렷다! 재판 좀 정신차려 하렷다!' 되게 호통이라도 한번 칠 일이겠습니다. 대제사장이랍시는 가야바도 그 꼴이니 그 자도 스스로 쥐구멍을 찾을 만큼 된맛을 한번 보일 것이겠습니다. '하나님을 전문적으로 섬긴다는 자가…' 그런데 예수님께서는 아무도 미워하시지 않습니다. 부활하신 예수께는 원수가 없습니다. 부활하신 예수께서는 모든 사람을 사랑하십니다. 모든 사람을 긍휼히 여기십니다. 그 여유와 그 넉넉한 능력, 그 권세를 여기서 볼 수 있습니다. 엄청난 사랑을 거기서 엿볼 수 있습니다. 우리 인생은 미련해서 이런 것은 모르고 지금도 무덤꼴만 장식하고 있습니다. 얼마나 한심한 일입니까. 요새 우리나라사람들도 어지간히 무덤 때문에 신경들 씁디다. 여러분, 역사를 이런 시각에서 보면 놀라운 것을 발견할 수 있습니다. 옛날 모든 사람들이, 그 모든 문화가 따지고보면 무덤 때문에 망했습니다. 사원이니 비석이니 하는 것이 전부 무덤을 장식한 흔적입니다. 우선 애굽의 피라미드가 그렇습니다. 그 무덤 하나 만드느라고 수많은 인명이 희생당했습니다. 수백 년에 걸쳐 만들었습니다. 무덤 하나 만들자고 그 짓을 한 것입니다. 또 중국 시안(西安)에 가서 보면 진시황의 무덤이 굉장합니다. 도대체 어떻게 이런 짓을 할 수 있단말인가, 한심합니다. 무덤입니다. 종교적으로 보아도 소위 유명한 사원이라는 것이 전부 무덤입니다. 말이 베드로성당이지 베드로의 시체가 그 안에 있습니다. 베드로의 무덤입니다. 무덤 장식하느라고 온통 정력을 다 쏟았습니다. 그리고 끝난 것입니다. 이것을 잊지 말아야 합니다.

예수님의 무덤은 비었습니다.

그런데 예수님의 제자들의 무덤은 왜 그렇게 큽니까. 여기에 난센스가 있는 것입니다. 재미있는 이야기가 있습니다. 1987년에 낸 기발한 아이디어로 돈을 벌게 된 사람이 미국에 있습니다. 이 사람이 '쑴멈보눔(최고선을 뜻하는 라틴어)'이라고 하는 이름의 회사를 차렸는데 뭘 하는 곳인고하니 미이라를 만드는 데였습니다. "당신들 죽기 전에 돈을 미리 내시오. 그러면 죽은 다음에 아주 영원히 썩지 않는 기막힌 미이라를 만들어주겠소. 그리고 호화로운 관도 만들겠소. 관 하나에 100만 불이오. 보석으로 장식한 관이오." 그 사람은 이렇게 광고를 했는데 정신나간 사람들이 너도나도 거기에 돈을 냈습니다. 결국 그 회사는 짭짤하게 큰돈을 벌었던 것입니다. 오늘도 그렇습니다. 우리나라에서도 이런 사업 한다면 큰 사업 될 걸요. 왜 이런 것입니까. 부활을 모르는 사람들, 죽음이 끝이라고 생각하는 사람들, 심지어는 부모무덤 굉장하게 만드는 것 보고 왜 그렇게까지 하느냐고 물으면 "아버지가 번 돈 아버지가 쓰는데요"라고 대꾸하는 자식들도 있습니다. 이렇게밖에 생각이 안됩니까? 한심한 일입니다.

예수님의 무덤은 비었습니다.

놀라운 이야기입니다. 부활하신 예수님께, 부활을 믿는 사람들에게 이 무덤이 무슨 의미가 있는 것입니까. 또한 이 사건에 대한 반응을 봅시다. 무서움과 큰 기쁨, 두려움과 큰 기쁨입니다. 두려울 수밖에요. 빌라도 저는 예수가 부활했다고 할 때 죄인이 됩니다. 가야바는 예수가 부활했으니 자기는 용서받을 수 없는 죄인이 됩니다. 두렵지요. 심판이 두렵지요. 또 예수님의 제자들도 주님의 십자가에 동참하지 못했으니 부끄럽고 죄송하고 두렵지요. 그러나 이 모든 부끄러움은 잠깐이요 두려움도 잠깐이요 오직 예수부활기쁨으로 충만합니다. 오로지 기쁨과 감격으로 충만합니다. 이것이 사도행전적 신앙입니다. 교회의 시작은 부활신앙으로부터입니다. 시작이 됩니다. 예수부활—확실합니다. 그러므로 나도 부활한다, 이것입니다. 그래서 그들은 순교의 죽음을 마다하지 않으며 폭발적으로 교회를 세우게 되었고 선교하게 된 것입니다. 저들은 충만함이 있었습니다. 그 충만함이란 바로 이것입니다. 부활신앙으로 충만하며 예수님의 재림을 기다리는 재림대망신앙으로 충만하고, 특별히 살아계신 그리스도, living Christ, 현재 살아계신 그리스도의 생명력으로 충만했습니다. "볼지어다 내가 세상 끝날까지 너희와 항상 함께 있으리라"—그 그리스도의 현재적 생명을 느끼고 사랑을 느끼고 생명력을 느끼면서 부활의 증인으로 살아갔던 것입니다. 여기에 큰 기쁨이 있고 이 큰 기쁨 앞에 사랑이 있고 용서가 있고 화해가 있고 능력이 있었던 것입니다. 이것이 부활신앙입니다. △

이제는 내가 주를 보나이다

욥이 여호와께 대답하여 가로되 주께서는 무소불능하시오며 무슨 경영이든지 못 이루실 것이 없는 줄 아오니 무지한 말로 이치를 가리우는 자가 누구니이까 내가 스스로 깨달을 수 없는 일을 말하였고 스스로 알 수 없고 헤아리기 어려운 일을 말하였나이다 내가 말하겠사오니 주여 들으시고 내가 주께 묻겠사오니 주여 내게 알게 하옵소서 내가 주께 대하여 귀로 듣기만 하였삽더니 이제는 눈으로 주를 뵈옵나이다 그러므로 내가 스스로 한하고 티끌과 재 가운데서 회개하나이다

(욥기 42 : 1 - 6)

이제는 내가 주를 보나이다

　며칠전 「조선일보」에 소개된 이야기입니다. 미국의 전 상원의원인 존 글렌씨는 현재 나이 78세입니다. 그는 작년에 최고령 우주비행사로 나서서 우주여행을 하고 돌아왔습니다. 신실하고 경건한 그리스도인입니다. 그는 여러 가지로 우리에게 귀한 간증을 해주고 있습니다. 설명을 다 드릴 수는 없습니다마는 우리가 귀담아들을 몇 가지의 중요한 이야기를 하고 있습니다. "우리는 더이상 달력에 맞추어 살아가서는 안됩니다." 아주 여러 가지 의미를 가진 말입니다. 노년이라고 하는 것은 바로 삶의 태도의 문제입니다. 삶의 자세가 문제입니다. 또하나는 "우주경험은 신앙을 강화시킵니다. 지구에서 보는 지구와 지구 밖에서 보는 지구는 다릅니다. 우주에 나가 하나님께서 창조하신 이 세계를 바라보면 하나님의 영광을 볼 수 있습니다." 사실 우리는 얇은 공기필름, 공기막 속에 살아가고 있습니다. 광활한 우주에서 하나님의 능력과 크신 지혜를 몸으로 체험하면서 그는 지구를 바라보며 찬양을 하고 있습니다.
　대단히 중요한 경험이라고 생각합니다. 한번 우리가 살고 있는 이 현실에서 조금 더 벗어나 나와 내 현실을 한번 관조해보는 그런 시각이 있어야 한다는 말입니다. 듣는다는 것과 본다는 것이 무엇입니까. 듣는 것은 결국은 간접적 지식입니다. 보는 것은 직접적인 지식입니다. 우리는 책을 통해서 많은 것을 들을 수 있습니다. 남의 경험을 내가 들을 수 있습니다. 그러나 내가 경험하면서 배웁니다. 그래서 안다는 것과 깨닫는다는 것은 다릅니다. 깨닫는다는 것은 내가 보고 내가 경험하고 그리고 아는 확실한 지식을 말하는 것입니다.

이스라엘나라에 갔을 때 저는 시간이 많지 않고 해서 단독안내원을 구했습니다. 그 안내원은 히브리대학 교수로 있던 분입니다. 그런 사람이 차를 사가지고 운전하면서 운전사 겸 안내를 합니다. 같이 다니면서 그분에게 설명을 들었습니다. 여기는 어떤 곳이고 여기는 어떻고 저기는 어떻고… 설명을 합니다. 설명 다 한 다음에 내가 또 보충설명을 합니다. 그것은 사실은 이런 내용이고, 역사적으로는 이렇고… 그랬더니 "How do you know?" 어떻게 그것을 아느냐고 합니다. 그래서 "책 보았지요, 책을. 나는 오늘아침에도 여기 올 것을 알고 미리 책을 보고 왔소." 그랬더니 "그럼 내가 안내할 것 없군요" 하기에 "아닙니다. 당신이 본 것을 말해주시오. 나는 내가 보고 알아야 할 것이 있으니까." 여러분, 이것이 지식이라는 것입니다. 들어서 아는 것은 책을 통해 아는 것입니다. 그렇게는 아무리 많이 알아도 참지식이 되지 않습니다. 내가 직접 부딪쳐서 몸으로 경험하고 몸으로 깨닫습니다. 눈으로 봅니다. 그것이 확실한 지식입니다. 여기에는 이론이 필요없습니다. 누구의 반대도 상관이 없습니다. 이것은 내 지식입니다. 내가 몸소 깨달은 것이니까요. 그래서 오늘본문에 보면 욥이 말씀합니다. "전에는 듣기만 하였삽더니 이제는 눈으로 주를 뵈옵나이다." 더욱 확실한 지식을 얻게 되었다, 하는 말씀입니다. 사람은 그런 의미에서 한평생 공부한다 하겠습니다. 계속 공부하는 것입니다. 하나님의 커리큘럼에 따라, 하나님께서 만들어주신 교과서를 통해서 목적이 있고 목표가 있는 교육을 받고 있는 것입니다. 이 사실을 잊지 말아야 합니다. 그런데 공부라는 것은 언제나 정도에 맞게 이루어지는 법입니다. 단계적으로 이루어집니다. 그런데 때때로 우리를 놀라게 하고 근심하게 하는 것이 있습니다. 요새는 너무 젊은사람들이 어른이 알아야 할 것을 미리 알아 버립니다. 그 래서 소화를 못합니다. 조금 더 있다가 보아도 되는데 너무 미리 보아버려서, 그래서 일이 어려워지는 것을 봅니다. 마땅히 자기수준에 맞도록 교육이 이루어져야 하는 것입니다. 하나님께서는 그렇게 하고 계시는데 우리가 너무 조바심을 냄으로해서 오히려 일을 그르칠 때가 많습니다. 아이작 뉴턴은 이렇게 말하고 있습니다. '나는 만원경을 통하여 수백만 마일 저 밖에 있는 많은 우주의 세계를 이렇게 볼 수 있다. 그러나 골방에 들어가서 문을 닫고 무릎을 꿇고 기도하면 우주는 물론 하나님나라의 세계까지 볼 수 있다. 내 영으로, 내 마음으로 하나님의 세계를, 또 하나님을 뵐 수가 있다.' 본다는 것은 눈으로만 보는 것이 아닙니다. 마음으로 보고, 영의 눈을 들어서 영원한 세계를 바라보면서 오늘을 살아가는 것입니다. 그것이 신앙입니다.

세상에 태어나자마자(그런 때를 심리적으로 연구해보면) '우주의 중심은 나다'라고 생각을 한다고 합니다. 어머니는 왜 존재하느냐, 나를 위하여 존재한다, 어머니젖이 왜 둘이냐, 하나는 먹고 하나는 가지고 놀라는 것이다―이런 마음입니다. 거 누구도 장난하면, 다치면 안됩니다. 모든 사람은 내 마음대로입니다. 내가 울면 다 들어줍니다. 그런데 조금씩 크면서 생각이 달라져갑니다. 나 위에 형님이 있다는 것을 압니다. 나만이 아니라 나 외에 형제가 있다는 것을 알게 됩니다. 이것은 굉장한 충격입니다. 조금 크면 또 동생이 태어납니다. 이것은 아주 혁명적 충격입니다. '나 혼자인 줄 알았는데 웬것이 또 태어나가지고 말썽이냐' 이것입니다. 이것은 보통문제가 아닙니다. 이때 잘못하면 성격파탄이 옵니다. 이렇게 자기의 세계관이 깨어져나가는 것을 경험합니다. 조금 더 크면 아버지 어머니가 있다는 것을 알게 됩니다. 내 마음대로 하는 것인 줄 알았는데, 아닙니다. 아버지 마음대로 됩니다. 나는 어머니의 영을 따라야 됩니다. 바로 이렇게 바뀌어들어갈 때의 충격이란 대단한 것입니다. 조금있다가 친구가 있지요, 또 이성인 애인이 있지요, 가정이 있지요, 이렇게 나아가다가 세계가 넓은 것을 알고… 이제 중요한 공부는 장년이 넘어서면서 안될 것이 있다는 것을 알기 시작한다는 것입니다. 하면 된다고 했는데 안될 것은 안되는 것입니다. 아무리 노력해도 안될 것은 안되는 것입니다. 내가 뭘 잘한다고 뭐 해보겠다고 해보았지만 이제보니 아무것도 아닌 것입니다. 그것을 깨닫기 시작합니다. 그리고 좀더 나이가 들면 이제는 떠나야 한다는 것을 배우게 됩니다. 여기는 내가 머물 곳이 아니다, 아무리 벌고 아무리 수고하고 아무리 노력해보아도 아니다, 잠시후면 떠나야 한다—이렇게 우리는 한평생을 계속 공부하고 있지 않습니까. 순간적인 것에서부터 영원한 것으로, 물질적인 것에서 신령한 것으로, 자기중심적인 세계에서 하나님 중심으로, 부분적인 것에서 종합적인 것으로, 물질적인 것에서 인격적인 세계로—이렇게이렇게 우리는 계속 공부하고 있다는 말씀입니다.

　오늘본문은 욥기의 마지막부분입니다. 욥기의 결론입니다. 42장 되는 이 욥기에 그 많은 고난사, 수난사가 있습니다. 이 한순간을 위하여, 이 성숙한 인격을 위하여 그 많은 사건들은 있어야 했습니다. 이 시나리오와 이 작품의 결론이, 목표가 오늘본문에 나타나 있습니다. 전에는 귀로 듣기만 하였더니 이제는 눈으로 보았습니다—바로 보여주기 위해서, 바로 이 순간을 위하여 그 많은 수난사는 전개되어야 했던 것입니다.
 첫번째단계를 봅시다. 기본적인 단계가 바로 물질을 잃어버린 것입니다. 여러분, 물질이 중요한 줄 알지만 여러분이 가지고 있는 모든것을 나열해놓고 가치평가를 한번 해보십시오. 가장 가치가 낮은 것이 무엇입니까. 무엇하고도 바꿀 수 없다고 하지마는 가장 싸구려가 물질입니다. 건강하고 비교하겠습니까, 명예하고 비교하겠습니까, 가족하고 비교하겠습니까. 무엇과도 비교가 안되고 가장 낮은 가치의 것이 물질입니다. 그런데 욥은 동방의 부자였다고 합니다. 양이 칠천이요, 약대가 삼천이요, 소가 오백 겨리요, 암나귀가 오백이요, 그리고 많은 종들이 있었다고 합니다. 당대의 유명한 동방부자였다, 그 말씀입니다. 그런데 이런 물질이 하루아침에 다 없어집니다. 천천히 없어진 것이 아닙니다. 하루아침에 망해버린 것입니다. 딴곳사람들이 쳐들어와서 다 죽이고 빼앗아갔습니다. 다 없어졌습니다, 하루아침에. 그야말로 깜짝놀랐습니다. 이제 그는 깨달았습니다. 중요한 것을 깨달았습니다. "주신 자도 여호와시요 취하신 자도 여호와시오니(1:21)"—나는 내 노력, 내 수고로 재산이 늘어나는 줄 알았는데 하나님께서 주신 것입니다. 하나님께서 거두어가시니 그냥 빈손이 되더라고요, 하루아침에. 주신 분도 하나님이시요 가져가신 분도 하나님이십니다. 미디안사람들이 가져갔고, 어느 곳 사람들이 가져갔고, 어느 강도가 빼앗아갔지마는 아닙니다. 하나님께서 주셨듯이 하나님께서 가져가셨습니다. 여기서 욥은 중요한 것을, 물질은 하나님께서 주신 것임을 깨닫게 되었습니다.
 둘째로는 가정을 잃어버립니다. 자녀가 7남 3녀요, 좋은 가정이었습니다. 할 수만 있다면 자식이야 많을수록 좋지요. 그리고 특별히 자식들이, 형제들이 서로 화목해서 형의 생일날이 되면 다 모여서 잔치를 하고, 며칠동안 잔치를 하고, 아버지되는 입장에서는 즐겁고 기쁘고, 혹시나 잔치하면서 범죄했을까봐 뒤에 제사를 드렸다는 것이 아닙니까. 경건한 가정이고 화목한 식구들이었습니다. 그런데 어느날 하루아침에, 잔치를 하는 중에 집이 무너져서 열 자매가 다 죽어버렸습니다. 여러분, 이 기막힌 사실을 보십시오. 그 순간 욥은 또 깨닫습니다. 본래성을 깨닫습니다. 실존적 존재의 의미를 깨닫습니다. "내가 모태에서 적신이 나왔사온즉 또한 적신이 그리로 돌아가올지라(1:21)." 내가 세상에 날 때 혼자였고, 장차 갈 때도 혼자입니다. 근본적으로 혼자라는 것을 잊지 마십시오. 가끔 교인들 가운데는 자식이 하도 귀하다보니 그 아이가 유학을 가게 될 때 "사업 다 때려치우고 거기 나가 뒷바라지하면서 지내고 싶습니다"하고 나오는 분들이 있습니다. 그래서 내가 "정신나갔소? 냅둬요. 저들은 저들대로 제 길을 가게 하고 당신은 당신일이나 합시다." 이렇게 충고해줍니다. 세게 말해줍니다. 세상에 자식키우려고 태어난 사람 없습니다. 그저 그들은 그들의 길을 가야 하고 나는 혼자입니다. 쓸데없이 거기에 의존하고 눈물방울이나 흘리고 하지 마십시오. 더 한심한 것은 자식이 군대간다고 할 때 우는 어머니들입니다. 아, 제 갈 길 가는데 뭘 울고 앉아 있습니까. '장하다' 하고 말 일이지요. 왜 이렇게 감상적이고 시원치 않은지 모르겠습니다. 당신은 혼자입니다. 처음부터 혼자였고 앞으로도 혼자입니다. 자식이 있다고 당신이 당신 아닌 것이 아닙니다. 이 점을 잊지 말아야 합니다. 생명과 의미를 맞바꾸려고 하지 마십시오. 그것은 내게서 떠나는 것입니다. 떠나야 마땅합니다. 나는 혼자입니다.

그뿐아니라 1장 9절에 보면 좀 기막힌 이야기가 있습니다. 욥에게 동반자 아내가 있지요. 사실 이상하게도 이렇게 부자이면 옛날에는 아내도 여럿이 있었을 것같은데 욥에게는 아내가 하나밖에 없었습니다. 그 아내가 이 어려운, 처참한 시간에, 누구보다도 남편과 같이 있어야 할 시간에 이렇게 말합니다. "당신이 그래도 자기의 순전을 굳게 지키느뇨 하나님을 욕하고 죽으라(2:9)." 그러고 욥을 떠나갑니다. 이 여인 참 이상한 사람입니다. 무슨 안사람이 이렇단말입니까. 남편 욥이 그 절절한 고통, 그 어려운 고통 가운데서도 믿음을 지키고 있는데 그 믿음을 아내가 이해하지 못했습니다. 전혀 이해하지 못했습니다. 그래서 그녀는 가출을 해버립니다. 여기서 욥은 또한 깨닫습니다. 인생은 처음부터 고독한 것이었다고. 아무도 내 마음을 이해할 수가 없습니다. 이해한다고 말은 하지요. 그러나 진정으로 당신의 깊은 실존적 고민을 다른 누가 이해해주리라고는 기대하지 마십시오. 그런 것은 아닙니다.

뿐만아니라 욥에게는 그보다도 더 어려운 일이 있었습니다. 그것은 건강을 잃었다는 것입니다. 마지막으로 남은 보루가 건강인데 그는 몸이 병듭니다. 썩었습니다. 너무도 가렵습니다. 가려운 고통이란 쑤시는 고통보다 더 견디기 어렵습니다. 이걸 기왓장으로 긁고 재 가운데 뒹굴었다는 것입니다. 이렇게 고통하고 구더기가 나고 썩어갑니다. 이런 어려움을 겪을 때 그는 여기서 깨닫습니다. 아, 이렇게 인생은 죽는구나—내세를 바라보게 됩니다. "내가 육체 밖에서 하나님을 보리라 내가 친히 그를 보리니 내 눈으로 그를 보기를 외인처럼 하지 않을 것이라(19:27)." 저 하늘나라를 바라보게 됩니다. 여러분, 몸이 아픕니까? 어디가 뜨끔거립니까? 이제 가까이 온 줄 아십시오. 병원에 입원했습니까? 병은 죽는 연습입니다. "하나님이여 이 병 낫게 해주십시오." 이런 어리석은 기도 하지 마십시오. 그보다 더 중요한 기도가 있습니다. "하나님, 이렇게 아프다가 이렇게 가는가봅니다. 그래도 이렇게 생각할 수 있게 하시니 감사합니다. 언제 죽어도 아름답게 갈 수 있도록 그렇게 넉넉히 준비할 수 있게 해주십시오." 이 기도부터 먼저 드릴 것입니다. 이것이 중요한 일입니다. 의사들이 수고 많이 하는데, 의사선생님이 여기 우리교회에도 사백 명이나 됩니다마는 미안하지만 의사 '말짱 헛것' 입니다. 왜요? 아무리 수고해주어도 결국은 영안실에서 끝나는 것입니다. 안그렇습니까. 공연히 들락날락하다가 가는 것입니다. 그런고로 병들었다하면 죽을 준비부터 하십시오. 안죽으려고 버둥거리지 말고. 욥이 저렇듯 어려운 고통 속에 몸이 썩어올 때 '하나님, 육체 밖에서 주를 뵈오리다.' 딱 준비했습니다, 벌써. 이것을 깨달아야 합니다. 그것을 깨달으라고 병들게 하는 것인데 쓸데없는 소리만 하고 있어서야 되겠습니까. 모름지기 죽는 준비를 해야 합니다.

또한 친구들이 비방을 합니다. 어느 친구 하나 욥의 마음을 참으로 위로한 자가 없습니다. 세 친구가 와서는 뭐 위로한답시고 '잘 생각해 보라, 숨겨둔 죄가 있는가보다. 죄없이 망한 자가 있더냐(4:7)' 하고 입방아를 찧는데 아주 힘든 것입니다. 오죽했으면 욥이 '입 좀 다물어라, 그런 소리는 나도 할 수 있다(13:2)' 라고 되받겠습니까. 마지막에 이렇게 결론을 내립니다. "너희는 거짓말을 지어내는 자요 다 쓸데없는 의원이니라(13:4)." 이제 나는 홀로 하나님 앞에 서고 있다는 것을 깨닫게 됩니다.

그 다음에, 욥이 당한 고난 중에서도 절정적이라 할 고난이 있습니다. 그것은 영적인 고난입니다. 의가 무너집니다. 13장 23절에서 말씀합니다. "나의 불법과 죄가 얼마나 많으니이까 나의 허물과 죄를 내게 알게 하옵소서 주께서 어찌하여 얼굴을 가리우시고 나를 주의 대적으로 여기시나이까." 주께서 어찌하여 얼굴을 가리우시고 나를 원수처럼 대하시는 것입니까, 영적으로 도대체 내 죄가 얼마나 많기에 주께서는 내게서 얼굴을 돌리시는 것입니까ㅡ하나님의 얼굴을 뵙게 된 순간 이렇게 괴로워합니다. 영적 고민입니다. 그러나 거기서 그는 깨닫습니다. 나의 운명은 당신이 아십니다, 나의 의도 당신이 아십니다, 합니다. 오직 그가 아시고 나와 함께 계시다, 하는 것을 깨닫게 됩니다. "나의 가는 길을 오직 그가 아시나니 그가 나를 단련하신 후에는 내가 정금같이 나오리라(23:10)." "내게 작정하신 것을 이루실 것이라(23:14)." 하나님의 크고 놀라운 계획과 능력을 생각하며 그 앞에서 감사하는 마음을 가지게 됩니다. 우리가 늘 외지 않습니까. 합동하여 선을 이룬다고. 하나님을 사랑하는 자 그 뜻대로 부르심을 입은 자에게는 모든것이 합력하여 선을 이루느니라ㅡ이제 비로소 여기에 도달한 것입니다. 어떤 젊은 사람이 배의 선원이었는데 삼백 명이 탄 배가 파손되어 다 죽고 이 사람 하나가 널쪽을 타고 표류해서 무인도에 도착을 합니다. 처음에는 바닷가에서 하나님께 무릎을 꿇고 감사기도를 했습니다. "하나님, 삼백 명이나 되는 많은 사람이 죽을 때 나 하나가 이렇게 살아남게 하여주시니 감사합니다." 기도를 드리고 돌아보니 조그마한 섬인데 무인도입니다. 짐승들만 왔다갔다합니다. 사람이라곤 아무도 없습니다. 수평선 저쪽에 지나가는 배를 보고 옷을 찢어서 깃발을 만들어 장대끝에 달고 흔들어봅니다. 그러나 배가 지나가면서도 이쪽을 보지 못합니다. 몹시

애가 탑니다. 그렇게 날이 가고 겨울이 다가옵니다. 할수없이 그는 나뭇가지를 많이 꺾어다가 움막을 지었습니다. 얼어죽지 않고 겨울을 나야 하니까요. 돌에 나무를 문질러 불을 일구고 그 불씨를 보관하는데 그 불씨를 잘못 보관해서 바람이 일면서 그만 그 움막집이 홀랑 불타버렸습니다. 이때 그는 본격적으로 하나님을 원망합니다. "다 죽을 때 꼴깍하고 같이 죽었으면 좋았을 것을 왜 나를 살려줘가지고 이렇듯 애타게 고생시키는 겁니까. 내가 움막 지어놓은 것까지 홀랑 불태워버리고… 이럴 수가 있습니까?" 원망하다가 기가 빠져서 잠들었습니다. 큰 배가 부웅하고 가까이 옵니다. 뛰어나가 맞이하면서 선장 보고 어떻게 내가 있는 줄 알고 왔느냐, 감사하다, 그랬더니 "알긴 뭘 알아요. 연기가 나기에 무슨 일인가하고 왔지." 내가 지어놓은 이 움막집이 불타버려야 구원의 길이 있다는 것을 그는 몰랐던 것입니다. 우리 또한 그렇습니다. 내가 소중히 여기는 것 불타버려야 소망의 길이 있다는 것을 우리는 모르고 있습니다. 깊이 생각해야 합니다.

회개에 두 가지가 있습니다. 매맞으면서, 어렵고 고달플 때 하나님 앞에 회개합니다. 잘못했다고. 그러나 이보다 더 큰 회개는 모든 일이 다 잘될 때 하나님의 깊은 은혜를 감사하면서 눈물을 흘리는 것입니다. 하나님, 그동안에 원망한 것 잘못했고 불평한 것 잘못했습니다, 미련했던 것 용서하십시오—이 참회가 참으로 높은 가치의 참회라는 것을 알아야 합니다. 오늘본문에 보면 욥은 말씀합니다. "내가 주께 대하여 귀로 듣기만 하였삽더니 이제는 눈으로 주를 뵈옵나이다." 그리고 말씀합니다. "그러므로 내가 스스로 한하고 티끌과 재 가운데서 회개하나이다." 이것은 고난 중에 하는 회개가 아님니다. 하나님께서 다시 회복해주셔서 부자가 되고 건강하게 되고, 하나님께서 이전보다 더 큰 복을 주실 때, 그때가서 비로소 "하나님, 내가 잘못했습니다" 회개하게 됩니다. 아는 지식이 있고 깨닫는 지식이 있습니다. 욥은 그 많은 시련 가운데서 깨닫고깨닫고 성숙하고 높은 수준에 올라가서 이제야 회개와 감사, 감사와 회개를 함께 합니다. 이것이 참믿음의 사람 된 모습입니다. △

주의 훈계로 양육하라

자녀들아 너희 부모를 주 안에서 순종하라 이것이 옳으니라 네 아버지와 어머니를 공경하라 이것이 약속 있는 첫계명이니 이는 네가 잘 되고 땅에서 장수하리라 또 아비들아 너희 자녀를 노엽게 하지 말고 오직 주의 교양과 훈계로 양육하라
(에베소서 6 : 1 - 4)

주의 훈계로 양육하라

　현대인에게 가장 큰 죄가 세 가지 있다고 합니다. 첫째가 공부하지 않는 죄입니다. 물질문명에 취해서 편리한 것들만 찾아 나서고 있습니다. 어느 때고 좀 깊이 공부하는 일이 없습니다. 요새는 컴퓨터라고 하는 기계를 통해서 많은 정보를 얻습니다마는 아주 부분적인 것들을 수집하고 있을 뿐입니다. 깊이 책을 읽고 공부하는 일들이 점점 멀어지는 것을 마음아프게 생각합니다. 깊이 생각하고 인간의 가치를 묻는, 지혜를 얻는 그런 공부가 없다는 것입니다. 둘째는 실천하지 않는 죄입니다. 아는대로 행하지를 않습니다. '부득이하다' 라는 말로, '인간은 약하다' 라는 말로 변명하면서 가지고 있는 지식을 그대로 생활에 옮기지 않는 것입니다. 말은 많고 비판도 많고 아는 것도 많은데 행하는 것은 너무도 적습니다. 비참할 정도로 실천에 옮기지 않는 것, 이것이 죄입니다. 의지박약입니다. 바로 현대인의 특징입니다. 세 번째는 가르치지 않는 죄입니다. 너무나 이기적이기 때문에 어느 누구에게도 가르치지 않습니다. 심지어는 자녀에게까지도 가르칠 필요가 없다고 생각합니다. 일본의 제 아는 어느 친구목사님이 또다른 일본목사님과 이야기한 바를 제게 옮겨주었습니다. 그 일본목사님에게는 자녀가 셋 있는데 하나같이 교회에 나오지 않습니다. 그뿐만 아니라 그들이 다 세상적으로만 삽니다. 이 사실에 마음이 아픈데 가만히 보니 그 목사님부터가 자녀들에 대해 관심이 없는 것같아서 "어떻게 목사님은 자녀들이 교회에 안나오는데도 아무렇지 않습니까?" 하고 물었더니 "종교는 자유인데 애들에게 왜 내가 예수믿으라고 해야 합니까" 하는 것을 보고 깜짝놀랐다고 합니다. 여러분, 가르쳐야 됩니다. 저절로 사람되는 것이 아닙니다. 내버려두면 악으로 기웁니다. 자녀들에게, 친구에게, 이웃에게 부지런히 내가 깨달은 바 소중한 것을, 진리를 가르쳐야 됩니다. 부지런히 가르쳐야 됩니다. 그래야 전도도 되고 그것이 교육이 아니겠습니까.

우리한국이 이만큼 삽니다. 세계적으로 볼 때 아주 잘사는 편입니다. 특별히 'IMF사태'라고 하는 경제제재를 받으면서도 이만큼 잘 견디어나가고 있습니다. 이 문제에 대해서, 우리는 미처 생각하지 못하지마는, 세계사람들은 이렇게 말합니다. '한국이 저렇듯 잘 견딜 수 있는 것은 바로 한국인 특유의 교육열 덕분이다.' 땅도 좁고, 사람은 많고, 천연자원은 빈약해도 한국사람들, 자녀들 공부시키는 데는 극성입니다. 이것이 밑천입니다. 이것 덕분에 이만큼 살아가고 있는 것입니다. 우리는 6·25를 통해서, 이 엄청난 희생과 큰 사건을 통해서 배운 바가 많습니다마는 정리해보면 중요한 것 세 가지를 배웠습니다. 첫째로 '교육이 먼저다' 하는 것을 배웠습니다. 그 동안에는 반상(班常)이니 귀천이니 따지거나 돈을 많이 벌고 자자손손 땅마지기나 물려주고 살면 이것이 제일이다, 하면서, 그것만 생각하면서 살았습니다마는 전쟁을 겪고보니 그런 것이 아무것도 아니었습니다. 땅문서는 소용없고 오직 지식이 있어야 한다는 것, 지식이 없으면 안된다는 것을 배웠습니다. 그래서 땅을 팔아 가르치고, 한 마리밖에 없는 소도 팔아서 자식을 가르치려들었습니다. 이 한국사람의 교육열은 지나칠 정도로 극성맞습니다. 그러나 이것으로 인해서 오늘 우리가 이만큼 살고 있는 것입니다. 또하나, 6·25를 통해서 우리는 공산주의가 무엇인지를 배웠습니다. 우리가 배우고 온세계에 증거했습니다. 이제는 나아졌습니다마는 50년 전만 해도 공산주의가 세계의 희망인 것처럼 생각했습니다. 많은 지식인들이 매혹되고 있었습니다. 그런데 한국전쟁, 여기서 공산주의의 정체가 노출됩니다. 그리고 온세계에 증거하게 되었습니다. 만일에 6·25가 없었더라면 우리한국도 틀림없이 베트남이나 캄보디아 꼴 났을 것이라고 역사가는 말합니다. 캄보디아같은 데, 완전공산화 되어가지고 지금 얼마나 비참해졌습니까. '킬링 필드(killing field)'라고 하지 않습니까. 한 곳에서 인명 150만을 죽였습니다. 사람죽이기를 뭐하듯 거침없이 했습니다. 이러한 무서운 상황을 보면서 이것을 남의 얘기로만 보고 말 것이 아닙니다. 우리도 일찍이 6·25전쟁을 만나지 않았더라면 이리될 뻔했다, 하는 것입니다. 정신이 아주 아찔합니다. 우리는 6·25를 통하여 이렇듯 공산주의를 배우게 되었습니다. 그리고 세 번째로, 우리 한국민족이 복되게도 신앙의 세계로 들어갔습니다. 6·25를 통해서 교회가 부흥되었습니다. 영적 세계의 소중함을 알고 철지하게 종교성이 높은, 그러한 민족으로 발전하게 됩니다. 보십시오. 결국은 하나님께서 6·25를 통하여 우리를 가르치시고 깨우치시고, 많은 사건을 통하여 우리를 양육하여 오늘에 이르도록 하셨다는 말씀입니다.

오늘말씀은 주의 교양과 훈계로 자녀를 양육하라 합니다. 자녀들을 '양육하라' 하였습니다. '양육(養育)'이라 한 데는 중요한 의미가 있습니다. 우리는 먹이고, 하나님께서는 자라게 하십니다. 자라게 하시는 이, 생명을 자라게 하시는 이는 하나님뿐이십니다. 자라게 하시되 우리에게는 부탁하시는 바가 있습니다. "먹이라"하심입니다. 먹일 것을 먹입니다. 그래야 가르칠 수 있는 것입니다. 그래야 더 키울 수 있는 것입니다. 그래서 사도 바울은 갈라디아서 4장에서 말씀합니다. "나의 자녀들아 너희 속에 그리스도의 형상이 이루기까지 다시 너희를 위하여 해산하는 수고를 하노니(갈 4:19)"—해산의 수고가 지속되는 것입니다. 누가복음 2장 52절에는, 기독교교육의, 그 교육철학의 기본이라고 할 말씀이 있습니다. "예수는 그 지혜와 그 키가 자라가며 하나님과 사람에게 더 사랑스러워 가시더라." 키가 자라가며—체육입니다. 지혜가 자라가며—지육(知育)입니다. 하나님 앞에 사랑스러워가더라—종교성입니다. 사람에게 사랑스러워가더라—도덕성입니다. 마땅히 이 네 가지 측면으로 우리는 자녀들을 양육하여야 합니다. 육체적인 것도 중요합니다. 계속 영양을 공급해야 됩니다. 균형있는 영양이 필요합니다. 잘 먹여야 건강합니다. 알게모르게 영양이 불균형이 되고 실조가 되어서 잘못되는 일이 참 많습니다. 북한에 가보면 그런 것을 볼 수 있습니다. 얼마나 아이들이 비참한지요. 이 자리에서 말씀을 드립니다마는 약 삼천 명의 그곳 고아들을 위하여 우리 소망교회에서 오래전부터 식량을 계속 대고 있습니다. 그 아이들은 잘 자라고 있습니다. 그런데 그 어려운 아이들, 영양실조로 비틀리고 마르고, 울지도 못하고 지쳐 있는 것들, 앞으로 커서 사람될는지 모르겠습니다. 얼마나 끔찍한지 그곳 지도자들이 나보고 "목사님, 그 애들 만나지 마십시오. 그 비참한 것을 보시고나면 목사님 아마도 한 달 동안은 식사를 못하실 거외다"라고 말해줄 정도입니다. 그만큼 비참합니다. 먹지 못한다는 것, 먹지 못해서 비틀리어가는 영양실조, 얼마나 비참한지 모릅니다. 그렇습니다. 육체적으로도 우리가 잘 키우고 잘 먹여야 됩니다. 그래야 건강하게 자랄 수 있겠습니다. 더구나 입맛은 부모가 만드는 것입니다. 대단히 중요한 일입니다. "먹고 싶은대로 먹어라"가 아닙니다. 먹어야 할 것을 먹도록 해야 합니다. 먹어야 할 것을 먹이도록, 먹도록, 그래서 충분한 영양을 공급해야 합니다. 또한 정신적으로는 많은 지식을 주어야 됩니다. 들어야 될 것을 듣고, 보아야 할 것을 보고, 경험할 것을 다각도로 경험하도록 할 것입니다. 그래야 지능이 발달합니다. 우습게도 수다스러운 어머니를 둔 아이의 IQ가 높다고 하는 말도 있습니다. 말없는 것보다 그 편이 나은가보지요. 수다스러운 어머니는 자꾸 말을 하니까 생각이 발전한다고 합니다. 멍청한 어머니는 아이들을 멍청하게 만들 수밖에 없습니다. 많이 듣고 지식을 얻게 해야 합니다. 이것이 양육하는 것입니다. 또하나는, 영적으로 하나님의 말씀을 들려주어야 합니다. 진리를 체험하게 하여야 됩니다. 경건을 보여주어야 하고 기도를 가르쳐야 합니다. 내가 기도하고, 함께 기도하고, 기도하는 사람으로 키워나가야 합니다. 낳는 것은 쉽습니다. 그러나 하나님의 사람으로 키워가는 것은 참 어려운 일입니다. 긴 노력과 수고와 희생이 요구되는 일입니다.

오늘본문은 간단한 말씀이지마는 두 가지로 요약할 수 있습니다. 부정적으로는 노엽게 하지 말라 하였고, 긍정적으로는 주의 교양과 훈계로 양육하라 하였습니다. 노엽게 하지 말라—무슨 말씀입니까. 화나게 만들지 말라는 것입니다. 가르친다고 하면서 자녀를 감정상하게 만들어서는 안됩니다. 왜 감정이 상합니까. 분위기에 맞추지 못했기 때문입니다. 때와 장소를 잘못 택한 탓입니다. 아이들이 지쳐 있을 때에 할, 들어야 할 말이 따로 있습니다. 저들도 피곤합니다. 그 때에 우리가 무슨 말을 할 것인가를 생각해야 합니다. 생각없이 나 나름대로, 명령투로 나가기 때문에 분노를 일으키는 것입니다. 그래서 교육이 빗나갑니다. 마음이 빗나갑니다. 또한 이해에 수준이 있고 경험에 정도가 있습니다. 소화능력에 한계가 있습니다. 그런고로 우리는 조용히 기다리면서, 인내하면서 저들을 가르쳐야 합니다. 너무 서두르고 급진적으로 하면 여기서 또 문제가 일어나는 것입니다. 요샛말로 '눈높이'를 맞추어가야 할 것입니다. 이것이 맞지 않으면 아무리 좋은 이야기를 해도 저들은 화가 납니다. 무엇보다도 더욱 우선적인 것은 사랑의 확증입니다. 사랑의 줄이 끊어지면 아무 소용 없습니다. 저 어머니가 나를 사랑한다―이것을 알면서부터 비로소 교육은 교육되는 것입니다. 아이들이 자랄 때, 어렸을 때는 나 혼자가 다인 줄로 압니다. 아버지, 어머니, 할아버지, 할머니가 다 나를 사랑합니다. 그런데 조금 있다 보니 동생이 태어나고 사랑이 그쪽으로 이동하는 것입니다. 사랑이 동생쪽으로 옮겨가는 것을 보고 아이는 하늘이 무너진 것같은 충격을 받습니다. 졸지에 어머니는 배신자가 되고 아버지가 미워집니다. 이렇게 되기 시작하면 이제 교육이 통하지 않습니다. 화가 났거든요, 지금. 사랑을 빼앗겼으니까요. 이제 이 배신자들, 그들의, 원수같은 사람들의 가르침을 그대로 받아들일 수가 없지요. 여기서 한번 삐뚤어지면 일생을 가는 것입니다. 참으로 무서운 일입니다. 심지어는 아이들이 젖뗄 때가 문제라고도 말합니다. 분명히 어머니한테 젖이 있는데 저것을 먹지 말라고 합니다. 아이는 보통고민이 아닙니다. 이 일은 누구도 설득할 수가 없는 것입니다. 아이에게는 하늘이 무너지는 것과 같은 고통입니다. 그런데 알 바 아니라고 여겨서야 되겠습니까. 여러분, 자녀 화나게 하지 마십시오. 기분나쁘게 해서는 안됩니다. 그러고서는 교육이 안통한다는 말씀입니다. 진정한 사랑은 존재를 인정하고, 믿어주고, 참아주고, 기다려주는 것입니다.

요새 크게 화제가 되고 있는 일본의 오토다케 히로타다 이야기를 아실 것입니다. 한번쯤은 꼭 이 책을 읽어보셨으면 합니다. 「오체불만족」이라는 책입니다. 이 사람은 세상에 태어날 때 선천성 사지절단 장애인으로 태어납니다. 팔다리가 없는 장애아였습니다. 성장하면서 그 팔다리는 겨우 10센티미터 남짓 자라났습니다. 이런 고구마와도 같은, 몽땅한 것으로 태어납니다. 이것을 의사가 받아놓고, 의사가 깜짝놀란 것입니다. '이걸 어떻게 하나? 어머니가 이걸 보면 아마 기절할 거다.' 그래 황달이 있어서라고 둘러대고 한 달 동안 어머니로하여금 아이를 못보게 했습니다. 한 달 후에 어머니와 아들이 첫상봉을 합니다. 기가막힌 장면을 볼 참입니다. 여러분은 어떻게 상상을 하십니까? 이 어머니는 별수없이 기절을 할 것이었습니다. 모두들 그리 준비하고 있었습니다. 그런데 놀랍게도 어머니는 그렇지 않았습니다. "어머, 귀여운 우리 아기…" 조금도 그늘 없이 아이를 사랑합니다. 자랑스럽게 여기고, 귀하게 여겼습니다. 이제 오토다케의 간증을 들어봅시다. 대학다닐 때까지 그는 자기가 장애인이라는 것을 몰랐다고 합니다. 집에서 조금도 별다르지 않게, 편안하게 키워주었기 때문입니다. '남과 다르다. 남에게 있는 것이 하나가 없다.' 그것뿐이지 내가 장애인이라고는 생각하지 못했다는 것입니다. 정신적으로는 전혀 그런 것을 느끼지 않았다는 것입니다. 부모는 그에게 모든 일을 하도록 했습니다. 심지어는 그런 팔다리로 달리기, 야구, 농구, 수영도 즐깁니다. 컴퓨터를 다루고, 붓글씨를 쓰고… 거의 못하는 것이 없습니다. 그러면서 명랑하게 자라났습니다. 이제 결과는 이렇게 나옵니다. 이 청년은 이렇게 말하고 있습니다.

'장애는 특별한 개성일 뿐이다.' 너무나도 엄청난 이야기가 아닙니까. '남과 좀 다를 뿐이지, 개성이 강할 뿐이지 별것 아니다.' 이렇게 극복하고 있습니다. 또, 특별히 그 책을 읽으면서 감동되는 대목은 여기 있습니다. '마음을 열고보면 장애인이기 때문에 친구가 더 많다.' 남이 나를 업신여긴다든가 하는 생각 하지 않고 자기존재에 대해서 충만하고 마음을 열고보니까 모두가 친구더라는 것입니다. '친구가 많다.' 얼마나 귀한 이야기입니까. 그리고 마음을 열라고 외칩니다. 또하나, 그는 할 수 있는 일은 다 하려고 했습니다. 그러나 그는 깨달았습니다. 할 수 있는 일이 있고 할 수 없는 일이 있다는 것을 알게 됩니다. 그래 그는 이렇게 말합니다. '나는 내가 할 수 있는 일을 한다. 내가 할 수 없는 일은 다른 사람이 한다. 특별히 나만이 할 수 있는 일이 있고, 나만이 해야 할 일이 있다.' '그것이 내 삶의 보람'이라고 그는 말합니다. 저는 이 책을 읽으면서 많이 생각해 봅니다. 그림에도 보면 그 얼굴이 얼마나 밝은지 모릅니다. 특별히 타고다니는 휠체어의 스위치를 눌러서 휠체어를 여느 사람의 키 만큼 올립니다. 왜 높이느냐, 하니 자기하고 나란히 걸어가는 사람과 눈높이를 맞추려 그런다고 대답합니다. 얼마나 멋진 이야기입니까. 남과 눈높이를 맞추어가며 그는 명랑하게 삽니다. 그 밝은 얼굴을 보면서 그 어머니의 얼굴을 생각해봅니다. 어머니가 밝았기 때문에 이 아들을 밝게 키울 수가 있었던 것입니다. 그는 헬렌 켈러 여사의 말을 인용합니다. 장애는 불편한 것이지 불행한 것은 아니라고. 이 어머니가 조금도 낙심하지 않고, 밝은 마음, 밝은 얼굴이었기 때문에 이 불편한 장애인 오토를 이렇게 밝은 모습으로 키워낼 수가 있었던 것입니다. 이것이 사랑이라는 것입니다.

오늘성경은 "주의 교양과 훈계로 양육하라" 말씀합니다. 교양이라는 것이 무엇입니까. 주님의 말씀, 주님께서 가르쳐주신 것을 말하는 것입니다. 내 지식으로가 아니고, 내 지혜로, 내 마음으로가 아니라, 주의 교양으로 가르치라 하는 것입니다. 제가 오래전에 읽은 책에 이런 말이 있습니다. 어떤 아이가 거짓말을 한다고 하면, "거짓말하면 못쓴다. 거짓말하면 매맞는다." 이렇게 가르칠 것이 아니라 "성경을 가져오너라. 몇 장 몇 절을 읽어라"하여 거짓말에 관한 말씀을 읽게 합니다. 그런 다음 "어떡하면 좋겠느냐?" 묻고 "거짓말하지 말아야 됩니다"하면 "그렇다. 성경이 말씀한다. 거짓말하지 마라." 이렇게 가르칠 것이라고 합니다. 내 생각으로가 아니라 성경이 말씀하는 것으로입니다. 그렇게 가르쳐놓으면 앞으로 커서도 모든 문제를 성경에서 풀게 됩니다. 성경에서 해답을 얻게 됩니다. 오직 성경진리로 가르칠 것이지 인생철학으로 가르칠 것도 아니고 내 경험으로 강요할 것도 아닙니다. 그저 주의 교양으로 가르치라, 하는 말씀입니다. 지난 주간에 미국 오클라호마에 있었던 총기난사사건, 두 고등학생이 마구 총질을 하여 40여 명의 사상자를 냈습니다. 이 엄청난 사건으로 벌컥 뒤집힌 미국에서는 두 가지를 생각합니다. 우선 총기가 문제다 하여 총기를 쓰지 않도록 하는 법을 통과시켜야 한다는 생각이고, 두 번째는 성경을 다시 가르쳐야 되겠다, 하는 것이었습니다. 일찍이, 종교는 자유인데 왜 기독교성경만 강요하느냐, 해서 공립학교에서 전통적으로 수백 년 동안 가르쳐오던 성경을, 그 과목을 폐지해버렸는데, 그때문에 오늘날 이 모양 되었다, 하고 다시 성경을 가르치도록 입법화해야 되겠다고 사방에서 부르짖는 것을 볼 수 있습니다. 여러분, 우리 마음속에 성경이 들어 있어야 합니다. 하나님의 말씀이 들어 있어야 합니다. 음악도 그렇습니다. 우리 교인 한 분이 제게 CD 한 장을 보내왔는데, 아무 곡명 소개도 없이 'Music Clinic'이라고만 표시되어 있는 것이었습니다. 이 음악을 들으면 병이 치료된다는 것입니다. 음악으로 병을 고친다는 것입니다. 그런데 그 음악은 제가 늘 듣던 아주 쉬운 클래식음악들입니다. 쇼팽, 모차르트 등의 음악입니다. 이론은 이렇습니다. 요새 '락'이라는 음악이 있고 '랩'이라는 음악이 있습니다. 그 리듬 자체가 '발광적인' 것들이 많습니다. 이제 보십시오. 동물에게도 좋은 음악을 들려주면 계란도 잘 낳고 새끼도 잘 낳습니다. 우유도 잘 냅니다. 그러나 동물에게도 '락'을 들려주면 발광을 합니다. 유산을 합니다. 아시겠습니까? 요새는 또 식물에게도 실험을 합니다. 식물도 좋은 음악을 들려주면 40%나 더 쑥쑥 자란다고 합니다. 그런데 식물도 '락'을 틀어주었더니 전부 고개를 돌려버리더라고 합니다. 이 미친 리듬이, 이 발광적인 리듬이 사람속을 뒤집어서 뛰쳐나가 범죄하게 만드는 것입니다. 모름지기 심성이 고요해져야 합니다. 음악도 조용한 음악으로 들어야 됩니다. 좋은 음악 듣고 잘못되는 사람이 없습니다. 불량아들은 하나같이 저런 미친 음악을 좋아하는 것입니다. 요새젊은 이들이 길을 가나 차를 타나 그저 워크맨이라는 것을 끼고돌아가는데 이거 많이 끼고돌아가는 아이들은 IQ가 40%나 떨어진다고 합니다. 미칩니다. 발광하는 것입니다. 공부가 안됩니다. 보십시오. 무엇을 들어야 합니까. 듣는대로 마음속에 담게 되는 것이거든요. 하나님의 말씀을 듣고, 진리를 들어서 담아야 되는 것입니다. 그래야 하나님의 역사가 이루어집니다.

또 "주의 훈계로 양육하라" 하였습니다. 주의 훈계―주의 제자

훈련을 말합니다. 예수님 자신이 먼저 실천하고 본을 보여주신 그 훈계의 맥락을 말하는 것입니다. 사랑을 보여주고 신뢰를 보여주어야 됩니다. 가치관을 보여주어야 됩니다. 여러분도 신문에서 보고 놀랐을 것입니다. 군대 안가려고 돈 좀 썼다가 발각되어가지고 보통 시끄러운 것이 아닌데, 이를테면 어느 어머니는 천만 원을 어디다가 부정하게, 비리로 주고 아들을 군대 안나가게 했다는 것입니다. 그래 이것이 탄로났습니다. 그러자 이 어머니 하는 말이 "아버지도 모릅니다. 본인도 모릅니다. 나 혼자 한 일입니다"하는 것입니다. 잘났습니다, 정말. 이따위 엄마의 그런 짓이 사랑입니까. 이것이 자식을 사랑하는 것입니까. "내가 책임을…" 무슨 책임을 져요? 남의 운명을 망치면서. 이런 알량한 짓들이 문제라니까요. 본을 보여야지요. 정당하게 사는 본을 보여야지요. 바르게 사는 본을 보여야지요. 한심한 여자라고 생각했습니다. 딴에는 스스로 똑똑하다고 생각할 것입니다. 안될 일입니다. 먼저 선행의 본을 보여주고, 진실로 사는 본을 보여주고, 봉사를 보여주고, 특별히 섬기는 본을 보여주어야 됩니다. 섬기면서 기뻐하는 그런 생활의 본을 자녀들에게 보여주어야 한다는 말씀입니다. 사랑과 믿음, 소망을 먹고사는 것이 자녀들입니다. 우리의 영혼은 하나님의 말씀을 먹고삽니다. "오직 주의 교양과 훈계로 양육하라." △

어버이의 즐거움

　내 아들아 너는 듣고 지혜를 얻어 네 마음을 정로로 인도할지니라 술을 즐겨하는 자와 고기를 탐하는 자로 더불어 사귀지 말라 술 취하고 탐식하는 자는 가난하여질 것이요 잠 자기를 즐겨하는 자는 해어진 옷을 입을 것임이니라 너 낳은 아비에게 청종하고 네 늙은 어미를 경히 여기지 말지니라 진리를 사고서 팔지 말며 지혜와 훈계와 명철도 그리할지니라 의인의 아비는 크게 즐거울 것이요 지혜로운 자식을 낳은 자는 그를 인하여 즐거울 것이니라 네 부모를 즐겁게 하며 너 낳은 어미를 기쁘게 하라 내 아들아 네 마음을 내게 주며 네 눈으로 내 길을 즐거워할지어다
(잠언 23 : 19 - 26)

어버이의 즐거움

　몇해전에 신문에 기고되었던 내용입니다. 한 아버지의 고백입니다. 스물아홉 살에 그는 열네 시간을 기다려서 자식의 울음소리를 들었다고 말합니다. 그 부인이 산실에 들어가서 산고를 치르고 있을 때 그는 문밖에서 무려 열네 시간을 기다렸습니다. 초조하게 기다려서 아기울음소리를 들을 수 있었다, 그리고 그 기쁨을 잊을 수가 없다, 하는 것입니다. 그리고 서른일곱 살에 그 자식이 초등학교에 들어갈 때, 들어가서 우등상장을 타왔을 때 그것을 액자에 넣어 방에 걸어놓고 쳐다볼 때마다 그는 말할수없이 행복하였습니다. 그 상장이 누렇게 바래질 때까지. 마흔여덟 살에 자식이 대학입학시험을 치를 때 이 아버지는 직장에 나가기는 했지만 하루종일 일이 손에 잡히지 않았습니다. 그저 가슴이 울렁거리고 초조했습니다. 생애에 가장 초조했던 시간으로 기억된다, 하는 얘기입니다. 쉰세 살에 자식이 첫월급을 타서 아버지 내의를 하나 사왔을 때, 쓸데없는 데 돈을 썼다고 일단 나무랐지마는 밤이 늦도록 그 내의를 입어보고 또 입어보고 만져보면서 행복해했다고 그는 말합니다. 예순한 살에 딸이 시집을 가는 날이었습니다. 딸은 도둑놈같이 생긴 사위얼굴을 쳐다보면서 함박웃음을 짓고 있는데 나는 멀찍이 서서 나이들었지마는 처음으로 눈시울이 뜨거워오는 것을 느꼈다—아버지마음입니다. 그저 부모에게는 자식이 잘되기만을 바라는 간절한 마음 있습니다. 그래서 부모님은 귀한 것입니다. 유명한 기독교인인 맥아더장군의 「아들을 위한 기도」라고 하는 기도문이 있습니다. 제가 이 시간에 그 기도문을 다 소개하지는 않겠습니다마는 'A Father's Prayer by MacArthur'

의 첫마디는 "Build me a son…" 이렇게 시작됩니다. '내게 이런 아들을 주십시오.' 이렇게 시작된 긴 기도문의 맨마지막말이 특히 인상적입니다. '그리하여 나, 그의 아버지는 '내가 세상을 헛되이 살지 아니하였다' 라고 속삭이게 하여 주십시오' — Then I, his father, will dare to whisper, 'I have not lived in vain.' 아주 유명한 기도문입니다. 나는 늘 이 말을 기억하게 됩니다. 그리하여 나로 '한 생을 헛되이 살지 아니하였다' 라고 말할 수 있게 해주십시오— 보람과 의미가 바로 그 자식으로 이어지기 때문에, 어쩌면 이것만이 남는 일이기 때문에, 그가 세계를 위하여 위대한 일을 많이 했지마는 그것은 그렇고, 내 자식이 훌륭한 사람 되는 것을 봄으로 나는 세상을 헛되이 살지 않았다고, 그렇게 생각할 수 있게 해달라고 하나님 앞에 기도하고 있습니다. 이것이 바로 어버이의 마음입니다.

　한국사람은 역시 한국사람이기에 한국적 효의 개념을 가지고 있습니다. 이것 또한 중요한 것입니다. 다분히 유교적 사상을 배경으로해서 거기에 젖어왔으니 그 속에서 가지는 생각입니다마는 여기서 소위 한국적 효가 무엇인지 한번 정리해봅시다. 한국사람으로서 우리문화 속에서 생각하는 효도, 그 첫째는 부모님을 장수하도록 모시는 것입니다. 이유야 어쨌든 사람이 죽고 사는 것이 어찌 자식에게 달려 있겠습니까마는 부모가 일찍 세상을 떠나게되면 그것은 자식 탓이요, 그래서 자식은 죄인이 됩니다. 내가 잘못 모셨고, 내가 속을 썩여드렸고 내가 어찌했고… 그래서 장례식에 가보면 제일 많이 우는 자식이 불효자입니다. 나때문에 돌아가셨다고 가슴을 치는 것입니다. 상복(喪服)이라고 하는 것이 워낙 죄인의 옷입니다. 그러니까 부모님을 오래 살도록 모셔야 효자이지 어쨌든 일찍 돌아가셨다면 자녀는 용서받을 수 없는 죄인이 됩니다. 이것이 바로 한국사람이 가지는 효의 기본개념입니다. 두 번째는 편안하게 모시는 것입니다. 먹는 것, 마시는 것, 입는 것, 거처하는 곳은 물론 특별히 마음을 평안하게 모셔야 됩니다. 그런데 이제는 부모들이 자식들의 눈치를 본다고들 합니다. 그래서 나이많은 어른들이 자식들 앞에서 보여주고 싶지 않은 것, 하고 싶지 않은 것이 있습니다. 하고 싶지 않은 말이 세 가지가 있습니다. 첫째, 어떤 일이 있어도 아프다고는 말하고 싶지 않습니다. 제발 안아팠으면 좋겠는데 자꾸 아프거든요. 아프다고 하면 자녀들이 귀찮을까봐, 자녀들이 걱정할까봐, 자식을 괴롭힐까봐 아프다는 말 하는 것이 그렇게도 싫다는 것입니다. 어떻게든지 아프다는 말 안하고 싶다—이것이 부모의 마음입니다. 둘째, 외롭다는 말을 하고 싶지 않습니다. 그래서는 안된다고 생각합니다. 그러나 사실은 외롭습니다. 자식이 아무리 많아도 외로운 것은 외로운 것입니다. 그러나 내가 외롭다고 하면 저들이 나를 잘못모셔서 외롭다고 하는 줄로 알까봐 그 말을 하고 싶지 않은 것입니다. 외롭지마는 외롭다고 못하는 것이 부모의 마음입니다. 셋째, 배고프다는 말을 할 수가 없습니다. 어느 때 좀 궁진해서 뭘 잡숫고 싶어도 혹이라도 귀찮게 여기지나 않을까해서 배고프다는 말도 마음대로 할 수가 없다—이렇게 세 가지가 하고 싶지 않은 말이요 조심스러운 말이라고 합니다. 이것이 부모님입니다. 이제 이 분의 마음 속에 슬픔을, 고통을 드리는 것은 불효인 것입니다. 또 한국적 효도의 세 번째 개념은 가문을 소중히 여기는 것입니다. 대를 이어가는 것이 효도입니다. 오늘날 세계적으로 문제되는 것이 비혼(非婚)이요 불임입니다. 얼마전에는 로마가톨릭교황까지도 나서서 제발 자식들 낳으라고 사정을 하더구만요. 자꾸 인구가 줄어드니까요. 이것은 망조입니다. 효도요? 누구든 좌우간 시집 장가 안갔으면 불효입니다. 부모님을 마음아프게 했으니까요. 또 시집 장가 갔으면 자식을 낳아야 됩니다. 어찌되어 못낳는 것은 할수없다쳐도 안낳는 것은 무조건 불효입니다. 그런 줄이나 알고 사십시오. 그런데 이것이 문제입니다. 부모님의 마음은 그저 이유불문입니다. 자기가 한평생 고생했어도 그저 행복한 가정을 이루고 아들딸 낳고 그 손자 손녀를 품에 안겨드리는 것, 이보다 더 큰 효도는 없습니다. 자식이 결혼 생각 없이 무슨 공부 많이 해가지고 큰일 하겠다며 밖으로 나도는 것, 부모 마음에는 반갑지 않습니다. 때 되면 장가 시집 가서 자식을 낳는 것, 이것이 한국적 효입니다. 또하나, 가문의 명예를 소중히 여기는 것이 효입니다. 옛날에는 과거를 보는 일이 있었지요. 가서 과거에 급제하면 효자였습니다. 허구헌날 낙방만 하면 불효자였습니다. 아무리 돈을 많이 벌어도 안됩니다. 가문의 명예를 높여야 되는 것입니다. 오늘도 보면 자식들이 공부를 잘하거나 하면 그 아버지 어머니는 그것 자랑하고 싶어서 그저 실례가 안될 정도로 돌아다니면서 우리아들이 공부… 어디 가서 뭘… 그러지 않습니까. 그러니 이것이 효도라는 것입니다. 그런데 "제 아들이요, 삼수(三修)했는데 이번에도 두고봐야 알겠어요." 이렇게되면 그 자식은 불효자식인 것입니다. 가문의 명예를 높이는 것이, 그것이 바로 효도입니다. 이렇게 네 가지 개념으로 집약할 수가 있습니다.

 그런데 오늘성경은 부모님을 즐겁게 하라, 기쁘게 하라고 말씀합니다. 그리고 나 자신이 부모님의 길을 즐거워하라고 말씀합니다 (26절). 역시 기쁘게 해드리는 것이 효도일 것입니다. 웃지못할 이야기가 있습니다. 조선시대에 어느 임금님이 서울을 떠나 개성으로 거둥을 하게 되었습니다. 온 방(坊)에 방을 붙이고 소문이 났습니다. 오랫동안 병석에 누워 있는 어느 나이많은 어머니가 이 소문을 듣고 아들에게 부탁을 합니다. "내가 이 나라의 백성이 되어 아직 한 번도 나랏님의 용안을 뵙지 못했다. 내 죽기 전에 그 용안을 멀리서라도 좀 뵙고 싶구나. 그게 내 마지막 소원이다." 그래서 이 아들은 임금님이 오시는 그 날을 기다렸다가 어머니를 업고 오십 리 길을 가서 길가에 섰습니다. 그래서 임금님이 지나갈 때에 어머니가 잘 보시도록 해드렸습니다. 임금님은 멀리서 이들의 모습을 눈여겨보았습니다. 그리고 서울로 다시 돌아온 다음에 "그때 늙은 어미를 업고 있던 그 사람 좀 불러들여라" 했습니다. 불러들인 다음에 자초지종 이야기를 듣고나서 "너는 효자다" 하고 금 백 냥과 쌀 한 섬을 그 아들에게 상으로 내렸습니다. 불효자 한 사람이 이 소문을 듣고 욕심이 동하여 제 어머니가 원치 않는다는데도 억지로 업고 나가 길가에 서서 왕을 뵈었습니다. 왕은 그 역시 불러서 금 백 냥을 상으로 내렸습니다. 신하들이 임금에게 말했습니다. "임금님이여, 그놈은 천하에 몹쓸 불효자라고 합니다. 그놈은 효도를 한 것이 아니라 남이 그렇게 해서 돈받았다는 소문을 듣고 저도 상받으려고 제 어미를 억지로 업고 나온 것이라 합니다. 그런고로 상을 줄 것이 아니라 벌을 주어야 마땅하겠습니다." 그런데 임금님 하시는 말씀이 "효도는 흉내만 내어도 좋은 것이다. 그러니 상을 주라" 하는 것이었습니다. 결국은 이 불효자도 그 뒤에 뉘우치고 정말 효자가 되었다고 합니다. 괜찮은 이야기 아닙니까. 여러분, 효도는 흉내만 내어도 괜찮은 것입니다.

오늘성경은 부모라는 존재의 가치를 인정하라고 말씀합니다. 존재의 가치를, 그의 지혜, 그의 경험, 그의 사랑, 그리고 그 깊은 잔소리 속에, 그 많은 잔소리 속에 중요한 교훈이 있음을 인정하라는 것입니다. 부모는 구제의 대상이 아닙니다. 측은히 여기든가 불쌍히 여기는 마음은 효가 아닙니다. 부모는 공경하는 대상입니다. 존경이 없는 사랑은 결코 효도일 수가 없습니다. 물론 귀찮게 여겨서도 안 됩니다. 일본 동경에서 있은 한 국제심포지움에서 이런 통계가 나왔습니다. 거동이 어렵게 된 부모를 어떻게 하면 좋으냐—초등학교 5학년생들을 상대로 조사를 해보았는데 결과가 이렇게 나옵니다. '양로원에 보내야 된다'—이렇게 답한 것은 일본이 24%, 영국이 25%, 미국이 19%, 중국이 9%, 한국은 0.4%였습니다. 한국, 소망이 있습니다. 거동하기 어려운 부모는 양로원으로 보내라—이것이 일반적으로 25%입니다마는 한국만은 아직도 0.4%입니다. 그래도 한국은 아직도 효에 관한 한 모범국가입니다. 그래서는 안된다고 생각합니다. 이것을 잊지 말아야 합니다. 때때로 우리는 오래 살겠다고 보약을 먹고 운동을 하고 기를 씁니다마는 그러나 여러분, 잊지 마십시오. 성경은 오래 사는 비결로 오직 하나를 가르쳐줍니다. 바로, 효도하라 하였습니다. "네 아버지와 어머니를 공경하라… 이는 네가 잘되고 땅에서 장수하리라(엡 6:2,3)." 부모 박대하면서 오래 살기를 바라지 마십시오. 그것은 비성서적입니다. 사업에 성공하겠다고 몸부림을 칩니까? 부모님 마음 슬프게 하면서 사업 잘되리라고 기대하지 마십시오. 저는 40년 목회하면서 수없이 보아왔습니다. 오래 사는 집, 거기에는 나이많은 어머니가 계십니다. 아주 성공한 사람은 비록 잘못도 많지마는 그분은 효자입니다. 이것은 확실합니다. 여러분, 불효하면서 잘되고, 불효하면서 건강하고, 불효하면서 오래 살고… 기대하지 마십시오. 효가 장수와 형통의 철저한 비결입니다. "약속 있는 첫 계명"입니다(엡 6:2). 제가 뉴욕에 갔을 때 잘 아는 친구 한 분을 오랜만에 방문했었습니다. 그 집에는 나이많은 어머니가 계십니다. 그분 서울에 있을 때 제가 그 어머니를 가까이 지냈거든요. 서로 잘 아는 터수입니다. 그 집에 들어서자마자 그 어머니를 찾았습니다. "어머니는 어디 계신가?" 저 골방에 계신데 뵙지 말라고 합니다. 냄새나고 해서… 이렇게 말합니다. 제가 거기서 이야기를 나누고 있는 동안에 그 어머니는 내가 보고 싶어서 자꾸 문을 엽니다. 그때마다 친구는 "어머니 가만히 계십시오"하고 문을 꽝 닫아 버립니다. 나는 참고 볼 수가 없었습니다. "무슨 짓이야!" 친구를 꾸짖었습니다. 웬만하면 분위기를 생각해서 그냥 있으려고 했는데 안 되겠어요. 문을 열고 들어가서 그 어머니를 뵀었습니다. 그 어머니, 얼마나 슬피 우는지요. 내가 곽목사님 온다는 말을 듣고 뵙고 싶었는데 아이들이 못만나게 했다고 말하면서 우는 것이었습니다. 여러분, 이렇게 부모님을 업신여겨도 되는 것입니까. 어머니의 마음을 어떻게 할 작정인지요. 구제대상이 아닙니다. 불쌍히 여기지 마십시오. 높이 존경하고 그 지혜와 경험과 그 거룩한 본을 우리가 존중해야 됩니다. 어떤 사람은 논문에서 이스라엘나라가 강한 이유는 오직 하나, 부모를 공경하기 때문이라고 썼습니다. 그리고 전승을 중요하게 여겨서 무슨 말 하다가도 "이것은 조상 적부터 내려오는 전승이요, tradition"이라 말하면 꼼짝못합니다. 그렇기 때문에 강하고 그렇기 때문에 지혜롭다는 것입니다.

또한 오늘성경은 말씀합니다. 효할 수 있는 길은 의인이 되는 것이라고요. 의롭게 살아야 됩니다. 부모님의 마음이라는 것은 깊은 도덕성을 지니고 있습니다. 높은 도덕입니다. 그들이 잔소리가 많고 그들이 간섭이 많은 것도 사실은 다 그 깊은 곳에 심리적 이유가 있습니다. "나는 선하지 못했다, 그러나 너는 선하라. 나는 공부를 열심히 못했다, 너만은 좀 열심히 해다오." 보상적 심리가 있습니다. 또, 나는 의롭지 못했다, 그러나 너는 의로워야 한다는 것입니다. 그래서 부모님의 마음은 언제나 선한 것입니다. 이것을 알아야 합니다. 잔소리도 많고 어느 면에서 조금은 지나칠 때도 있습니다. 말씀은 다 안하고 있지마는 그런 후회가 많습니다. 과거를 후회하는 바가 있기 때문에 "나는 이랬다마는 너는 제발 이래다오" 하는 것이 부모님의 마음입니다. 그런고로 효의 지름길은 내가 의롭게 사는 것에 있다는 것입니다. 부모님의 마음을 보상해드려야 하니까요. 또하나, 지혜로운 자가 되어야 한다고 성경말씀은 증거하고 있습니다. 20절로부터 보면 술을 즐겨하는 자와 고기를 탐하는 자로 더불어 사귀지 말라, 게으른 자와 사귀지 말라, 단정히 행하고 지혜로운 자가 되라, 합니다. 그리고 부모님의 말씀을 귀기울여 듣는 지혜를 가져야 됩니다. 청종하는 지혜입니다. 어떤 의미에서는 예수를 잘믿는 것, 그리스도인으로 성실하게 사는 것이 효라고 저는 생각합니다. 부모님의 소원은 자식이 오래 사는 것입니다. 그런고로 신앙생활 잘해서 영생의 기업을 얻으면 부모님의 소원을 들어드리는 것이 됩니다. 우리가 지혜롭게 살아서 모든 일에 실수없이 행하면 부모님께 직접적으로 효도하는 일이 된다는 말씀입니다.

오늘성경이 증거하는 또 한 가지는 "내(부모의) 길을 즐거워할지어다" 하는 교훈입니다. 부모님을 기쁘게 해드리는 길은 부모님의 길, 그의 선택, 그의 철학, 그의 이상, 그의 살아온 생을 내가 기뻐해야 됩니다. 이것을 잊지 말아야 합니다. 부모님은 마음속에 지금 무엇인가 잘못살았다고 하는 그런 후회가 있습니다마는 자식을 통하여 "아닙니다. 부모님은 잘살았습니다. 성공적으로 살았습니다. 훌륭하게 살았습니다"하는 말 듣기를 바라고 있는 것입니다. 뭐 그따위로 살았느냐가 아니라 훌륭하게 살았다고 하는 말을 듣고 싶은 것입니다. 이것을 알아야 합니다. 아브라함 링컨의 아버지는 구두 수선하는 사람이었습니다. 아브라함 링컨 자신도 초등학교 좀 다니다 말 정도였습니다. 학문이 없는 이 사람이 대통령이 되었습니다. 그러니까 고고하고 유식하고 지체높은 사람들이 아브라함 링컨을 헐뜯고듭니다. 반대파에서 끝까지 괴롭히는 것입니다. 대통령이 되고 처음으로 상원에 나아가 연설을 할 때 어느 국회의원이 공박했습니다. "당신같이 무식한 사람을 대통령으로 모시게 된 것이 우리의 다시없는 불행이오." 이런 모욕을 주는가하면 "구두 수선하는 그런 사람의 아들, 그런 천한 사람의 아들을 우리가 대통령으로 모시게 됐군"하면서 구두를 벗어 들고는 "이 구두도 당신아버지가 만들어준 것이오."라고 소리칩니다. 그러나 링컨 대통령은 태연하게 "대단히 감사합니다. 오랫동안 잊고 있었던 아버지를 모처럼 기억나게 해주시니 감사합니다. 저는 아버지를 자랑스럽게 생각합니다. 우리아버지는 직업에 충실했습니다. 구두를 잘 만드시는 분이었습니다. 내가 어깨너머로 배운 바가 있으니 당신의 구두가 탈나거든 나한테 가져오시오. 내가 기꺼이 수선해드리겠습니다." 이렇게 응수했습니다. 내 아버지는 구두 수선하는 사람입니다—떳떳하게 자랑을 합니다. 이것이 효도라고 하는 것입니다. "내 아버지는 머슴이었습니다. 나는 그 머슴의 아들입니다." 이렇게 자랑할 수 있어야 됩니다. 아버지의 직업,

아버지의 선택, 아버지의 삶, 어머니의 살아온 생에 대하여 "잘하셨습니다. 훌륭하셨습니다. 그 하시던 일을 나는 우러러봅니다. 나는 거기에 미치지 못합니다. 그리하려고 애쓰고 있습니다." 이것이 효도입니다. 부모님으로하여금 살아온 생에 대하여 후회하게 만들어서는 안되는 것입니다. 자랑할 수 있도록 부끄러운 일생을 자식이 보상해주어야 됩니다. 이보다 더 큰 효도는 없습니다.

여러분, 효가 복 그 자체입니다. 효가 있는 가정이 복됩니다. 효가 복의 근본입니다. 효자가 효자를 낳습니다. 여러분, 자녀교육을 바로 하고 싶습니까? 효도하십시오. 그러면 내버려두어도 자녀들은 저절로 훌륭히 자라게 될 것입니다. 부모의 마음을 아프게 하면서 내 자식 잘되기를 바라지 마십시오. 그런 일은 없습니다. 모름지기 부모님을 즐겁게 해드립시다. 효는 문화의 유산이 아닙니다. 효는 단순히 이 나라의 도덕에만 그치는 것이 아닙니다. 이것은 성경적 진리요 하나님의 뜻입니다. 세상이 아무리 변한다해도 이 크나큰 원리와 진리는 변하지 않습니다. △

성령이 증거하는 바

그러므로 형제들아 우리가 빚진 자로되 육신에게
져서 육신대로 살 것이 아니니라 너희가 육신대로 살
면 반드시 죽을 것이로되 영으로써 몸의 행실을 죽이
면 살리니 무릇 하나님의 영으로 인도함을 받는 그들
은 곧 하나님의 아들이라 너희는 다시 무서워하는 종
의 영을 받지 아니하였고 양자의 영을 받았으므로 아
바 아버지라 부르짖느니라 성령이 친히 우리 영으로
더불어 우리가 하나님의 자녀인 것을 증거하시나니
자녀이면 또한 후사 곧 하나님의 후사요 그리스도와
함께한 후사니 우리가 그와 함께 영광을 받기 위하여
고난도 함께 받아야 될 것이니라

(로마서 8 : 12 - 17)

성령이 증거하는 바

새끼호랑이가 어미호랑이하고 놀고 싶어서 어미 등에 업히기도 하고 어미 목을 끌어안기도 하며 여러 모양으로 장난을 치고 있었습니다. 어미호랑이가 귀찮게 여겨서 물리치려고 해도 끝내 말을 듣지 않습니다. 마지막에 크게 으르렁대면서 새끼의 목덜미를 물려고 하니까 이 때 새끼호랑이가 겁을 먹고 물러서면서 하는 말이 "나 호랑이새끼 맞아?"하는 것이었습니다. 어미가 말합니다. "그럼. 너는 내가 낳았지. 그러니까 너는 호랑이다." 새끼는 또 물어보았습니다. "나, 어미호랑이의 새끼 맞아?" 이렇게 보채니까 어미호랑이는 성가신 나머지 "야, 이 개새끼야!"하고 맙니다. 졸지에 새끼호랑이는 그만 강아지가 되어버리고 덩달아 어미호랑이 역시 개가 되고 말았습니다.

무릇 정체감에 문제가 있습니다. 내가 누구입니까. 여러분은 스스로를 누구라고 생각하십니까? 많은 사람들이 우울증에 시달리고 있습니다. 나됨의 정체, 사람됨의 정체, 하나님의 자녀 됨의 정체를 잃어버릴 때 그런 문제가 발생하는 것입니다. George H. Bush라고 하는 미국의 전 대통령을 아실 것입니다. 그가 대통령 현직으로 있을 때 한번은 한적한 시골의 초등학교를 방문했습니다. 그는 거기서 큰 곤욕을 치렀다고 합니다. 초등학교 1학년학생인 앤서니 핸더슨이라고 하는 꼬마가 부시 대통령 보고 당돌하게도 "할아버지, 할아버지 대통령 맞습니까? 증명해보십시오"라고 말한 것입니다. 부시가 난처하게 되었습니다. '대통령증명서'라는 것은 없거든요. 부시는 궁색해져서 얼결에 driver's license 곧 운전면허증을 떡 내보였습니다.

미국사람들에게는 그것이 제일 큰 증명서이거든요. 꼬마는 반박합니다. "여기에 '대통령'이라고 씌어 있지 않잖아요?" 크레딧 카드를 내보여도 꼬마는 물러서지 않습니다. "여기에도 대통령이라고 씌어 있는 것이 없잖아요?" 대통령 맞느냐―어린아이의 말에 대통령은 뭐라고 대답할 길이 없습니다. 쩔쩔매고 있다가 밖으로 나갔습니다. 대통령이 운동장에 나서니 까만 선글라스를 낀 우람한 몸집의 경호원들이 좍 모여들고, 그들의 경호를 받으면서 부시 대통령은 커다란 리무진자동차에 올라탔습니다. 이 광경을 지켜보더니 그 꼬마는 그제야 "와, 진짜다!"하고 소리치더라는 것입니다. 여러분이 하나님의 자녀 된 증거는 무엇입니까? 도대체 무엇을 보고 하나님의 자녀임을 인정하라는 것입니까. 머리끝에서 발끝까지, 행동을 보나 생각하는 것을 보나 하나도 하나님 닮은 데가 없습니다. 하는 짓들이 믿음이란 조금도 없습니다. 이러고 내가 하나님의 자녀라고요? 만일에 하나님께서 정말 살아계시다면 당신들이 살아 있기 어렵습니다. 그렇게 행동하고도 하나님의 자녀라고? 염치도 없습니다. 도대체 하나님의 자녀 됨이 무엇입니까. 스스로 자기가 자기를 증거하지는 못합니다. 증거가 있어야 됩니다. 누군가가 증거해주어야 됩니다. 무엇을 통해서 내가 하나님의 자녀라고 하는 것입니까. 실적을, 성과를, 열매를 보여야 됩니다.

그리스도의 영이 없으면 그리스도의 사람이 아니라고 오늘본문 앞의 9절에 명백하게 말씀합니다. 또 그리스도의 영으로 인도함을 받는 그들이 곧 하나님의 아들이라고 합니다. 이 두 가지, 확실하게 말씀합니다. 미국에 유학을 가 있는 젊은 목사(이름은 대지 않겠습니다) 한 사람이 있었습니다. 그의 친구들이 같이 지내면서 이 사람을 가만히 보니 좀 시원치않아서 "당신 예수믿습니까?"하고 물었습니다. 이 사람 대답하기를 "우리아버지가 신학대학 총장인데…" 저쪽에서 다시 물어봅니다. "당신아버지 신학대학 총장인 것이 당신하고 무슨 상관이오?" 이 사람이 또 심각한 대답을 합니다. "나 목사요." "당신 직업이 목사라는 것과 당신 예수믿는 것이 무슨 상관이오?" 대단히 심각한 이야기입니다. 여러분이 받은 직분이 무슨 의미가 있는 것입니까. 그리스도의 영으로 인도함을 받을 때 그리스도인이요, 그리스도의 영이 그 속에 있을 때 비로소 하나님의 자녀인 것입니다. 철학자 루소는 인간을 개탄하며 탄식하듯 이렇게 설명한 적이 있습니다. 보통사람들이란 십 대는 과자에 움직이고, 이십 대는 연인에 움직이고, 삼십 대는 쾌락에 움직이고, 사십 대는 야심에 움직이고, 오십 대는 탐욕에 움직인다, 하였습니다. 오십 대가 넘어서기 시작하면 명예에 욕심을 가진다, 하였습니다. 때때로 보면 면의원이 되겠다고 재산 다 털어넣는 사람이 있습니다. 도의원 한번 하겠다고 하다가 패가망신 하는 사람도 있습니다. 이 명예, 하찮은 명예, 여기에다 목숨을 겁니다. 하찮은 일에, 정말 시원치않은 일에 목숨을 걸고 인생 다 망쳐버리는 불쌍한 사람들이 얼마나 많은지 모릅니다. 왜 이러는 것입니까. 왜 인간이 고작 요것밖에 못되느냐 그 말씀입니다. 이것이 루소가 개탄한 부분입니다. 여러분, 그리스도인이란 성령의 인도함을 받는 사람이요, 그리스도의 마음으로 가득한 사람이요, 남이야 뭐라고 말하든 그 얼굴은 그리스도의 영광으로 충만한 사람입니다. 그리스도의 영이 있어서 그리스도인입니다.

로마서 7장 19절 이하에 보면 사도 바울은 많이 고민합니다. "내가 원하는 바 선은 하지 아니하고 도리어 원치 아니하는 바 악은 행하는도다… 내 지체 속에서 한 다른 법이 내 마음의 법과 싸워 내 지체 속에 있는 죄의 법 아래로 나를 사로잡아 오는 것을 보는도다 오호라 나는 곤고한 사람이로다 이 사망의 몸에서 누가 나를 건져내랴." 자기자신을 객관시하고 자기정체를 똑바로 보고 있는 것을 볼 수 있습니다. 이제 그는 이 문제에 대해서 결론을 내립니다. '오직 성령이 나를 자유케 하시는 것이다.' 그리스도의 영이 모든 죄와 율법으로부터 나를 자유케 합니다. 이것은 지식의 문제가 아니요, 의지의 문제가 아닙니다. 영적인 문제입니다. 신비롭게, 영이 우리를 인도합니다. 성령의 인도함을 받을 때, 그로 인해서 성령 안에서 자기정체감을 확인하게 될 때 그가 그리스도인이라는 말씀입니다. 우리교회에서 장로로 시무하다가 세상을 떠난 어느 장로님, 임종직전에 제가 만났을 때, 그는 무릎을 꿇고 회개의 기도를 하고 있었습니다. "뭘 하고 있는 겁니까?" "회개하고 있습니다. 일생동안 지은 죄를 다 회개하고 있습니다. 그런데 여기에 고민이 있습니다." "무슨?" "회개의 기도를 하지 못하겠습니다. 아무 때에 내가 그리한 것은 내 잘못입니다, 내가 잘못한 것이었습니다, 하고 회개하고들면 그 즉시로 옆에서 음성이 들려옵니다. '그때도 내가 너를 사랑했다.' 회개하려고들면 그때마다 나를 사랑하셨다고 말씀하시는 음성이 들리는 것입니다. 그래서 나는 감사의 기도 말고는 아무 할말이 없는 것입니다." 그래 제가 말했습니다. "장로님 참 예수 잘믿습니다." 여러분, 회개하고 뉘우치고 가슴을 치고… 이때문에 우울증에 걸려 죽어가도 그것은 회개가 아닙니다. 그리스도의 영이 우리 가운데 있어서 나는 죄인임에도 불구하고 하나님의 자녀 됨을 확인하고, 내가 잘못한 것이 분명한데도 그 위에 더 크고 놀라운 하나님의 은총이 함께하였음을 깨달으면서 "주여 감사합니다"하고 그리스도의 영에 끌려가고 있을 때, 그 인도함을 받을 때 바로 이것이 그리스도인입니다. 이것은 율법의 문제가 아닙니다. 내 몸은 밝은 이성의 지배를 받고 내 이성은 영의 지배를 받고 내 영혼은 그리스도의 영에 인도함을 받을 때, 그가 바로 그리스도인입니다. 존 번연이 지은「천로역정」이라고 하는 유명한 책이 있지요. 이 책을 가리켜 성경 다음가는 책이라고까지 극찬하는 사람들도 있습니다. 모름지기 우리 모두가 이 책을 한 번쯤은 다 읽은 줄 압니다. 거기에 보면 그리스도인이 순례의 길을 떠납니다. 하늘나라를 향해서 멀리 여행을 떠나는데, 그 어느 곳에 가서 한 방에 들어가보았더니 그 방에서 누가 청소를 합니다. 비로 먼지를 열심히열심히 쓰니까 먼지가 일어나가지고 눈앞이 보이지 않을 정도로 뽀얗습니다. 쓸려고 하면 할수록 더욱더 방이 어지러워지고 더러워지는 것을 보았습니다. 이제 인도자에게 묻습니다. "이게 무슨 뜻입니까?" "저것이 율법이니라. 바르게 해보려고 애쓰고 또 애쓰고 노력하면 할수록 점점 더 죄가 많아지고 점점 더 어지러워지느니라." 바로 옆방을 들어가보니 거기에도 먼지는 똑같이 많은데 물을 좍 뿌리고나서 청소를 하니까 깨끗하게 청소가 됩니다. "이건 무슨 뜻입니까?" "이것은 성령이니라. 이것은 은혜의 역사니라." 여러분, 내 노력으로 바로 해보려고, 큰일 해보려고 몸부림치고 애써보십시오. 점점 더 먼지만 일어납니다. 점점 더 형편없는 인간이 되어가는 것을 여러분이 체험할 것입니다. 오직 은혜, 오직 성령의 역사 안에서만 깨끗하게 모든 율법과 죄와 허무함과 불의함으로부터 자유할 수 있는 것입니다.

오늘본문은 분명히 또 "양자의 영(15절)"이라는 말씀을 합니다.

이것은 친아들이 아닙니다. 잘못된 자녀이지마는 이제 양자가 되었다, 두려워하는 종의 영을 받지 아니하고, 양자의 영을 받았느니라 — 우리 마음 속에 양자의 영이 있다는 것입니다. 양자됨이 이루어졌다는 것입니다. 그것은 자유의 영입니다. 본질적으로 하나님의 선택 속에서 이루어지는 것입니다. 양자라고 하면 이전에 내가 속했던 그 가정의 모든 문제와 내가 무관합니다. 신분과도 무관합니다. 옛날에 내가 종의 노예생활을 했다 하더라도 오늘 내가 귀족에게 양자되었으면 나는 이제 귀족입니다. 양자된 그날부터 귀족입니다. 이것이 양자라는 것입니다. 또한 옛집에서의 모든 책임과 또 그 부채로부터 무관합니다. 옛날에는 부채는 꼭 갚아야 되는 것이었습니다. 요새 보니 뭐 감옥에 가서 몇달 살다 나오면 다 끝난다고 합디다마는 옛날에는 그렇지를 못했습니다. 한번 빚을 졌으면 갚아야 됩니다. 죽을 때까지 갚아야 됩니다. 못갚으면 자식이 갚아야 됩니다. 자식이 노예로 팔려가요, 돈이 없으면. 몸으로라도 때워야 됩니다. 이내도 팔려가는 것입니다. 이렇게 빚이 무서웠습니다. 그런데 이제 문제는 이것입니다. 내 본집이 지금 엄청난 빚더미에 앉아서 나는 꼭 노예로 팔려갈 수밖에 없는 존재입니다. 그러나 그 누군가가 와서 나를 다른 집으로 양자로 데려가면 나는 그 모든 책임으로부터 벗어납니다. 이것 기가막힌 일입니다. 그래서 오늘성경은 '우리는 다같이 빚진 자' 라고 말씀하는 것입니다. 그런데 우리가 양자의 영을 받음으로 그 모든 옛빚으로부터, 죄의 빚으로부터 자유하였다, 하는 말씀입니다. 그리고 이제 양자된 이 집의 모든 신분을 내가 그대로 일시에 물려받는 것입니다. 유산도 물려받고 신분도 물려받습니다. 역사에 보면 클라우디우스라고 하는 로마황제에게 네로라고 하는 아들이 있습니다. 네로는 원래 노예의 자식인데 클라우디우스 황제의 양자가 되어서 대로마제국의 황제가 됩니다. 이와같이, 어느 집의 양자가 되면 바로 그 순간 그 집의 모든 권리를 물려받고 뿐만아니라 그 신분까지 그 명예까지 다 물려받는 것입니다. 이것이 양자입니다. 그런데 우리에게는 문제가 좀 있습니다. 외국에는 양자법이 많습니다. 중국에도 그렇고 서양에는 더더욱 그런데, 우리네는 참 문제가 많습니다. 아이들을 외국에까지 팔아먹고… 이렇게 되어서 부끄러움을 사고 있지 않습니까. 우리네 자녀들을 우리네가 양자하여야 되겠는데 이것이 잘 안되고 있습니다. 보십시오. 핏줄에 대한 고정관념이 문제입니다. 외국사람이 핏덩이를 양자해 데려다가 잘 키워놓았더니 이번에는 그것이 또 친부모를 찾겠다고 한국까지 옵니다. 이것이 망조라는 것입니다. 얼마나 슬픈 이야기입니까. 양부모는 그 양자와 친부모의 상봉을 알선해주기도 합디다마는 왜 이러해야 되느냐, 하는 것입니다. 낳자마자 단 한 번도, 젖 한번 먹여 보지 않은 어머니를 왜 어머니라 불러야 됩니까. 유교적 고정관념인 것입니다. 양자되었으면 이제는 그 집, 엄연히 그 집 자녀입니다. 그 도리를 다 해야지 이제와서 뭐 20년 30년 전 핏줄기를 찾겠다고 몸부림치고 또 만났다고 울고불고… 세계사람들이 이 꼴을 보고 참 웃긴다고들 합니다. 부끄러운 일입니다. 양자되었으면 이전것은 잊어버려야 합니다. 오늘의 내 신분만이, 이것이 나에게 주어진 신분인 것입니다. 이것을 알아야 합니다.

하나님의 양자 됨, 이것은 하나님의 절대적 선택권에서 이루어지는 것입니다. 자, 양자할 때, 양자해놓고 키워보아서 쓸만하면 호적에 올리는 것입니까. 그렇지 않습니다. 핏덩이든 몇살바기든 일단 먼저 딱 호적에 올려놓고 양자를 만든 다음에, 그 다음에 양자로 키워가는 것입니다. 이것이 양자입니다. 우리가 하나님의 자녀 되는 데는 우리의 자격이나 우리의 수준이나 우리의 어떤 도덕성을 물으시지 않습니다. 먼저 양자하시고 그 다음에 하나님의 자녀로 자라도록 키우시는 것입니다. 양육하시는 것입니다. 저는 이 이야기를 할 때마다 늘 마음에 생각나는 것이 하나 있습니다. 제가 인천에서 목회할 때의 일입니다. 장로님에게 아들이 없었는데 그냥 괜찮다 괜찮다 하다가 나이많아져서는 생각이 달라졌습니다. 이것도 또 우리의 고유한 문화이지요. 늘그막에 하나 양자를 들였습니다. 아주 어린 것을 양자했으면 차라리 좋았을 것을 네 살쯤 된 아이를 하나 양자했습니다. 그 아이 생일날이 되었습니다. 저도 참석을 했었는데 음식을 다 차려놓고 감사기도를 했습니다. 감사기도 하고 눈들을 떠보니 맛있는 과자 몇개가 없어져 있었습니다. 기도하는 동안에 이 아이가 가져다 감춘 것입니다. 장로님이 눈물을 흘립디다. 너는 내 아들인데, 내가 네게 다 주었는데, 오늘이라도 내가 죽으면 이 재산이, 큰 빌딩이 다 네 것인데 왜 네 마음은 그렇게 과자를 갖다 감출 정도로 서먹하단말이냐—이것입니다. 그 아이의 그런 버릇은 고아원에 있을 때의 버릇이거든요. 이 집의 양자가 되었지마는 아직도 그 버릇이 좀 남아 있고, 그것을 고치기가 어려웠습니다. 많은 시간이 걸립디다.

오늘 예수를 믿고 하나님의 자녀 되기는 하였지만 아직도 어떤 사람은 무당기가 좀 남아 있고 어떤 사람은 이전의 못된 끼들이 아직도 남아 있습니다. 가끔 보면 한심한 짓들을 좀 합니다. 그러나 양자됨은 분명합니다. 이 사실은 의심할 필요가 없습니다. 그래 오늘성경은 말씀합니다. 하나님을 아바 아버지라 부르짖느니라—하나님을 아버지라고 부르는 것, 이것이 예사 특권이 아닙니다. 예수님께서 우리에게 가르치신 하나님은, 심지어는 '하나님'이라는 말씀도 없습니다. 주기도문 보면 '하늘에 계신 우리 아버지'로 그만입니다. 감히 하나님을 '아버지'라고 부릅니다. 남이 누가 나더러 아버지라고 부를 것입니까. 그렇지 않습니까. 요새는 이 교회에 못나옵디다마는 가끔 몸이 아파서 못나온다는데, 대전에 있습니다 그 청년이. 가끔 교회에 나와서는 내가 예배마치고 나가기만 하면 붙들고 "아버님, 아버님" 하는 바람에 아주 거북했었습니다. "내가 어떻게 니 아버지냐?" 하면 "아버지다마다요" 하고 대꾸합니다. 요새도 가끔 내가 운동을 하다보면 전화가 왔다고 하는데, 가서 받아보면 그 청년이고 "아버님 안녕하십니까" 합니다. 글쎄올시다. 내 진짜아들이 나 보고 아버지라고 부르면 나를 기쁘게 하는 것이지만 자, 이 정신이 오락가락하는 청년이 나더러 아버님이라고 부르는 것은 나를 힘들게 하는 것입니다. 누가 나를 아버지라고 부를 것입니까. 마찬가지로 감히 하나님을 누가 아버지라고 부를 것입니까. 하나님을 아버지라고 불러서 하나님을 기쁘시게 할 수 있는 자, 하나님께서 기뻐하실 수 있는 자, 바로 그가 하나님의 자녀인 것입니다. 성령 안에서 '아바 아버지'라고 부릅니다. '아빠'라고 하는 말은 아람어입니다. 아람어나 한국어나 이것은 같습니다. 아주 어렸을 때는 아빠 아빠 하지 않습니까. 그래서 '아빠 아버지'라고 번역을 한 것입니다. 너무나도 귀한 말씀입니다. 하나님을 아버지라 부를 수 있는 바로 거기에 내 정체가 있습니다.

또한 그리스도와 함께 우리는 후사라고 말씀합니다(17절). 후사

(後嗣)―이 또한 중요합니다. 그리스도와 함께 후사가 되었습니다. 물에는 수압이라는 것이 있습니다. 그래서 우리는 물 속에 너무 깊이 들어가면 파열되어 죽습니다. 사람이 살지 못합니다. 그래서 물속 깊이 탐색하기 위해서 아주 굉장히 튼튼한 강철로 배를 만들었습니다. '프레시 호'라고 하는 배를 만들어가지고 바다 속 깊이 들어갔습니다. 강철이니까 탈없을 것이라 생각했는데 파열이 되었습니다. 그런 사건이 있었습니다. 그런데 이상한 것은 그 바다 깊은 속에 물고기는 삽니다. 그 깊은, 수압이 높은 그 속에도 물고기는 삽니다. 어떻게 살아갈 수 있느냐―중요한 것은 이것입니다. 물의 수압과 물고기의 몸 안에 있는 압력이 같기 때문입니다. 그래야 살아남을 수 있는 것입니다. 이와도 마찬가지로, 주님께서 우리와 함께 계시기 때문에, 그가 우리의 후견인이 됨으로써 계속적으로 하나님의 자녀임을 확증해주실 때 비로소 우리가 하나님의 자녀로 살아갈 수 있는 것입니다. 빅토르 위고의 「레 미제라블」이라고 하는 소설, 여러분이 잘 아실 것입니다. 코제트라고 하는 고아소녀가 나옵니다. 불쌍한 고아입니다. 지금은 양부모가 돌아보아주기는 하지만 여러 가지로 어렵습니다. 밖에 나가서도 업신여김받고 가정 안에서도 그렇습니다. 집 안에서나 밖에서나 정말로 어렵게 겨우겨우 살아가는, 갖은 고통을 겪고 있는 어린아이입니다. 그러나 뒤에 장발장이라고 하는 엄청난 부자가 저의 후견인이 됩니다. "내가 너를 사랑한다"할 때 이 아이는 그때부터 신바람이 납니다. 거침없이 활발하게 명랑하게 살아가는 것을 볼 수 있습니다. 하나님께서 내 후견인이요, 그리스도께서 내 후견인입니다. 성령이 이것을 증거해줄 때 우리는 신바람 나게 살아갈 수 있는 것입니다. 이것을 잊지 말아야 합니다. 성령이

나의 나뉨을 증거합니다. 그런고로 율법과 죄로부터 자유합니다. 오직 그 안에 사랑이 있습니다. 심지어는 하나님의 자녀 되게 하는 사랑이 나와 함께하심을 확증해줍니다. 그러므로 어떤 고난을 당해도 문제가 되지 않습니다. 왜냐하면 그것은 다 하나님께서 나를 사랑하시기 때문에 되는 일이기 때문입니다. 병들었습니까? 그것은 하나님의 사랑입니다. 실패했습니까? 그 속에 하나님의 특별한 사랑이 있음을 성령이 증거해줍니다. 예수님을 보십시오. 눈앞에 십자가가 있을 때, 아버지께서 내게 주신 잔을 내가 마시지 않겠느냐, 하십니다. 사랑하는 아버지가 사랑하는 아들에게 주시는 십자가로 그렇게 믿기에 십자가를 지실 수 있었던 것입니다. 그런고로 우리는 오늘도 그 크신 성령의 역사 안에서 하나님의 자녀임을 확증받을 수 있을 때 모든 사건에서, 모든 환경에서 끊임없이 하나님의 사랑을 확인하며 살아가게 되는 것입니다. △

신앙인의 불신앙

그러므로 구제할 때에 외식하는 자가 사람에게 영광을 얻으려고 회당과 거리에서 하는 것같이 너희 앞에 나팔을 불지 말라 진실로 너희에게 이르노니 저희는 자기 상을 이미 받았느니라 너는 구제할 때에 오른손의 하는 것을 왼손이 모르게 하여 네 구제함이 은밀하게 하라 은밀한 중에 보시는 너의 아버지가 갚으시리라 또 너희가 기도할 때에 외식하는 자와 같이 되지 말라 저희는 사람에게 보이려고 회당과 큰 거리 어귀에 서서 기도하기를 좋아하느니라 내가 진실로 너희에게 이르노니 저희는 자기 상을 이미 받았느니라 너는 기도할 때에 네 골방에 들어가 문을 닫고 은밀한 중에 계신 네 아버지께 기도하라 은밀한 중에 보시는 네 아버지께서 갚으시리라 또 기도할 때에 이방인과 같이 중언 부언하지 말라 저희는 말을 많이 하여야 들으실 줄 생각하느니라 그러므로 저희를 본받지 말라 구하기 전에 너희에게 있어야 할 것을 하나님 너희 아버지께서 아시느니라
(마태복음 6 : 2 - 8)

신앙인의 불신앙

종교개혁자 마르틴 루터가 어느날 아침에 어쩌다가 혼자서 식사를 하게 되었습니다. 빵과 몇조각의 고기를 놓고 아침식사를 하는데 바로 무릎 앞에서 사랑하는 개가 마르틴 루터를 지켜보고 있었습니다. 주인의 손이 밥상으로 가면 밥상을 쳐다보고, 주인의 손이 입으로 올라가면 그 입을 쳐다봅니다. 올려다보고 내려다보고, 올려다보고 내려다보고, 열심히도 쳐다보는 것입니다. 너무 감동이 되어서 고기조각 하나를 찢어 개한테 던져주고 그 먹는 것을 보면서 루터는 무릎을 치고 혼잣말을 합니다. '이 개가 내가 먹는 고기조각을 쳐다보는 것처럼 내가 하나님을 쳐다볼 수 있었으면 좋겠다. 이 개는 그것을 쳐다보는 동안 다른 것은 아무것도 생각하지 않는다. 그런데 나는 하나님 앞에 기도한다고 하면서 "하나님 아버지"하고 불러놓고도 이 생각 저 생각, 딴생각에 빠지기 일쑤다. 도대체 이것이 무슨 믿음이냐.' 하나님을 의지한다고 하면서 세상을 의지하고, 하나님을 사랑한다고 하면서 자기사랑 하고, 하나님 앞에 진실하자고 하면서 어째서 이렇듯 거짓이 많고 위선이 많고 허세가 많고 잘못됐느냐입니다. 참 중요한 교훈입니다.

히브리서 11장 6절에 신앙의 기본이 있습니다. "믿음이 없이는 기쁘시게 못하나니 하나님께 나아가는 자는 반드시 그가 계신 것과 또한 그가 자기를 찾는 자들에게 상 주시는 이심을 믿어야 할지니라." '반드시' 믿어야 한다고 말씀합니다. 그가 계신 것과 그가 자기를 찾는 자들에게 상 주시는 이심을 믿어야 한다─그렇습니다. 이 믿음이 중요합니다. 사람들이 많은 문제에 부닥치고 있습니다마는 그러나 그 무엇보다도 중요한 것은 믿음입니다. 이 세상에는 이것도 중요하고 저것도 중요하고, 명예도 지식도 권력도 다 중요할는지 모르지만 우리가 오늘 세상을 떠난다고 한다면 하나님 앞에 갈 때는 오직 한 장의 티켓만이 필요합니다. 믿음입니다. 하나님을 믿는 깨끗한 믿음, 예수 그리스도의 십자가를 믿는 믿음, 오직 그 믿음 하나 가지고 하나님 앞에 갑니다. 그런데 이 믿음에 문제가 있는 것입니다. 믿는다고 하면서 믿지 않습니다. 하나님을 믿는다고 하면서 나를 믿습니다. 아는 친구목사 한 사람은 아주 진솔하게, 그러나 좀 듣기 거북한 이야기를 합니다. "내가 처가집을 믿는 것 만큼 하나님을 믿는 건지 모르겠어." 그의 처가집이 부자입니다. 그래, 목사의 생활이라 어렵지마는 전화만 걸면 다 갖다주거든요. 자녀들 학비고 생활비고 한 번도 걱정을 해본 일이 없다고 합니다. 이것은 하나님을 믿는 믿음이 아니라 처가집 믿는 믿음이 아닌가, 이거 확실히 문제 있다—본인이 이렇게 털어놓는 것을 보았습니다. 가만히 보십시오. 사람들이 돈 있으면 돈 의지하고, 지식 있으면 지식 의지하고, 학벌 있으면 학벌 의지하고, 건강하면 자기건강을 믿습니다. 다시한번 물어봅니다. 정말로 하나님을 믿습니까? 믿음에 문제가 있습니다. 믿음에 함정이 있고 시험이 있는데, 그것이 바로 위선입니다. 외식이요, 형식주의입니다. 형식적으로는 믿음이 있으나 내용이 없습니다. 자기도모르게 어느 사이에 스스로가 스스로에게 속은 것입니다. 믿음이 있는 줄 알았는데 실은 없습니다. 믿음이 아니었습니다. 깊이 생각해야 합니다. 이것은 바로 모든 생활의 근본이 되는 동기의 문제입니다. 중심의 문제입니다. 인간들은 결과에 의해서 동기와 목적을 평가받으려고 합니다. 잘못된 일인 줄 압니다. 그래도 이것을 통해서 잘되어가지고 마지막 결과만 좋다면 그 모든 잘못도 정당화될 수 있지 않겠느냐, 이런 생각을 합니다. 그러나 하나님께서 이것을 허락하시지 않습니다. 깊이 알아야 합니다. 그 옛날 독일의 히틀러라는 사람은 세상을 참 소란하게 만든 사람의 표본입니다. 그는 많은 군중들 앞에서 네 가지의 덕(four virtue)을 말했습니다. 첫째는 나라를 사랑하는 마음을 가지라, 둘째는 역경을 이기는 인내심을 가지라, 셋째는 지도자에 대하여 충성을 다하라, 그리고 법을 따르는 정신을 가지자, 했습니다. 이렇게 애국심, 인내심, 충성심 그리고 준법정신을 주창할 때 모든 국민이 그를 밀었습니다. 국민의 지지성원을 받아서 그는 '영웅'이 되었습니다. 그러나 이로 인하여 독일은 물론 온세계가 큰 피해를 입었습니다. 왜요? 그의 생각 속에는 믿음이 없었습니다. 그의 생각에는 하나님을 무서워하는 마음이 없었습니다. 어떤 방법으로라도 내 소원만 이루면, 게르만민족을 온세계에 높이 올려놓으면 된다고만 생각을 했습니다. 그러면 모든 잘못된 일들은 다 정당화될 것이라고 착각을 했습니다. 결국은 얼마나 많은 손해를, 상처를 입혔는지 알 수가 없습니다. 그런고로 우리는 깊이 생각하여야 합니다.

　오늘본문은 가장 귀한, 가장 깨끗한 믿음을 요구하는 말씀입니다. 첫째 "은밀하게 하라(4절)"하십니다. 비밀스럽게 하라 하십니다. 하나님과 나만이 아는 그런 은밀함을 말씀하십니다. 아주 단순한 마음으로 행하라는 것입니다. 사람에게 보이려고 하지 말라고 세 번이나 강조하십니다. 1절, 5절, 16절에서 거듭거듭 사람에게 보이려고 하지 말라 하십니다. 2절에서는 구제할 때 나팔을 불지 말라 하셨습니다. 현대인들은 '자기PR의 시대'라고 하면서 자기자랑 하기를 좋아합니다. 이를테면 명함이라는 것을 보아도 그렇습니다. 어디까지나 제 개인 의견입니다마는 전에없던 일이라서 그런지 제 마음에 영 못마땅한 것이 하나 있습니다. 명함에 떡하니 자기사진을 박아놓았습니다. 한술 더 떠 자기 안사람 사진까지 박아놓은 것도 있습디다. 이런 명함 받고보면 내가 그 사람의 마누라까지 알아야 되는 것인가 싶어집니다. 거기까지 알아야 될 이유가 무엇입니까. 도대체 못마땅합니다. 이런 식으로 자기선전을 하는 것입니다. 사람에게 보이려고─불신앙입니다. 우리는 하나님 앞에 있기 때문입니다. 특별히 또 기도할 때 자기자랑 하는 것처럼 답답한 일이 없습니다. 기도를 통해서 남 훈계하려드는 사람도 있습니다. 미사여구(美辭麗句)를 동원해서 많은 사람 앞에 숫제 연설을 하는 것입니다, 도대체가. 이것은 불신앙입니다.

사람의 의식 속에는 이런 것이 좀 있습니다. 그 첫째가 사람의 시선을 의식하는 것입니다. 사람들이 나를 보고 있으니까. 사람의 욕구로는 자기실현의 욕구가 아주 강하거든요. 인정받으려고해서 사람들의 시선을 끌려고 합니다. 물론 좋은 의미도 없지는 않습니다. 저는 이런 생각을 합니다. 우리교인들, 특별히 여자분들이 밖에 나올 때는 얼굴을 매만지고 화장을 하고 하는 것같습니다. 깨끗하게 보이려고 하는 것까지는 좋으나 어느 선을 딱 넘으면 신통치도 않은 사람이 예쁘게 보이려고, 사실은 예쁘지 않은데 예쁘게 보이려고, 사실은 마음이 지금 썩어서 죽을지경인데 좀 밝게 보이려고 빨간 것 좀 바르고… 보십시오. 이러는 것이 다 사람에게 좋게 보이려고 하는 마음입니다. 더 우스운 것은 남편이 극구 반대하는데도 불구하고 열심히 화장하는 것입니다. 이런 여자가 있습니다. 누구를 위하여

종을 울립니까. 그래서 화장대 앞에 두 시간 넘도록 앉아 있는 여자는 상당한 부분의 바람기가 있다는 것 아닙니까. 도대체 누구를 유혹하려고, 누구에게 잘 보이려고 하는 것입니까. 이 마음, 여기에 문제가 있는 것입니다. 어쨌든 사람들은 누구나 다 다른 사람에게 잘 보이려고 하는 욕망을 가지고 있습니다. 문제는 여기에 있습니다. 사실대로는 여기까지가 진실인데 그 이상으로 보이려고 하는 것입니다. 진실 이상으로 보이려고 할 때, 이것이 거짓이거든요. 이런 사람, 사실은 피곤합니다. 이렇게 사람들에게 잘보이려고 하는 마음 가지고 사는 사람, 아주 피곤합니다. 마지막엔 지쳐서 우울증환자가 되어버립니다. 이런 신경을 딱 꺼버리고 사는 사람은 아주 자유합니다. 오늘도 가만히 보십시오. 짙은 화장을 하는 사람들은 대체로 얼굴이 썩은 사람들입니다. 왜 그러냐—남 신경 쓰느라고 그렇습니다. 화장 없이 사는 사람이 명랑합니다. 나는 이대로 내 모습 생긴대로 삽니다—얼마나 자유합니까. 이 자유를 잃어버리는 것처럼 불행한 일도 없습니다. 또, 호평이나 칭찬을 받으려 하는 마음, 자기행위를 통해서 좋은 말 들으려고 애쓰는 사람들이 있습니다. 그런다고 잘될 것도 없습니다. 어떻게 좋은 말만 듣고 살겠습니까. 어느 사회학자가 연구한 바를 보면 사람이란 언제나 80은 좋은 말을 듣고 20은 나쁜 말을 듣게 되어 있다고 합니다. 80대 20이라고 합니다. 그런데 80의 좋은 소리 들은 것 고맙게는 생각지 않고, 20의 나쁜 소리 듣는 것에 신경쓰고 잠을 못자는 것입니다. 이런 사람도 위선자입니다. 대단한 것도 아닌데 다른 사람의 평판이나 칭찬에 너무 신경쓰는 것은 불행한 일입니다.

또, 사람으로부터 오는 유익을 생각합니다. 이익을 계산합니다.

여기에 또한 문제가 있습니다. 어떤 일 보자마자 내게 돌아올 이익부터 계산하는 것입니다. 성경에 보면 선한 사마리아사람의 비유가 있지 않습니까. 여리고로 가는 길에 불한당맞은 사람, 강도만난 사람이 피투성이가 되어 죽기 직전에 놓여 있었다, 제사장이 보고 지나가고, 레위사람이 보고 그냥 지나갔다, 마지막에 너희가 멸시하는 사마리아사람이 저를 돌보았다—예수님께서 이렇게 말씀하십니다. 이제 생각해봅시다. 제사장과 레위사람이 왜 안도와주었습니까. 저는 이런 생각을 합니다. 이 일이 예루살렘 한가운데서 된 일이었다면 그들이 도와주었을 것입니다. 많은 사람들이 보니까요. 그러나 이것이 외진 산 속에서 된 일이니까 아무도 보는 사람이 없지 않습니까. 그래 안도와주었습니다. 그뿐아니라 더 중요한 것은 이것입니다. 저 사람을 도와주었다가는 내게 어떤 불이익이 올 것이냐—이것을 계산했습니다. 만일에 저 사람을 만졌다가 저 사람이 죽어버리기라도 하면 내가 시체를 만진 것이 된다, 시체를 만지고 힌주일 동안 성전에 못들어간다, 그럼 나는 제사장직무를 감당할 수 없지 않겠는가—저 사람을 도와주었다가 내게 돌아올 수 있는 불이익, 이것을 생각한 나머지 도와줄 수가 없었습니다. 그러나 저들이 천히 여기는 사마리아사람은 생각이 달랐습니다. 내가 저 사람을 보고도 지금 안도와주면 저 사람은 죽고 만다—내게 오는 이익이나 불이익을 생각한 것이 아니고 '사람'을 먼저 생각한 것입니다. 사람의 죽음을 생각한 것입니다. 생명을 소중히 여긴 나머지 내가 어떻게 될 것인지는 전혀 생각지 않고 그를 도울 수가 있었습니다. 이것이 믿음입니다. 그 점을 깊이 생각해야 합니다.

그런데 오늘성경에 예수님께서 계속 말씀하십니다. "사람에게 보이려고 하지 말라." 물론 사람에게 소유욕도 있고 명예욕도 있고 지배욕도 있고 정치적인 욕망도 있습니다. 그러나 가장 무서운 것은 자기실현의 욕구입니다. 이것을 자기진실에서 찾지 못하고 다른 사람으로부터 찾으려고 할 때 병드는 것입니다. 그런고로 사람은 먼저 이웃으로부터 자유해야 합니다. 다른 사람들이 나를 어떻게 평가하든, 이렇게 평가하든 저렇게 평가하든 그것은 내게 중요한 것이 아닙니다. 여론이야 이럴 수도 있고 저럴 수도 있습니다. '사실'이 무서울 뿐입니다. 어떠한 나쁜 여론도 사실과 다른 것이라면 그 여론은 꼭 넉 달만 지나가면 없어진다고 합니다. No problem. 괜찮습니다. 초조하게 변명하려들 것도 없고, 문제를 해결하겠다고 뛰어들 것도 없습니다. 오직 사실만이 문제입니다. 그런고로 우리는 모든 사람의 시선과 평판으로부터 일단 자유할 것입니다. 또하나는, 자기 자신으로부터 자유해야 합니다. 자기욕망, 자기명예욕, 자기허영, 자기위선취향적 성향, 이런 것들로부터 완전히 자유해야 합니다. 자기자신, 이 교만으로부터 완전히 자유할 때 그는 정말 행복할 것입니다. 좀더 깊은 말씀을 드리면 하나님께 대한 신앙 그것에서부터도 또 자유해야 될 것이 있습니다. 그것은 뭐냐하면 하나님께로 받는 축복, 보상, 또 하나님 앞에 의로운 자로 나타나고 싶어하는 그 자기의, self-righteousness에 매이는 마음, 하나님으로부터 칭찬받겠다고 하는 마음, 나는 하나님의 심판 대신에 큰 칭찬과 복을 받아내겠다고 하는 마음—사실은 이것으로부터도 자유해야 합니다. 왜요? 내가 언제 죄인이 아니었습디까. 내가 오늘 백번 맹세한들 앞으로 죄 안짓고 살 수 있습니까. 과거도 미래도 나는 죄인입니다. 그래서 '오직 믿음은 오직 긍휼을 말하는 것이다'라고 종교개혁자는 말합니다.

그저 '하나님, 하나님은 좋으신 하나님이십니다. 나는 과거도 미래도 죄인입니다. 하나님의 긍휼만 의지하겠습니다' —이렇게 하나님 앞에 나아가는, 자기 의로부터 완전히 자유하게 되는 그 때에 그는 행복할 수 있습니다. 선한 일을 해서 그 결과로 칭찬을 받을 수는 있습니다. 그러나 칭찬받기 위하여 선한 일을 한다면 불신앙입니다. 깊이 생각해야 합니다.

또한 오늘성경에 말씀하시는 두 번째의 중요한 교리는 하나님께서 보신다, 하는 것입니다. 하나님께서 아신다, 하나님께서 들으신다고 말씀하십니다. 우리가 기도하기 전에 아십니다. 그런고로 하나님 앞에 정보제공 하려고드는 기도를 해서는 안됩니다. '모르시는 하나님께' 알려드리려 하고, 어떤 때는 하나님의 고문관이 되려고 합니다. "그래서는 안됩니다. 이러해야 됩니다. 내게 복을 줘야지 왜 저 사람에게 줍니까?" 이따위로 기도합니다. 이것이 얼마나 불신앙입니까. 하나님의 그 크신 역사 앞에 무슨 잔소리가 이렇게 많습니까. 무슨 불만이 이렇게 많습니까. 열심히 열심히 기도하는 것같아도 이러는 것은 다 불신앙입니다. 특별히 "중언부언 하지 말라 저희는 말을 많이 하여야 들으실 줄 생각하느니라" 하십니다. 중언부언 하는 것 또한 불신앙입니다. 신앙하는 생활 중에 많은 불신앙적 요소가 있음을 알아야 합니다. 하나님께서는 중심을 아십니다. 깊이 아십니다.

'아담-이브 신드롬'이라는 말이 있습니다. 아담과 하와가 에덴동산에 삽니다. 그런데 무슨 불만이 있어서, 무엇 때문에 선악과를 따먹어야 합니까. 죄를 짓고 숨으려 하는 모습을 보십시오. 또, 죄를 서로 전가하는 모습도 보십시오. 아담, 하와로부터 물려받은 이런 원죄적 죄악현상이 우리 마음속에 그대로 있습니다. 한마디로 말하면 불신앙이었습니다. 에덴동산에서의 불신앙입니다. 하나님의 말씀에 대한 불신앙이 이런 결과를 초래한 것입니다. 그런고로 우리는 깊이 생각해야 합니다. 하나님께서 보신다, 하나님께서 아신다―이 말씀으로 충분히 위로가 되고 충분히 만족하는, 이런 사람이 믿음의 사람입니다. 하나님께서 보신다 할 때 두려움이 앞선다면 그 사람은 신앙에서 멀어진 사람인 것입니다. 욥기에 보면 "나의 가는 길을 오직 그가 아시나니(욥 23:10)"라고 욥은 고백합니다. 다 몰라도 하나님만은 아십니다, 라고 고백합니다. 그는 우리의 깊은 뜻을 아십니다. 우리의 동기를 아십니다. 숨은 마음까지 다 아십니다. 특별히 예수님 친히 비유로 말씀하신 것 들어보십시오. 한 바리새인이 많은 돈으로 뽐내면서 헌금을 합니다. 그러나 한 가난한 과부는 너무 작은 돈이라고 부끄러워하면서 두 렙돈을 하나님의 성전에 조심스럽게 드렸습니다. 이를 보시고 예수님께서는 이렇게 말씀하십니다. "이 가난한 과부는 연보궤에 넣은 모든 사람보다 많이 넣었도다 저희는 다 그 풍족한 중에서 넣었거니와 이 과부는 그 구차한 중에서 자기 모든 소유 곧 생활비 전부를 넣었느니라(막 12:43-44)." 굳이 따지고보면 두 렙돈이 그 과부의 전부는 아닙니다. 입은 옷도 있고 집도 있습니다. 아직도 가진 것이 많이 있습니다. 문제는, 엽전 두 푼이지마는 하나님께서 받으실 때 전부로 받으셨다는 것입니다. 왜요? 정성이 있으니까. 그 마음이 거기 담겼기 때문입니다. 하나님께서는 그 여인의 신실함을 아십니다. 고넬료가 하나님 앞에 기도하고 구제한 것이 하나님께 상달되었다고 말씀합니다(행 10:2,24). 비록 로마 사람이지마는 그 중심이 하나님께 있었습니다. 하나님께서 그를 아셨습니다. 다 알고 계셨습니다.

오늘본문이 주는 또하나의 교훈은 하나님께서 갚으신다는 데 대한 확실한 믿음이 있어야 한다는 것입니다. 이것이 믿음의 현실입니다. 하나님께서 채워주시고 하나님께서 갚아주십니다. 예수님께서 강하게 말씀하십니다. "또 누구든지 제자의 이름으로 이 소자 중 하나에게 냉수 한 그릇이라도 주는 자는 내가 진실로 너희에게 이르노니 그 사람이 결단코 상을 잃지 아니하리라 (마 10:42)." 여러분, 어떤 선행이든 어떤 의든 어떤 기도든 하나님께서 갚으신다는 것을 잠시도 잊어서는 안됩니다. 하늘에 쌓아두는 것입니다. 이것은 하나님께서 갚으십니다. 죄송하지만 제 개인적인 간증을 드립니다. 저는 북한에서 나올 때 혈혈단신 성경책 하나 들고 뛰어나왔습니다마는 오늘까지 밥 굶은 일 없고, 또 유학도 하고, 넉넉하게, 제가 스스로 생각하기에는 재벌보다 제가 잘삽니다. 재벌들은 빚이 많지마는 나는 빚도 없습니다. 돈걱정 아니하고 삽니다. 문제가 여기에 있습니다. 그럴 때마다 저는 생각합니다. 제가 어렸을 때 집에서 보니 거지가 많이 찾아옵니다. 불쌍한 사람들 찾아오면 어른들이 참 정성을 다해서 돕습니다. 배고프다고 온 사람에게 쌀을 줄 때 며느리가 얼마만큼 내다주면 시어머니가 뒤에서 보고 "좀더 갖다드려라. 퍽 어려운 거같다." 꼭 이렇게 말씀하십니다. 왜 많이 주느냐고 나무라는 일은 없습니다. 찾아온 사람이 당장 배고파서 밥을 먹고 가야 될 사람일 때는 "꼭 밥상을 받쳐서 드려라" 하십니다. "밥상을 받쳐서 제대로 잡숫도록 하여라." 이 말씀을 하십니다. 그것입니다. 그 덕에 내가 오늘 잘삽니다. 그때는 미처 몰랐습니다. 우리할아버지가 무슨 일을 많이 하고 계신지 저는 모르고 자랐습니다. 여기 와서 보니 어떤 목사님들이 제게 말씀합디다. "곽목사 조부께서 내게 장학금을 주셔서 내가 일본 가서 공부했구만. 그 덕에 내가 목사 됐구만." 할아버지는 이런 일 말씀하신 적 없습니다. 내가 유학을 두 번 갔는데, 넉넉한 장학금을 받아 가서 공부했습니다. 저는 돈 한푼 가지고 간 것이 없거든요. 저는 우리할아버지가 장학금 주신 것을 내가 받았다고 생각했습니다. 결단코 상을 잃지 아니하리라—현실적으로 보상하시고, 미래에 보상하시고, 자손에게 보상하시고, 하늘나라에서 보상하신다고 하는 믿음을 확실하게 가지십시오. 이것이 신앙입니다. 초조해할 것도 불안해할 것도 없습니다. 남모르게 비밀스럽게 은근히 한 일도 하나님께서 또 은근히 갚아주십니다. 은밀한 중에 계신 하나님께서 은밀하게 갚아주십니다. 이것이 하나님의 보상하시는 방법입니다.

　　신앙인에게 불신앙이 많습니다. 바리새인과 서기관들, 누구보다도 잘믿는다는 사람들이지마는 그들은 하나님을 믿지 않았습니다. 자기 의를 믿었고, 사람에게 보이려고 하다가 씻을 수 없는 죄인으로 전락하고 말았습니다. 참믿음, 참자유, 참행복, 그것은 은밀한 가운데, 비밀한 가운데 하나님께 향한 깨끗한 믿음을 가지고 나아갈 때에 있습니다. 거기에 진정한 행복과 자유와 용기가 있는 것입니다. 또 지혜도 있는 것입니다. △

실낙원의 이유

　여자가 그 나무를 본즉 먹음직도 하고 보암직도 하고 지혜롭게 할 만큼 탐스럽기도 한 나무인지라 여자가 그 실과를 따먹고 자기와 함께한 남편에게도 주매 그도 먹은지라 이에 그들의 눈이 밝아 자기들의 몸이 벗은 줄을 알고 무화과나무 잎을 엮어 치마를 하였더라 그들이 날이 서늘할 때에 동산에 거니시는 여호와 하나님의 음성을 듣고 아담과 그 아내가 여호와 하나님의 낯을 피하여 동산 나무 사이에 숨은지라 여호와 하나님이 아담을 부르시며 그에게 이르시되 네가 어디 있느냐 가로되 내가 동산에서 하나님의 소리를 듣고 내가 벗었으므로 두려워하여 숨었나이다 가라사대 누가 너의 벗었음을 네게 고하였느냐 내가 너더러 먹지 말라 명한 그 나무 실과를 네가 먹었느냐 아담이 가로되 하나님이 주셔서 나와 함께하게 하신 여자 그가 그 나무 실과를 내게 주므로 내가 먹었나이다 여호와 하나님이 여자에게 이르시되 네가 어찌하여 이렇게 하였느냐 여자가 가로되 뱀이 나를 꾀므로 내가 먹었나이다

(창세기 3 : 6 - 13)

실낙원의 이유

어느 교회 장로님 한 분이 늘 원망과 불평에 차 있었습니다. 다름아니라 에덴동산에서 아담과 하와가 범죄한 것에 대한 불만이었습니다. 일상사 좀 어려울 때마다, 좀 힘들 때마다 '그 할아버지 할머니, 선악과는 왜 따먹어가지고 오늘의 우리까지 이렇게 고생을 시킨담. 에덴동산에 고이 살았으면 힘든 농사도 하지 않고 길이 평안하게 잘살 수 있었을 것을… 뭣때문에 그렇게 사서 쫓겨나가지고 두고두고 그 고생 이 고생이란말인가. 아담할아버지, 하와할머니가 몹시 원망스럽다, 이거.' 늘 이렇게 원망 불평을 하는데 그 도가 좀 지나쳤습니다. 목사님이 이렇게저렇게 여러 모로 설명을 해주었지마는 영 들어먹지를 않습니다. 어느날 목사님댁에서 저녁식사에 이 장로님을 초청했습니다. 음식을 잘 차려놓고 식사기도를 하고 막 수저를 드는데 밖에서 손님이 찾는 바람에 목사님이 밖으로 나가면서 하는 말씀이 "자, 감사기도도 드렸으니 다들 식사를 먼저 하십시오. 그러나 요 가운데 있는 요 그릇, 뚜껑 닫아놓은 요것은 건드리지 말고 그대로 두십시오. 제가 밖에 나갔다가 들어와서 이것을 열어보이겠습니다. 그러니 그동안은 참으시고 다른 것만 드시도록 하십시오. 다른 것은 다 잡수셔도 좋습니다"라고 하는 것입니다. 그래놓고 목사님은 나갔습니다. 식사가 시작되었는데, 이 장로님, 영 궁금해 못견디겠거든. 도대체 건드리지 말라는 요 그릇에 든 것이 무엇이관대… 그는 기어이 그것을 살짝 열어보았습니다. 그 그릇 속에는 뜻밖에도 새 한 마리가 들어 있었습니다. 뚜껑을 여는 순간 그 새는 그만 푸릉 하고 날아올랐습니다. 한데 이걸 도로 잡을 재간이 없습니다. 목사님 들어오시기 전에 잡아서 다시 집어넣어야 쓰겠는데요. 허겁지겁 뛰쳐일어나 요리조리 허위적거리고 쫓아다녔지마는 방 안에 먼지만 자욱해집니다. 이윽고 목사님이 들어왔습니다. "아니, 여기 다른 음식도 허구헌데 왜 하필이면 그것을 열어보았습니까?" 짐짓 한마디 던지고나서 목사님은 빙그레 웃고 말했습니다. "장로님은 분명 아담 할아버지의 후예십니다 그려."

에덴동산, 분명히 낙원입니다. 이 낙원을 우리는 왜 잃게 되었습니까. 왜 낙원에서 쫓겨났습니까. 왜 실낙원에 살아야 합니까. 이러한 이야기를 두고 신학적인 용어로는 '원죄'라고 말합니다. 원죄(原罪)란 '죄의 뿌리가 되는 죄'를 이르는 말입니다. 죄의 원인이 되는 죄입니다. 여기 어떤 죄가 있을 때 우리는 보통 그 죄라고 하는 사건 하나에 집착합니다마는 알고보면 보이지 않는 원인이 있는 것입니다. 좀더 깊은 곳에 뿌리가 있습니다. 그것이 여기에 와서 결과로 나타나는 것입니다. 우리는 이 '원인'을 부정해서는 안됩니다. 원인은 언제나 파서상황입니다. 지나갔지요. 그러나 거기에 원인이 있었고 원인은 언제나 깊은 곳에 있어서 눈에 잘 보이지 않습니다. 그야말로 내 마음에 있는 것이고, 내 성품에 있는 것이고, 내 피 속에 있는 것이고, 내가 가진 좋지 않은 전이해(前理解) 내지 잠재의식 가운데 있는 것입니다. 자, 이런 그 원인, 그것을 우리가 알아야 합니다. 같은 실수가 반복되지 않으려면 원인을 알아야 하고, 깨달아야 하고, 발본해야 하고, 끊어버려야 하기 때문입니다. 그래야 해결이 되는 것입니다. 원인을 그대로 놓아두고는 또다시 같은 일이 반복될 것이고 더 큰 죄, 더 큰 사건, 더 큰 실수로 확산될 수밖에 없습니다. 때로 우리는 실수도 하고 실패도 합니다. 그러나 그 실패나 실수라고 하는 사건을 두고 너무 그렇게 괴로워할 것은 없습니다. 왜냐하면 그 깊은 원인만 알게된다면 그 사건은 오히려 나에게 약이 되기 때문입니다. 그 사건으로 말미암아 내가 미처 몰랐던 원인을 알게 되고, 그 원인을 바로 찾아 해결할 수만 있다면 내가 당한 실수는 오히려 더 밝은 미래를 위한 지혜가 되고, 밑거름이 되고, 창조적 삶의 계기가 될 수 있기 때문입니다.

　에덴동산을 잃어버린 이유가 어디에 있습니까. 낙원이라고 하는 것, 에덴이라고 하는 이 낙원은 말 그대로 낙원입니다. 모든것이 다 갖추어진 넉넉하고 행복한 낙원입니다. 그런데 문제는 여기에 금단의 나무 한 그루가 있었다는 것입니다. 선악을 알게 하는 나무, 이것은 하나님의 영역이요 하나님의 세계요 하나님의 임재의 상징이자 하나님의 지혜인 것입니다. 이것을 인정하여야 합니다. 우리인간은 피조물입니다. 피조물된 위치에서 행복해야 합니다. 이것을 잊지 말아야 합니다. 보십시오. 다 먹으라고 말씀하셨습니다. 다 먹되 그 중 하나는 손대지 말라 하셨습니다. 여기에 문제가 있습니다. 먹을 수 있는 것과 먹을 수 없는 것이 있습니다. 할 수 있는 일과 할 수 없는 일이 있습니다. 해야 할 일과 하지 말아야 할 일이 있습니다. 나에게 엄청난 자유가 주어졌지마는 그 자유 안에서 스스로 선택을 하고 살아가야 합니다. 이것이 주어진 인간의 본질입니다. 여기에 우리의 행복의 길이 있습니다. 스스로 선택하여야 합니다. 다 가지는 것이 아니요 다 먹는 것이 아니요 다 할 수 있는 것이 아닙니다. 이 제한성 안에서 스스로 제한하고, 제한된 가운데서 그 속에 있는 자유를 극대화하며 살아가는 것이 인간의 본질입니다. 다시말하면 금단의 열매가 있는 그대로의 낙원, 거기에 행복의 근원이 있었던 것입니다. 그런데 우리는 이 행복을 저버렸습니다. 깊이깊이 생각해볼 일입니다. 다 가지려고 하지 말 것입니다. 한계성 안에서 행복할 줄 알아야 합니다. 부족하다는 것은 다 가지지 못했다는 것이 아닙니다. 필요한 것을 가지지 못했다는 뜻입니다. 만족이라는 것은 다 가졌다는 것이 아닙니다. 내가 꼭 필요한 것을 충분히 가졌다는 뜻입니다. 충분함과 만족은 같은 것이 아닙니다. 여러분, 다시한번 생각해보십시오. 스스로 행복하지 못한 사람은 다른 사람을 행복하게 해줄 수 없습니다. 나는 불행하면서 남을 행복하게 해주겠다고요? 뭐, 희생을 해서 행복하게 해주겠다고요? 그거 반갑지 않습니다. 나 스스로 행복하여야 비로소 남을 행복하게 해줄 수 있습니다. 또한 지금 행복하지 못한 사람은 내일도 불행합니다. 사람은 오늘 내가 취하는, 내가 만든 습관, 내가 만든 생활철학과 가치관 만큼의 내일을 살 수 있는 것이기 때문입니다. 오늘 불행한 사람은 내일도 불행합니다. 잊지 말 것입니다. 뿐만아니라 지금 내가 처한 이 환경과 처지에서 내가 행복할 줄 모른다면 환경이 바뀌고 다른 처지가 되어도 행복할 줄 모르는 법입니다. 여러분도 잘 아시지 않습니까. 행복한 사람은 어디에 갖다놓아도 행복합니다. 불행한 사람은 아무리 때와 장소를 바꾸고 사람을 바꾸고 별짓 다 해보아도 별수없습니다. 일을 바꾸어도, 직장을 해마다 옮겨도 그런 사람은 영영 불행합니다.

에덴동산—그대로 충분히 행복할 수 있었습니다. 왜 불만이 일고 왜 여기서 문제가 생기는 것입니까. 무엇보다 중요한 것은 그들에게 불신이 있었다는 것입니다. 거기에 문제가 있는 것입니다. 뱀이 찾아와 아담이 아닌 하와를 찾습니다. 그쪽에 허점이 있거든요. 그래서 하와 보고 속삭입니다(창 3:1-3). '다 먹지 말라 하시더냐?'

'아니다, 다 먹으라 하시는데 하나는 아니라 하시더라.' 이때부터 이 여자는 그 먹지 말라고 하신 열매, 금단의 그것에 집착을 합니다. 이것이 탈입니다. 왜 그 아름다운 세상을 다 보지 못하는 것입니까. 왜 먹지 말라 하신 그것에만 마음을 씁니까. 여자가 그 나무를 본즉 참 먹음직도 하고 보암직도 하고 지혜롭게 할 만큼 탐스러운지라 못내 집착하여 쳐다보다가 기어이 실수를 하고 마는 것입니다. 그렇습니다. 바로 여기에 문제가 있었습니다. 만족할 줄 모르는 것, 그것은 불신앙입니다. 하나님의 말씀이 여기에 있었습니다. 먹는 날에는 정녕 죽으리라고 하셨는데 이 하나님의 말씀은 이제 전혀 상기하지를 못했습니다. 생각나지 않았습니다. 보십시오. 뱀이 와서 '다 먹지 말라 하시더냐?' 할 때 '그건 먹지 말라 하셨다' 해놓고 그만입니다. 그 뒤에 한마디 더 했어야 합니다. 먹는 날에는 정녕 죽으리라 하셨다―그 말이 빠졌습니다. 먹지도 말고 만지지도 말라고 하셨다― 중요한 것은 이것이 아닙니다. 먹으면 죽으리라 하신 것을 왜 빠뜨린 것입니까. 여기서 문제가 되는 것입니다. 자기욕망이 우선할 때 하나님의 말씀이 들리지도 떠오르지도 않았습니다. 하나님의 말씀을 망각했습니다. 누가 뭐라고 말하느냐가 문제 아닙니다. 자기양심의 문제, 자기신앙의 문제였습니다. 내가 여기서 늘 유감스러워하는 바가 있습니다. 자, 하와가 어쨌든 실수를 해서, 보고 따먹고 남편에게 줍니다. 이때 제가 바라는대로 그 남편이 이 실과를 들고 깜짝놀라는 대목이 없는 것입니다. '어쩌자고 이걸 손댔느냐.' 왜 이런 반응이 없는 것인지… 참 예나 오늘이나 남자들이 이렇듯 멍청합니다. 이 무슨 꼴입니까. 그런데 성경에 없는 전설에는 이런 이야기가 있습니다. 하와가 열매를 따서 한입 먹고 아담에게 주었을 때 아담이

'어쩌자고 이걸 땄단말이냐. 이거 먹으면 죽는다 하시는데…' 하고 나무라자 하와가 이렇게 대꾸했다고 합니다. '그래요? 나는 이걸 먹었으니 이제 죽을 겁니다. 그러니 당신은 이제 딴여자 만나 행복하게 사세요.' 그러니까 아담이 그만 '그래그래 알았다. 나도 이걸 먹을 테니 우리 같이 죽자' 하고 줄항복을 하였다, 하는 전설입니다. 남자 멍청하기는 예나 오늘이나… 원죄적인 '멍청' 이지요, 이것은.

 도대체 이 두 사람의 대화 가운데 하나님의 말씀이 온데간데없습니다. 하나님의 말씀이 기억에도 없었습니다. "따 먹고 자기와 함께한 남편에게도 주매 그도 먹은지라"—그리고 끝입니다. 딴말씀이 없습니다. 이런 유감이 어디 있습니까. 다음으로 또 그는 하나님의 말씀 앞에 진실하지 못하였습니다. 그가 이렇게 먹어버린 것을 아시고 하나님께서 그를 찾으십니다. "네가 어디 있느냐"—얼마나 중요한 시간입니까. 저는 이렇게 상상해봅니다. 이 시간에 말이지요, 아담이 '하나님, 금단의 열매를 제가 먹고 말았습니다' 라고 대답했더라면 제가 믿기로는 하나님께서 '다시 시작하자. 다시는 그러지 마라' 하고 말씀하셨을 것만 같습니다. 그렇게 믿고 싶은 것입니다. 그런데 오늘 여기 보면 "네가 어디에 있느냐"하실 때 "내가 벗었으므로 두려워하여 숨었나이다"라고 대답합니다. 장소를 물으신 것이 아닙니다. 저가 어디에 있는지 모르셔서 물으시는 것이 아닙니다. 그 상태를 물으시는 것입니다. 네 영혼이 지금 어떤 상태에 있느냐, 네 양심이 지금 어디에 있느냐, 네 믿음의 상태가 어디에 있느냐고 물으시는 것입니다. 그런데 "내가 숨었나이다"라니, 이것이 대답입니까. 다시말하면 하나님의 말씀에 대한 소통이 끊어졌습니다. 하나님의 말씀을 바로 알아들을 수가 없었기에 바로 대답할 수도 없었습니다. 참으로 유감스러운 시간입니다. 그는 두려워했습니다. 몹시 두려워했습니다마는 회개는 없습니다. 문제는 이것입니다. 사건은 있는데 진실이 없습니다. 벌벌떨기는 하는데 회개는 없습니다. 여기서 이미 낙원을 잃고 만 것입니다. 본문에 보는대로 아담은 변명에 급급합니다. 책임전가까지 합니다. 너무도 유감스럽습니다. '내가 먹었습니다' 라고 말하지 못하고 책임을 어디로 돌리고 있는 것입니까.

　이런 이야기가 있습니다. 운동을 하는 사람들, 요새 건강을 위해서 운동을 많이들 하는데, 더불어 운동을 해보면 한 번만 해보아도 그 사람이 어떤 인격의 사람인지를 충분히 알 수 있다고 합니다. 운동을 해보면 꼭 진실 형, 정직한 사람과 proactivity, 주도성이 있는 사람이 있는가하면 변명 형의 사람이 있거든요. 어떤 사람은 지금 운동하려고 준비하는 시간에 벌써 변명부터 하고듭니다. 요새 내가 감기기운이 있어서 오늘 게임은 잘 안될 것같다느니 합니다. 벌써 빗나간 인간입니다. 건강운동이라는 것이 그것 해가지고 뭐, 국제적인 선수라도 되겠다는 것이 아닌 터에 잘하든 못하든 뭐 그리 신경을 곤두세우는 것입니까. 그 사소한 일에 목숨이라도 걸린듯이 나댈 것이 아니거든요. 그런데 지레 변명을 하기 시작하는 것입니다. 일이 잘되지 않으면 날씨가 어떻다느니 신발이 어떻다느니 옷입은 것이 어떻다느니 분위기가 어떻다느니⋯ 도대체 군소리가 많습니다. 집에 돌아오면 이번에는 또 마누라한테 화풀이합니다. 아침에 나갈 때 니가 잔소리를 하고 바가지를 긁어서 하루종일 재수가 없었다⋯ 책임을 거기다 돌립니다. 이런 인간은 구제불능입니다. 어디 가서나 꼭 제 책임을 남에게 돌립니다. 너 때문이다, 그 때문이다, 누구 때문이다⋯ 누구 때문이기는, 제 탓인 것을. 문제가 아닐 수 없습니다.

뿌리깊은 죄입니다. 원죄적인 죄입니다. 보십시오. 어찌하여 먹었느냐?—하나님께서 문책하실 때 제가 먹었습니다, 하지 못하고 이 여자가 주어서 먹었습니다, 하고 아내한테 책임을 돌립니다. 더욱이 성경을 자세히 읽어보면 책임을 하나님께 돌리고 있는 것을 알 수 있습니다. 하나님이 주셔서 나와 함께하게 하신 이 여자가 주어서 먹었습니다—하나님 책임이라는 것이 아닙니까. 왜 이 여자를 나에게 주셨습니까—한때는 하와를 가리켜 "이는 내 뼈 중의 뼈요 살 중의 살이라(창 2:23)"하면서 미치게 좋아하더니 이제와서 한다는 소리가 이 짝입니다. 여자 때문에 망조가 들었습니다. 자고로 여자 때문에 거덜나는 사람 많습니다. 동서고금의 인간사 이야기이기 전에 에덴동산에서부터 그랬습니다. 보십시오. 이 여자로 인하여—아담의 '먹은 것'이 어떻게 여자 하와 탓입니까. 먹은 것이 누군데… 내 입으로 먹었지 않습니까. 문제는 여기에 있습니다. 만일에 그 책임을 여자에게 돌리는 것이라면, 좋으신 하나님께서는 여기서 딴말씀은 없이 넘어가십니다마는 저같았으면 꼭 한마디 하였을 것입니다. "그렇다면 너는 누구냐? 너라는 인간은 뭐냐?" 이렇게요. 하나님께서는 다시 여자 하와에게 물으십니다. "뱀이 나를 꾀므로 내가 먹었나이다." 하와는 이렇게 대답합니다. 여기에도 저같았으면 이렇게 추궁했을 것같습니다. "그러면 너는 누구냐? 뱀의 꾐이나 받고 휘청휘청하는 너라는 존재의 주체는 도대체 뭐냐? 네 정체성은 어디 갔느냐." 남이 먹으란다고 내가 먹을 것입니까, 가란다고 가겠습니까. 마지막 선택권, 결정권은 나에게 있는 것입니다. 그러니 했으면 내가 한 것이지 어떻게 남 탓이라고 책임을 돌릴 수 있는 것입니까. 저는 정말 유감스럽습니다. '하나님, 이것은 다 제 잘못입니다. 제가 먹었습니다.' 아담이 이렇게 대답했더면 실낙원 되지 않았을 것이라고 믿는 것입니다.

여러분, 내 마음 속에 낙원이 있습니다. 하나님께서는 우리 모든 사람의 마음과 가정이 다 낙원 되기를 원하십니다. 하나님께서는 충분하게 주셨습니다. 우리 지금 다 넉넉합니다. 얼마든지 행복할 수 있습니다. 그러나 우리의 마음속은 오히려 가난하고, 어려울 때 만큼도 우리의 마음속에 낙원이 없습니다. 에덴의 동쪽에 살고 있습니다. 실낙원된 인간으로 살아가고 있습니다. 불신과 공포와 거짓과 변명과 책임전가—거기에 문제가 있습니다. 그 많은 날 공청회라는 것도 해보았지마는 하나도 밝혀진 것은 없습니다. 여론은 많습니다마는 진실은 감추어지고 있습니다. 그 깊은 원인이 어디에 있습니까. 뿌리를 뽑기 전에는 내가 낙원을 회복할 수 없습니다. 실낙원은 낙원에서 추방당한 것이 아니라 스스로 낙원을 버린 것입니다. 복낙원(復樂園)의 길은 어디에 있습니까. 낙원을 회복할 수 있는 길은 어디에 있다고 생각하십니까. 얼마전에 샌프란시스코에 갔었습니다. 거기에는 히피족도 많고 에이즈환자도 많습니다. 거기 가서 제가 눈으로 보고 귀로 들은 것입니다. 어떤 아버지가 에이즈로 시커멓게 죽어가고 있는 아들을 휠체어에 태워가지고 거리를 지나다니면서 "에이즈환자를 사랑합시다"하고 소리치면서 혼자 데모하는 것을 보았습니다. 여기서 들은 이야기입니다. 어떤 여자의사가 나름대로 의사일을 열심히 하면서 병원을 살리느라고 그만 가정생활을 등한히했습니다. 그의 남편은 혼자서 이리저리 방황을 하게 됩니다. 술도 찾고 아편도 해보고, 우왕좌왕 밖으로 나돌다가 마침내 에이즈환자가 되고 말았습니다. 시커멓게 썩어가지고 집에 돌아왔습니다. 아내는 기가막힙니다. 바로 이 순간입니다. 아내는 가만히 생각해보았습니다. 이렇게 된 원인이 어디에 있느냐? 내가 한 남자의 아내로서 아내 구실을 제대로 하지 않았다, 아내된 도리를 다하지 않았다, 병원일만 챙기고 돌다가 당신과 함께하지 못해서 당신을 이 꼴로 만든 것이다, 이것은 당신책임이기 전에 나의 책임이다―남편 보고 그는 말했습니다. "내가 당신을 병들게 했습니다. 그런데 당신이 이대로 죽어간다면 내가 혼자 남아서 그 가책과 괴로움을 어떻게 감당할 것입니까. 무슨 낙이 있겠습니까. 나도 당신하고 같이 가겠습니다." 오랫동안 멀어져 있던 사이인데 이때부터 다시금 부부관계를 계속합니다. 그런데 놀랍게도 이 여자는 끝까지 에이즈에 감염되지 않는 것이었습니다. 얼마동안 지내가면서 보니 남편의 병까지 나았습니다. 뜨거운 사랑이 에이즈균도 죽인 것입니다. 이런 기적이 있었습니다. 사실입니다. 이것을 알아야 합니다. 그들은 어디에 살든지 지금 복낙원되어 사는 것입니다.

　잃어버린 낙원, 슬퍼할 것이 아닙니다. 내가 처한 처지, 내 가정, 이 현실 속에 복낙원의 길이 있습니다. 오늘 복낙원하고 사는 사람이 되어야 내일의 하나님나라도 소유할 수가 있는 것입니다. △

재난의 시작

　예수께서 감람산 위에 앉으셨을 때에 제자들이 종용히 와서 가로되 우리에게 이르소서 어느 때에 이런 일이 있겠사오며 또 주의 임하심과 세상 끝에는 무슨 징조가 있사오리이까 예수께서 대답하여 가라사대 너희가 사람의 미혹을 받지 않도록 주의하라 많은 사람이 내 이름으로 와서 이르되 나는 그리스도라 하여 많은 사람을 미혹케 하리라 난리와 난리 소문을 듣겠으나 너희는 삼가 두려워 말라 이런 일이 있어야 하되 끝은 아직 아니니라 민족이 민족을, 나라가 나라를 대적하여 일어나겠고 처처에 기근과 지진이 있으리니 이 모든 것이 재난의 시작이니라 그 때에 사람들이 너희를 환난에 넘겨 주겠으며 너희를 죽이리니 너희가 내 이름을 위하여 모든 민족에게 미움을 받으리라 그 때에 많은 사람이 시험에 빠져 서로 잡아주고 서로 미워하겠으며 불법이 성하므로 많은 사람의 사랑이 식어지리라 그러나 천국 복음이 모든 민족에게 증거되기 위하여 온 세상에 전파되리니 그제야 끝이 오리라

(마태복음 24 : 3 - 14)

재난의 시작

링컨 대통령이 어느날 아침 일찍 정원을 산책하는데, 초등학생 또래의 두 형제가 장난을 치면서 따라오더니 대통령 보고 인사를 합니다. 대통령은 호주머니에서 호두 다섯 개를 꺼내어 그 중 동생한테 주면서 형과 나누어 먹으라고 말했습니다. 그랬더니 동생은 형보고 "내가 받은 거니까 나는 세 개를 갖고 형은 두 개 가져" 하면서 형한테 두 개를 건넵니다. 그러자 형은 "나는 형이니 셋을 갖고 너는 동생이니 둘을 가져야 옳지 않느냐" 합니다. 이래가지고 아웅다웅 다투기 시작합니다. 이것을 보고 대통령은 빙그레 웃고 있는데 뒤따라가던 비서실장이 묻습니다. "아이들이 왜 싸우는 겁니까?" 대통령은 이렇게 대답합니다. "세계문제로 싸운다네." "아니, 아이들이 웬 세계문제입니까?" 대통령은 천연스럽게 대답합니다. "세계문제가 별것이겠는가. 그저 다 고루고루 똑같이 나누어 가지면 좋을 터인데 어떤 이유로든지 나는 더 가져야 된다, 너는 덜 가져라, 된다, 안된다, 뭐 서로 이래가지고 싸우는 것 아닌가. 세계문제가 아이들싸움에 다 들어 있는 것이야."

여러분, 지난 삼천 년 동안 세계에는 삼천삼백 번의 전쟁이 있었다고 합니다. 역사는 싸움의 역사로 점철되어 있습니다. 승자도 패자도 없는 계속적인 싸움입니다. 굳이 말하자면 패자만 있을 뿐이지 승자는 없습니다. 미국과 구 소련이 만들어놓은 소위 핵무기라고 하는 것을 합해보면 지구를 마흔한 번 날려버릴 수 있는 위력이라고 합니다. 만일에 두 나라가 싸우든가해서 이게 터지는 날이면 지구라고 하는 흙덩이는 고스란히 공중분해를 하게 됩니다. 그런 오늘 우리가 사는 것입니다. 이것이 하루하루 사는 우리의 모습입니다. 그럼에도 불구하고 인간들에게는 평화에 대한 기대감이 있습니다. 일차세계대전이 끝났을 때, 이제는 온세계에 영원한 평화가 오는가보다 했습니다. 그러나 얼마 안가서 다시 2차대전이 터집니다. 오늘 이 자리에도 2차대전에 가담했던 분이 많이 있습니다마는 이 2차대전으로 인해서 온세계가 들끓었습니다. 2차대전이 끝났을 때는 다시 이제야말로 세계에 평화가 오는가보다 했습니다. 그리고 만세를 불렀습니다. 한 달 동안 일도 하지 않고 온동네 온시민이 축제로만 지샜던 기억이 있습니다. 그러나 그 꿈도 잠깐, 바로 공산주의와 자유주의의 대결로 인하여 이른바 냉전시대가 옵니다. 그래 더 무서운 전쟁을 계속 치르는 가운데, 전세계가 적화되는 것은 아닌가 하는 그런 위험 속에서 살아가게 되었습니다. 공산주의 종주국인 구 소련이 무너졌을 때, 공산주의가 무너지는 순간에 자, 이제야말로 평화가 오나보다, 이제는 더이상 싸움은 없으려나보다 했는데 이 또한 웬걸요, 더 싸움이 많아졌습니다. 민족 간의, 종교 간의, 집단 간의 그 많은 싸움이 오늘도 여기저기서 끊이지 않고 있습니다. 언제나 평화가 있겠습니까. 전쟁이 끝난 다음에 오는 평화를 기대한다면 이렇듯 전쟁이 끝나지 않고 있으니 그런 평화는 기대할 수 없을 것입니다. 여러분, 깊이 생각하여야 합니다.

이제 예수님께서 말씀하십니다. 전쟁이 없어지는 것이 아니라 점점 더 심해질 것이라고요. 그리고 그제야 끝이 오리라 하십니다. 역사의 끝이 가까울수록 점점 더 무서운 전쟁이 있을 것을 예고하십니다. 주님의 말씀입니다. 평화에 대하여 감상적이고 낭만적이고 평화주의적인 기대는 하지 않는 것이 좋겠습니다. 주님의 말씀이고 예언이기 때문입니다. 이래서, 어떻게 전쟁을 대처해야 하나, 어떻게 전쟁을 이해해야 하나 하는 과제가 우리의 큰 수수께끼가 되고 있습니다. 미국 예일대학교수 롤란드 에이취 베이튼(Roland H. Baton)이라고 하는 교수가「Christian Attitude toward War and Peace」라고 하는 책을 썼습니다. 기독교인들이 전쟁을 역사 속에서 어떻게 이해하고 왔는가 하는 것을 잘 정리해보인 책입니다. 그 첫째가 평화주의입니다. 'pacifism'이라고해서 무조건 전쟁은 안된다, 하는 전쟁반대주의입니다. 어떤 일이 있어도 전쟁은 안된다, 하는 것입니다. 청교도나 재세례파(再洗禮派)가 이런 유에 속합니다. 그런가하면 'just war'라고 '의로운 전쟁'을 생각합니다. 악을 제거하기 위해서 의로운 전쟁이 필요하다—이렇게 생각하는 것입니다. 루터교나 혹은 국교를 믿는 그런 나라들의 기독교인들이 이렇게 생각해왔습니다. 좀더 나아가서는 십자군이념입니다. crusade concept입니다. 십자군이념으로 생각합니다. 교회가 명하는대로 거룩한 전쟁이 필요하다, 합니다. 전쟁을 교회가 정당화하는, 하나님의 의를 이루기 위하여, 하나님의 평화를 정착케 하기 위하여 거룩한 전쟁은 있어야 한다, 라고 전쟁지지론을 펴는 그러한 기독교적 이해도 있었습니다. 어쨌든 전쟁에 거룩한 의미를 부여하는, 거룩한 전쟁이다, 라고 생각하는, 개혁교회적인 견해가 있습니다. 여러분, 우리가 어떤 말로 이야기해보아도, 중요한 것은 그 전쟁으로 인해서 평화가 왔느냐 하는 것입니다. 십자군전쟁이 평화를 가져다주지 못했습니다. 그 많은 거룩한 이름을 가지고 명분을 내세우며 전쟁을 해보았지만 평화는 없었습니다. 역시 악을 악으로 대하는 것은 어디까지나 악일 뿐입니다. 선으로 악을 갚을 때에만 선을 이룰 수가 있는 것입니다. 악한 방법으로, 전쟁이라는 방법으로 하나님의 평화는 이 땅에 있어지지 않았다는 것을 역사는 말해주고 있습니다.

요컨대 전쟁의 원인과 동기의 문제입니다. 그 원인이 뭐냐하면 이기주의입니다. 개인적이건 집단적이건 그 원인과 동기는 이기주의입니다. 다 함께 살자는 생각이 아닙니다. 나는 특별하다, 하는 나 중심의 이기주의가 전쟁을 불러일으킵니다. 또하나는 지나친 욕심입니다. 그렇게 많이 가질 필요가 없는데 너무 많이 가지고자 욕심을 부립니다. 하나의 heroism, 영웅주의요 특권주의가 전쟁을 불러일으킵니다. 또하나는 증오입니다. 미움과 증오가 증폭될 때 전쟁을 일으킵니다. 사랑하는 마음이 그 마음에 깃들 때까지는 전쟁은 쉬지 않습니다. 이스라엘과 아랍이 큰 전쟁을 일으키고 있을 때 「타임즈」지 커버에 크게 실린 내용을 제가 보았는데 잊지 못합니다. 어느 아랍어머니의 세 아들이 전쟁에 나가서 죽었습니다. 세 아들의 시체가 함께 돌아왔습니다. 장례를 치를 때 기자가 그 어머니에게 물어봅니다. "얼마나 망극하십니까, 얼마나 슬프시겠습니까." 그런데 이것 보십시오. 그 어머니는 눈물을 싹 거두고 곁에 있는, 열네 살된 아들의 머리를 쓰다듬으면서 이렇게 말하는 것입니다. "얘가 빨리 커야 전쟁에 나가겠는데…" 세 아들이 죽었으니 다시 이 아들을 키워서 복수를 하겠다는 이야기입니다. 이렇게 서로 미워하고 증오하고 복수심에 불타고 있는 한 전쟁이야 있건없건 전쟁은 계속되고 있는 것이 아니겠습니까. 또하나, 신학적 동기는 불신앙입니다. 하나님께서 하시는 일, 하나님의 능력, 하나님의 지혜를 믿지 못하고 하나님의 경륜적 사역을 불신하는 것입니다. 못마땅하다는 것입니다. 그런고로 인간적 방법을 씁니다. 하나님께서 침묵하시기 때문에 내가 손을 써야 하겠다는 것입니다. 하나님께서 모른 척하시고 외면하시기 때문에 내가 심판을 내리겠다는 것입니다. 하나님의 위치에 올라가서 하나님의 이름으로 내가 결단을 내려야 하겠다는 것입니다. 이러한 불신앙이 세계에 전쟁을 계속하게 만드는 것입니다. 하나님의 방법, 그 방법만이 평화이건마는. 사람의 방법으로는 어떤 방법으로든지 전쟁은 또다른 전쟁을 불러일으키며 이 세계를 어지럽혀오는 것입니다.

그러나 오늘본문에서 예수님의 말씀을 들어봅시다. 세상 끝에는 어떤 일이 있을까요, 장차 어떤 일이 있겠습니까—여기서 예수님께서는 높은 차원에서 이렇게 말씀하십니다. "난리와 난리의 소문을 듣겠으나 너희는 삼가 두려워 말라." 여러분, 직접적으로 우리나라에는 50년 전에 전쟁이 있었으나, 그러나 지난 50년 동안에도 온세계에 잘 아시다시피 베트남전이며 걸프전이며 코소보전쟁이며… 계속 전쟁이고 얼마나 많은 사람이 죽었습니까. 얼마나 많은 폭탄을 퍼부었습니까. 난리소문을 듣습니다. 그것이 남의 일이 아닙니다. 우리는 눈앞에 적이 있습니다. 언제 어떤 일이 있을는지 모릅니다. 그대로 터져나갈 것인데 자, 보십시오. 이 위험한 가운데 난리의 소문, 위기, 절박한 위기의 소문을 너희가 듣게 될 것이다, 그러나 두려워 말라 하십니다. 왜요? 있어야 할 것이 있기 때문이다, 하나님 앞에 있어야 할 것이 있는 것일 뿐이다, 당연히 있을 일이 있다는 것입니다. 예수님의 말씀입니다. 왜냐하면 죄가 있는 곳에 전쟁이 있기 때문입니다. 하나님의 심판이 있는 곳에 전쟁이 있습니다. 하나님의 구원의 역사가 이루어지는 곳에 전쟁이 있습니다. 우리는 미처 깨닫지 못하나 하나님께서는 전쟁이라는 사건을 통하여 죄인과 의인을 나누어놓으시고, 의와 불의를 갈라놓으시고, 선과 악을 분별하시고, 특별히 하나님께서 심판하시고자 하는 자를 심판하시고, 동시에 그 엄청난 사건을 통해서 당신의 백성들을 구원하십니다. 놀라운, 신비적인 역사가 이루어지고 있는 것입니다. 예수님께서 다시 이렇게 말씀하십니다. "이런 일이 있어야 하되 끝은 아직 아니니라 민족이 민족을, 나라가 나라를 대적하여 일어나겠고 처처에 기근과 지진이 있으리니 이 모든 것이 재난의 시작이니라." 재난의 시작이라고 말씀하십니다. 주님 재림하시기 직전에가서는 엄청난 일들이 있을 것이라고 하십니다. 그러나 끝까지 견디는 자는 구원을 얻으리라, 말씀하십니다. 이것이 극한상황인 전쟁에 대한 예수님의 말씀입니다.

크거나작거나 싸움은 있습니다. 생존을 위한 싸움도 있습니다. 많은 싸움이 있습니다. 특별히 예수님께서 지적하신대로 보면 미혹케 하는 자가 많겠다—곧 영적 싸움이 있겠고, 서로 미워하겠다—곧 도덕적 싸움이 있겠고, 사랑이 식어지리라—종교적인 싸움들이 있겠다고 말씀하십니다. 그러나 여러분, 깊이 생각할 것입니다. 전쟁 속에서 온유한 역사가 이루어집니다. 우리는 대개 전쟁 없는 평화를 생각합니다. 그러나 참평화는 전쟁 속에 있습니다. 놀랍게도 전쟁 속에 하나님의 평화가 이루어지고 있다는 것을 잊지 말아야 됩니다. 소설가나 작가들도 보면 전쟁 속에서 이루어지는 사건들을 통해서 거기서 인도주의를 말하고 거기서 인간을 말하고 인간의 본성을 말하고 인간의 구원을 말하는 경우가 많습니다. 톨스토이의「전쟁과 평화」만 해도 그렇습니다. 저는 어렸을 때 전쟁과 평화라기에 '아, 여기는 무슨 진짜평화가 있는가보다' 하고 열심히 읽었는데, 아무리 뒤져보아도 평화는 없었습니다. 그러나 그는 말합니다. 전쟁 속에 평화가 있다고요. 게오르규의 「이십오 시」를 보든지, 모든 전쟁을 배경으로 하는 이런 유명한 소설들이 무엇을 말하고 있습니까. 전쟁이 끝나고 전쟁 없는 평화를 말하는 사람은 하나도 없습니다. 전쟁 속에서 신비로운 평화가 이루어지고 있다는 것입니다. 전쟁을 통해서 이기심이 무너집니다. 나만이 생각하던 생각, 무너집니다. 전쟁을 통해서 인간성이 살아나고 인도주의가 살아납니다. 비로소 또한 서로 사랑하는 것이 무엇인지, 참사랑이 거기서 나타납니다. 표출됩니다. 신비롭습니다. 또한 사람이 하나님께 돌아오는 귀중한 역사도 이루어집니다.

요한 웨슬리의 가정은 식구가 많기로 유명합니다. 요한 웨슬리가 어렸을 때 집에 불이 났습니다. 이층집이 벌겋게 타오릅니다. 아이들이 많은 집이라서 전부 점검해보았더니 일곱 형제는 다 무사합니다. 그런데 요한 웨슬리 하나는 보이지를 않습니다. 아버지와 어머니는 애가 탔습니다. 이 아이가 어디 있나 하고 온통 뒤져보는데 벌써 이층으로 올라가는 계단에 불이 붙어버렸습니다. 올라갈 수가 없습니다. 그런데 이층 저 구석에서 아이 우는 소리가 납니다. 아이가 창문으로 내다봅니다. 이제 어떡하면 좋겠습니까. 올라갈 길이 없는 걸요. 사다리를 구해야 되겠는데 사다리를 어디서 구해 가져올 시간도 없습니다. 온동네 사람들이 물통을 들고 와서 애를 쓰고 하다가 결국은 동네사람들이 인간사다리를 만들었습니다. 사람 위에 사람, 사람 위에 사람, 어깨 위에 또 어깨… 올라가서 마침내 이 아이를 건져냅니다. 어렸을 때이지마는 요한 웨슬리는 많이 생각했습니다. 이웃사람들이 나를 이렇게 사랑하는 줄 몰랐습니다. 아버지

어머니가 나를 이렇게 사랑하는 줄 몰랐습니다. 어려운, 극한적인 상황을 통해서 참사랑이 무엇인지를 알게 된 것입니다. 평범할 때는 사랑이 있는지 없는지, 세상이 망했는지 썩었는지를 모릅니다. 그러나, 이 전쟁상황 속에서 보면 인간은 아름답습니다. 사랑은 고귀합니다. 아름답고 귀한 일들이 거기서 나타납니다.

　여러분, 다시 우리는 오늘성경으로 돌아가서 예수님의 말씀에 귀기울여봅니다. 예수님께서는 전쟁이 있고 재난이 있고 사랑이 식어지고 어려운 일 있겠다, 그러나 이런 일이 다 있은 다음에, 그러나 복음이 땅 끝까지 전해지리라, 그제야 끝이 오리라, 하십니다. 전쟁 때문에 끝이 오는 것이 아닙니다. 천지개벽 때문에 끝이 오는 것이 아닙니다. 복음이 땅 끝까지 전해지고, 그리고 끝이 옵니다. 복음적, 선교중심적 역사의식, 종말론을 주님께서 말씀하고 계십니다. 여러분, 전쟁을 어떻게 이해하든 신비롭게도 전쟁을 통해서, 이 고난을 통해서 하나님의 선교는 확실해집니다. 놀라운 역사가 이루어집니다. 하나님의 사람 하나하나를 구원하십니다. 사람되게 만드십니다. 깨닫게 만드십니다. 끊어야 될 것 못끊는 것 끊게 만드십니다. 저는 이런 사람을 하나 압니다. 위장병에 신경통까지 있어서 지팡이짚고 절룩절룩하면서 아무 일도 못했습니다. 그러던 사람인데 전쟁이 꽝하고 터지니까 피란민 대열에 끼여서 나오는데 지팡이도 없고 소화불량도 없어요. 깨끗해졌더라고요. 이 사람이 언제 아팠던 사람이냐 싶더라고요. 신통하게 나았더구만요. 여러분, 요새 저러는 것들, 다 어딘가 나사가 풀려가지고, 멍청해가지고 그 모양들입니다. 정신차렷! 어떤 때, 전쟁상황에서 하나님의 사람 하나하나를 깨닫게 하고 훈련하고 건강하게 하고 신령한 사람으로 나타나게 할 뿐만 아니라 복음이 땅 끝까지, 땅 끝까지 전해질 것이다, 그리고 그제야 끝이 오리라—이상하게도 우리가 생각하는 안정과 평화는 사람을 타락시킵니다. 세속적인 인간으로 만듭니다. 더러운 인간으로 만듭니다. 구제받을 수 없는 세상으로 만듭니다. 어쩌면 재난과 전쟁을 통해서 신비로운 하나님의 역사는 이루어지는 것을 인정하지 않을 수가 없습니다. 여기 선교적 목적이 있습니다. 사람을 겸손하게 하고 인간 우상을 만들어놓았던 인간들을 이제 모든 과학적 우상에서 벗어나게 합니다. 1차대전, 2차대전이 다 그렇게 말하고 있습니다. 인간이 자기이성을 끝까지 자랑했는데 인간의 이성이란 이 정도밖에 안된다는 것을 깨닫게 되었다고 역사가는 말합니다. 참사랑, 겸손한 사랑, 마음을 열고 주님을 영접할 수 있는 역사가 여기서 이루어진다는 것입니다. 제가 아는 장로님 한 분은 아주 신앙생활 잘합니다. 봉사도 열심히 합니다. 그만하면 괜찮으나 본인은 늘 가책을 느낍니다. 왜냐하면요 6·25 전쟁 때, 포복을 하는데 뒤에서 총알이 비오듯히고 옷이 찢어질 정도로 총알을 맞았는데 자기몸은 무사했습니다. 그 자리에 엎드려가지고 "하나님, 이제 살려주셨으니 하나님의 뜻대로 하나님의 영광을 위해서만 살겠습니다"하고 맹세, 맹세했다고 합니다. 가끔 그 장면이 꿈에 보이는데 이런 생각이 든다고 합니다. 내가 지금 어디 있느냐, 너 지금 무엇하고 있느냐—그렇게 느낀다고 합니다. 그 전쟁상황에서 깨끗하게 하나님과 만났던 그 아름다운 인간은 어디 가고 이 모양, 이 시원치 않은, 허섭스레기 같은 인간만 남아 걸어다니고 있단말인가, 하고 자책을 하는 것입니다.

여러분, 다시한번 깨달아야 하겠습니다. 전쟁소식을 들으면서 깨달아야 하겠습니다. 북한은 전쟁준비를 완료했습니다. 저는 여러

번 들었습니다. "우리는 완료했습니다. 장군님명령 한마디만 떨어지면 우리는 꽝! 합니다." 그러더라고요. 이렇게 호언장담 하고 있는 바로 이 시점에 우리는 아직도 정신을 못차리고 있습니다. 이래도 되는 것입니까. 하나님께서 계속 말씀하십니다. 하나님께서 계속 우리를 어디론가 인도하려 하십니다. 하나님의 깊으신 뜻이 이 가운데 있고 하나님의 구원의 역사가 있습니다. 깊이 깨닫고, 믿고, 듣고, 겸손히 받아들이고, 두려움없이 주님 인도하시는 길로 가야 할 것입니다. 이제 주님의 음성을 들어봅시다. "Be still, know that I am God." —"조용하여 내가 하나님됨을 알라" 하십니다. 하나님께서는 역사의 주인이 되시고, 우리와 함께 계시며, 안타깝게 우리를 두드리고 계십니다. 우리는 어디로 가야 합니까. △

승리한 증인, 스데반

    저희가 이 말을 듣고 마음에 찔려 저를 향하여 이를 갈거늘 스데반이 성령이 충만하여 하늘을 우러러 주목하여 하나님의 영광과 및 예수께서 하나님 우편에 서신 것을 보고 말하되 보라 하늘이 열리고 인자가 하나님 우편에 서신 것을 보노라 한대 저희가 큰 소리를 지르며 귀를 막고 일심으로 그에게 달려들어 성밖에 내치고 돌로 칠새 증인들이 옷을 벗어 사울이라 하는 청년의 발 앞에 두니라 저희가 돌로 스데반을 치니 스데반이 부르짖어 가로되 주 예수여 내 영혼을 받으시옵소서 하고 무릎을 꿇고 크게 불러 가로되 주여 이 죄를 저들에게 돌리지 마옵소서 이 말을 하고 자니라

              (사도행전 7 : 54 - 60)

승리한 증인, 스데반

사람은 그가 현재에 얼마를 가졌는지, 또 얼마나 알고 있는지, 혹은 어떤 처지에 있는지, 어떤 직분을 맡았는지… 이런 것으로 평가될 수 없다고 생각합니다. 그가 가지고 있는 소원, 그것이 문제입니다. 비록 이루지 못한 소원이라도 그가 가진 간절한 소원, 그리고 그가 가진 행복관에 따라 평가되는 것입니다. 과거도 아니고 현재도 아닙니다. 미래를 향한 그의 간절한 소원, 그것이 무엇이냐에 따라서 평가됩니다. 쾌감과 행복은 같은 것이 아닙니다. 쾌감이란 오감을 만족케 하는 충족에서 오는 것이고 행복은 사람과 사람 사이에서, 그 관계에서 오는 것입니다. 여러분, 여러분의 마음속깊이에 있는 마지막 소원은 무엇입니까?

인간은 기본적으로 먹고 싶은 욕망을 지니고 있습니다. 모든 생명이 다 그러합니다. 먹어야 사니까. 강아지를 키워보면 강아지가 세상에 태어나면서 아직 눈도 뜨기 전에 냄새를 맡고 어머니의 젖을 찾아 물고 빠는 것을 봅니다. 참 신기하기도 하고 외경스럽기까지 합니다. 사람의 갓난아기는 그렇게 못하는데 이것들은 눈도 안뜨고 누구의 도움도 받지 않고 찾아가 젖을 빱니다. 생명력, 생명적 본능이 거기에 나타나고 있습니다. 먹어야 하는 것이니까요. 그리고 무엇을 먹느냐, 어떻게 먹느냐, 그것이 문제입니다. 요새 많은 사람들을 만나보면, 특별히 연세가 높은 분들은 이런 이야기를 합니다. "치아가 다 빠져서 틀니를 하고보니 살아도 사는 것이 아닙니다." 무슨 소리인고하니 맛을 모른다는 것입니다. 틀니를 가지고 먹으니까 영 음식의 맛을 모른다, 그러니까 사는 재미가 없다—그런 말들을 합니다. 그야말로 구제할 길이 없는 노릇입니다. 어쨌든 먹는다는 것은 중요하고, 먹는 재미가 중요합니다. 심지어는 이것에만 관심을 가지는 사람이 있습니다. 그 사람이야 그 수준의 사람이니까요. 또한 하고 싶은 일이 있습니다. 그 일을 하고 싶어하는 마음이 있습니다. 성취욕입니다. 그래서 무엇을 하느냐, 어떻게 하느냐가 중요합니다. 하고 싶은 일을 하는 것만한 행복은 없다고까지 말들 하지 않습니까. 그러므로 당신이 하고 싶은 일이 무엇인지 묻고 싶습니다. 그것이 바로 당신의 가치와 수준을 말하니까요. 또하나는, 만나고 싶은 것입니다. 만나고 싶어하는 마음, 사랑하는 사람과 같이 있고 싶어하는 그런 마음입니다. 누구를 만나고 싶어하느냐, 누구와 함께 있을 때 행복하냐, 이런 것이 그 사람의 사람됨을 가름합니다. 또는 가지고 싶은 것이 많습니다. 소유욕입니다. 이것을 좇아 몸부림치고 삽니다. 도대체 내가 무엇을 좋아하며 무엇을 가지고 싶어하는가, 또 어떻게 가지고 싶은가—이런 문제가 사람됨을 알게 합니다. 더욱 중요한 것은 인정받고 싶어하는 마음입니다. 인간관계에서 내 진실이 인정받고 내 충성이 인정받고 내 사람됨이 인정받기를 바랍니다. 누구로부터 사랑을 받고, 혹은 존경을 받고 인정받고 싶어하는 그런 욕망에 끌려 삽니다.

그러나 그 모든것보다 가장 위에 있는, 가장 중요한 것은 '되고 싶은' 욕망입니다. 여러분은 어떤 사람이 되고 싶습니까? 어떤 사람이 되었으면 합니까? 여기에 나의 나됨이 있는 것입니다. 나는 평생토록 어떤 사람이 되고 싶었습니까? 되고 싶은 사람이 되기 위해서 우리는 모델을 찾습니다. 모본을 찾습니다. 어떤 사람을 부러워하고 살아왔습니까? 아무리 생각해도 역사적인 인물이든 주변의 사람이

든 간에 나는 아무도 존경할 수 없다, 아무도 믿을 수 없다—이렇게 생각하는 사람이 있다면 그 사람은 구제불능의 사람입니다. 참으로 불행한 사람입니다. 내가 그 누구를 존경하고, 모방하고 싶고, 흠모하고, 사모하고, 부러워하고 '저 사람같이 되었으면 좋겠다' 하는 간절한 마음을 가지고 그 누구를 우러러보며 살 수 있다면 나는 행복한 사람입니다. 가능하면 그의 주변에서 그와 함께하며 살 수 있다면 더더욱 행복한 사람입니다. 그렇게 되면 내가 그 사람을 점점 닮아가기 때문입니다. 저는 예수님 공생애 당시에 예수님주변에 있던 제자들이 몹시도 부럽습니다. 예수님을 만나고 예수님과 함께하고 예수님의 그 모든것을 보면서 가까이 살았던 것이니 얼마나 행복한 사람들입니까. 당신은 어떤 사람이 되고 싶습니까? 내가 어떤 사람이 되고 싶으냐—그것이 문제입니다.

    저는 성서적으로 볼 때 이런 사람 저런 사람, 장점도 있고 단점도 있고, 좋은 점도 있고 실수한 점도 많이 있는, 저마다 나름대로 특징이 있는 사람들을 봅니다마는 내 개인적으로는 그 중 스데반을 가장 높이 존경합니다. 스데반이야말로 모델적인 그리스도인다, 라고 생각합니다. 사도행전 6장 15절에 보면 "그 얼굴이 천사의 얼굴과 같더라"하는 말씀이 있습니다. 천사를 본 적은 없지만 그 말씀의 뜻은 알 것같습니다. 천사의 얼굴—천사의 마음이 있기에 천사의 얼굴로 나타납니다. 얼마나 훌륭한 인격입니까. 그리스도인의 별명이 '증인' 입니다. 혹은 그 속성에 의해서 증인이라고 합니다. 그리스도인은 어디를 가든지 증인입니다. 그리스도를 증거하고 그리스도의 교리를 증거하고 그리스도의 진리를 증거할 뿐만 아니라 특별히 부활생명의 증인이요 부활신앙의 증인입니다. 부활의 증인은 순교로 그 신앙을 증거하게 됩니다. 어디 가나 우리는 증인이라는 것을 잊지 말아야 합니다. 여행을 할 때 저는 부득이 정장을 하고 나섭니다. 그래 비행기를 내릴 때 맞이하는 분들 가운데는 열세 시간이나 비행기를 타고 왔으니 좀 캐주얼하게 입고 내려올 줄 알았다고 인사하는 사람들이 있습니다. 그런데 넥타이를 맨 정장으로 나서니까 "불편한데 어떻게 그렇게 하고 오십니까?" 합니다. 그래 저는 이렇게 대답을 합니다. "어디 가나 소망교인이 있습니다. 우리는 소망교인 앞에 바르게, 단정한 모습으로 나타나려고 합니다. 불편하지마는 잠을 자도 넥타이를 매고 자야 됩니다." 왜요? 증인이기 때문입니다. 우리는 확실하게 자나깨나, 먹으나입으나, 가나오나, 모든것이 그리스도의 증인으로 나타나고 있다는 것을 잊어서는 안됩니다.

오늘본문은 스데반을 가리켜 한마디로 이렇게 말씀합니다. "성령이 충만하여"라고. 그는 성령이 충만한 사람입니다. 성령이 충만한 사람은 어떤 모습으로 나타나는지 한번 봅시다. 먼저는 그가 우러러보고 있습니다. 자기를 죽이려고 하는 사람들이 이를 갑니다. 당장 돌을 들어 치려고 하는 그 무서운 사람들 앞에서도 그는 하늘을 우러러보았습니다. 그것이 위대한 신앙입니다. 왜냐하면 우리의 마음의 고향이요 앞으로 가야 할 곳이 그곳이니까요. "하늘을 우러러"—대단히 귀중한 말씀입니다. 우러러볼 때 거기 그리스도께서 하나님 우편에 앉아계신 것을 봅니다. 우리는 좀 어려울 때면 사람을 봅니다. 세상을 봅니다. 물질을 봅니다. 그리고 낙심합니다. 미워하는 사람을 보고 나도 미워합니다. 그러다가 내가 더 나쁜 사람이 되고 맙니다. 어떤 경우에도 하늘을 우러러볼 수 있는 마음의 여유, 그것이 필요합니다. 자, 이제 보십시오. 이렇게 우러러보며 하나님 앞에 기도하는 스데반을 본 사도 바울이 먼훗날에 예수를 믿고 하나님의 사람으로 살아갈 때 골로새서 3장 1절에서 이렇게 증거하고 있습니다. "그러므로 너희가 그리스도와 함께 다시 살리심을 받았으면 위엣것을 찾으라 거기는 그리스도께서 하나님 우편에 앉아 계시느니라." 스데반이 하늘을 우러러본 것을, 보는 것을, 그 증거를 본 사도 바울이 뒷날 그것을 그대로 바울의 메시지로 증거하고 있습니다. 위를 보라, 땅엣것을 생각지 말고 위를 생각하라, 위를 보라—이렇게 말씀합니다. 참으로 놀라운 이야기입니다. 이것이 바로 그리스도인입니다. 어떤 경우에도 위를 보아야 합니다. 더욱이 오늘본문에 보니 스데반은 "인자가"라는 말씀을 합니다. 예수님께서 세상에 계실 때 예수님께서 당신자신을 지칭하실 때 쓰신 표현이 '인자' 입니다. 제자들이 그리스도를 향하여, 예수님을 향하여 부른 호칭이 '그리스도' 입니다. '메시야' 입니다. 여기에 엄청난 차이가 있습니다. 그 신학적인 긴 설명은 하지 않겠습니다. '인자' 라고 하는 것은 가장 높은 이름입니다. 그리고 역사 끝에 친히 계시자로 임하시는 바로 하나님 그분에 대한 칭호가 '인자' 입니다. 그런고로 예수님께서는 십자가지시기 직전 재판받으실 때도 인자가 구름을 타고 오리라고 명백하게 선언하십니다. 이렇게 백 번 이상이나 인자, 인자, 말씀하셨는데 제자들은 그를 향하여 '당신은 인자입니다' '인자여' 라고 부른 일이 한번도 없습니다. 오직 스데반이 딱 한 번 "인자가 하나님 우편에 서신 것을 (내가) 보노라" 합니다. 인자라는 표현이 제자의 입을 통해서는 처음으로 나타난 것입니다. 놀라운 이야기입니다. 성경에 보면 많은 믿음의 사람들에게 실수가 있습니다. 그 중에서도 대표적인 사람 모세의 이야기를 좀 하겠습니다. 그가 여러 번 실수하는 이유가 어디에 있었습니까. 위를 보지 못하고 백성을 보았기 때문입니다. 백성이 원망할 때 원망하는 백성을 보다보니 원망하는 백성을 원망하며 망령된 행동을 하게 됩니다. 그때도 위를 보았더라면 전혀 다른 결과가 나왔을 것인데, 위를 보지 못하고 순간적으로 땅을 보고, 원망하는 백성을 보고, 세상을 보았습니다. 그래서 그만 실수하게 됩니다. 여러분, 단 한순간도 위를 보는 그 마음과 시선을 흐트려뜨려서는 안됩니다. 하늘에 초점을 맞추고 사는 것에서 잠깐도 흐트러져서는 안됩니다.

또 한 가지, 스데반의 가장 위대한 장점은 용서하는 것입니다. 알고보면 지금 자기를 죽이겠다고 아우성치는 이 사람들이 바로 옛 친구들입니다. 헬라파유대인들입니다. 한번 생각해보십시오. 왜 베드로가 죽지 않고 스데반이 죽는 것입니까. 그가 지성인이요, 학자이기 때문입니다. 대표적인 헬라파유대인이기 때문입니다. 이 사람 하나가 예수를 믿을 때 많은 유대사람들과 유대교회 중에 큰 문제가 생기기 때문에 이 사람을 죽이려드는 것입니다. 지금 이 자리에 모여서 자기를 죽이겠다고 아우성치고, 이를 갈고, 돌을 던지는 이 사람들이 바로 엊그제까지만해도 내 친구요 동료들입니다. 그런 그들이 나를 죽이려고 하는데 그는 그들을 용서했습니다. 그들은 저를 향하여 이를 갈고 미워했지만 저는 미워하지 않았습니다. 예수님 십자가에서 하신 말씀대로 저들의 죄를 사하여 주십사 하고 기도합니다. "이 죄를 저들에게 돌리지 마옵소서(60절)." 여러분, 예수의 제자에게는 원수가 없습니다. 언젠가라도 모든 사람을 용서하고야 예수의 제자가 될 수 있습니다. 원수를 사랑한다는 것은 결코 사랑의 극치가 아닙니다. 이것은 기본적인 것입니다. 여기서부터 시작합니다. 우리가 하나님께로부터 받은 사랑이 어떤 사랑입니까. 우리가 하나님과 원수되었을 때 그가 우리를 사랑하셨습니다. 원수사랑입니다. 그리스도인이 베풀어야 할 사랑의 기본적인 것도 바로 원수를 사랑하는 것입니다. 그리스도인에게는 원수가 없습니다. 적어도 아무도 미워하는 사람이 없어야 합니다. 깨끗이 용서해야 합니다. "이 죄를 저들에게 돌리지 마옵소서"—그가 무릎을 꿇고 하나님 앞에 마지막으로 드린 기도입니다. 의인을 죽이는 죄, 그리스도인을 향하여 돌을 던지는 이 무서운 죄를 저들에게 돌리지 말아주십사 합니다. 예수님말씀대로, 저들이 하는 것을 모르기 때문입니다, 그러니 저들을 불쌍히 여겨주십사 합니다. 그러면 누구에게 돌리시라는 것입니까. 여기에 중요한 의미가 있습니다. 모름지기 저는 생각합니다. 내가 좀더 기회를 가지고 좀더 온유하게 잘 설득을 했더라면 이렇게까지 격한 행동이 폭발하지는 않았을 것이라고 스데반은 생각한 것같습니다. 여기서 저들이 발악하며 돌을 던지는 것에 상당부분의 잘못이 나 자신에게 있다고 생각한 것같습니다. 그래서 말입니다. 저들에게 돌리지 말아주십시오—이것이 그의 마지막 기도입니다. 여러분, 어떤 허물, 어떤 잘못도 책임을 남에게 돌리는 것이면 그리스도인이 아닙니다. 스데반은 내게 돌렸습니다. 그 잘못이 내게 있는지도 모르겠습니다, 이러한 마음으로 하나님이여, 이 죄를 저들에게 돌리지 말아주십시오, 하고 간절하게 기도합니다. 이것이 자유인이요, 그리스도인된 모습입니다.

좀더 나아가 스데반은 전적으로 하나님께 생을 위탁하였습니다. "내 영혼을 받으시옵소서"하고 하나님 앞에 기도합니다. 제가 1963년에 처음으로 미국유학을 갔을 때, 우리나라에는 아직도 자가용자동차 문화가 없을 때입니다. 가서 미국인목사님의 차를 탔는데, 그 분이 안전벨트를 매면서 나보고도 매라고 합디다. 이거 생전처음 매어보니 이상하더라고요, 비틀어 매는 것이. 그리고 이 분은 운전대 앞에서 벨트를 딱 맨 다음에는 잠깐 기도를 합니다. 그래서 나도 따라서 기도하다가 언젠가 한번 물어보았습니다. "나는 식사기도도 배웠고 잠자리기도도 배웠습니다마는 벨트매는 기도는 못배웠습니다. 이 벨트 매고는 뭐라고 기도하는 것입니까?" 좀 가르쳐달라고 했습니다. 했더니, 껄껄 웃으면서 대답합니다. "간단하지요. '내 영혼을 받으시옵소서' 하고 기도하지요. 가다가 언제 사고날지 모르니까, 언제 꽝하고 난리날지 모르니까 미리 내 영혼을 부탁드리고 떠나는 것입니다." 흔한 생각같아서는 무사히 가게 해주시고, 잘 가게 해주시고, 돌아오게 해주시고… 할 것같은데 아니었습니다. 내 마음대로가 아닌 것입니다. 설사 어느 순간에 '꽝' 하더라도 "하나님, 내 영혼을 받으시옵소서"─생명을 하나님께 맡기고 사는 것입니다. 이스라엘사람들 저녁기도가 어떤 것인지 아십니까? 우리는 잠자리기도 할 때도 "잠 잘 자게 해주시고…"합니다. 우리집 아이들도 기도하는 것을 보면 "무서운 꿈 꾸지 않게 해주시고, 건강하게 내일아침 일어나서 또 활동하게…" 이야기가 많습니다. 장황합니다. 그런데 이스라엘사람들의 기도는 이렇습니다. "내 영혼을 아버지 손에 부탁하나이다." 그런데 어떤 사람은 같이 자보니까 코를 고는데 심하게 골 때는 꼭 죽는 것인가 싶더라고요. 드르렁드르렁하다가는 또 꼴깍 멈추고, 어이쿠 죽었는가 하면 또 살아나고 하더라고요. 아, 그 힘들데요, 코고는 사람들. 그런데 이 언제 죽을는지 알아요? '뚝' 하면 가는 것입니다. 뭘 그 일어나서… 언제 제대로 살았다고 그런 기도 합니까. 그저 잠자리기도는 이렇게 하는 것입니다. "아버지여, 이 영혼을 아버지 손에 부탁하나이다. 자다가 가더라도 아버지께 가게 해주십시오." 예수께서 십자가에 돌아가실 때 마지막으로 드린 그 기도가 이스라엘사람들이 평상시에 드리는 잠자리기도입니다. 이렇게 기도하다가 마지막 떠나는 날도 "내 영혼을 아버지 손에 부탁하나이다"라고 기도하며 가는 것이 그리스도인입니다. 그것을 알아야 합니다. 생명, 운명, 모든 되어지는 일을 totally commit, total commitment, 하나님께 완전히 위탁하는 그것이 그리스도인의 모습입니다.

놀라운 것은, 저렇게 스데반은 죽어갑니다마는 그 얼굴이 천사의 얼굴과 같았습니다. 왜? 그 마음이 천사이니까요. 이렇게 죽어감으로해서 스데반은 죽어서 하나님께 큰 영광을 돌리고 이것을 지켜본 사도 바울은 이제 다시 그의 뒤를 따라 한평생 수고하며 하나님께 영광을 돌립니다. 이상한 것은, 제가 신학대학에서 바울신학을 강의해보았지만 여러 해 강의하면서 자세히 연구해보니 사도 바울의 신학인즉 스데반이 죽기 전에 마지막으로 설교한 그 내용에서 한 발짝도 앞으로 나가지 못했다는 것입니다. 스데반은 Christianize the Old Testament, 구약성경을 신약화하고, 구약을 통해서 그리스도의 십자가의 의미를 증거하고, 교회를 증거하고 있는데, 이것은 놀라운 신학적 기초가 됩니다. 그러고보면 바울은 스데반의 제자입니다. 그리고 한평생을 살아갑니다. 여러분, 누구든지 참그리스도인이 되려면 참다운 그리스도인을 한 사람 만나고야 그리됩니다. 사도 바울이 행복했던 것은 그가 참그리스도인을 먼저, 증인된 그리스도인을 먼저 만났었다는 데 있습니다. 스데반은 결국 중요한 후계자를 남긴 것이 아니겠습니까.

지난 5월 31일자 「타임」지에서 'A Surge of Teen Spirit' 라고 하는 제목하에 중요한 기사가 났었습니다. '10대의 심령부흥' 이라는 제목입니다. 4월 20일날 콜로라도 덴버의 한 고등학교에서 총기난사사건이 있었던 것을 기억하실 것입니다. 젊은청년들이 총을 난사해서 많은 인명이 희생된 것을 알고 있을 것입니다. 그 죽은 사람들 가운데 하나, 캐시 버넬(Cassie Bernall)이라고 하는 여학생은 그녀에게 총구를 들이대고 "너는 하나님을 믿느냐?"고 소리지르는 범인 보고 대답했습니다. "There is a God, and you need to follow along God's path." — "하나님은 살아계시다. 너는 하나님의 길을 따라가야 할 것이다." 범인은 총을 쏘았고, 이 여학생은 죽었습니다. 그러나 그를 지켜본 많은 학생들이 있습니다. 그래서 이 캐시를 '작은 순교자' 라고 불렀습니다. 그리고 많은 학생들이 깃대 앞에 모였습니다. 그대로 무릎을 꿇고 모두들 기도를 했습니다. 영적 운동이 온나라에 퍼져나가 10대의 젊은이들이 속속 하나님께로 돌아오는 역사가 이루어지고 있습니다. 캐시의 부모는 말합니다. "Cassie was born for this." — "내 딸 캐시는 이 일을 위하여 세상에 태어났다." 이렇게 간증하고 있습니다. 여러분 한 사람이, 한 밀알이 땅에 떨어져 죽을 때 많은 열매를 맺습니다. 놀라운 이야기가 아닙니까. 유명한 이야기가 있습니다. 「유토피아」를 쓴 토머스 모어가 교수형을 당하게 되었을 때 그는 마지막으로 이렇게 증거하였습니다. "성경에 보면 스데반이 돌에 맞아 죽을 때 그 옆에 바울이 서 있었습니다. 그가 바울을 위하여 기도하고 죽었고, 바울은 뒤에 회개하고 복음을 증거하다가 순교했습니다. 하늘나라에서 바울과 스데반이 만나서 영원한 행복을 누리게 되었습니다. 나는 지금 이 자리에서 죽지마는 당신이 언젠가 회개하고 우리가 하늘나라에서 형제와 같이 반갑게 만날 수 있게 되기를 바랍니다." 이러고 죽었습니다. 위대한 이야기입니다.

　여러분, 도대체 어떤 사람으로 태어나고 싶습니까? 어떤 사람으로 살고 싶습니까? 어떤 사람으로 남고 싶습니까? 어떤 사람으로 죽고 싶습니까? 어떤 사람으로 기억되고 싶습니까? 참승리는 자기를 이기고 사망을 이기고 원수를 이길 때, 거기에 있는 것입니다. 승리와 성공과 참행복의 원점이 여기에 있습니다. 순교적 증인으로 오늘을 살아갈 수 있을 때 그 앞에 영광이 있을 것이고, 사나죽으나 그는 승리자로, 가장 위대한 자유인으로 살아가게 될 것입니다. △

기뻐하고 즐거워하라

　예수께서 무리를 보시고 산에 올라가 앉으시니 제자들이 나아온지라 입을 열어 가르쳐 가라사대 심령이 가난한 자는 복이 있나니 천국이 저희 것임이요 애통하는 자는 복이 있나니 저희가 위로를 받을 것임이요 온유한 자는 복이 있나니 저희가 땅을 기업으로 받을 것임이요 의에 주리고 목마른 자는 복이 있나니 저희가 배부를 것임이요 긍휼히 여기는 자는 복이 있나니 저희가 긍휼이 여김을 받을 것임이요 마음이 청결한 자는 복이 있나니 저희가 하나님을 볼 것임이요 화평케 하는 자는 복이 있나니 저희가 하나님의 아들이라 일컬음을 받을 것임이요 의를 위하여 핍박을 받은 자는 복이 있나니 천국이 저희 것임이라 나를 인하여 너희를 욕하고 핍박하고 거짓으로 너희를 거스려 모든 악한 말을 할 때에는 너희에게 복이 있나니 기뻐하고 즐거워하라 하늘에서 너희의 상이 큼이라 너희 전에 있던 선지자들을 이같이 핍박하였느니라
　　　　　　　　　　(마태복음 5 : 1 - 12)

기뻐하고 즐거워하라

　　영국임금님이 민정을 살피기 위하여 나라 안을 순시하고 있었습니다. 어느 조그마한 동리에 이르렀을 때, 동리 모퉁이에 있는 물레방앗간에서 아름다운 노랫소리가 들려왔습니다. 듣고 임금님이 발걸음을 멈추고 물레방앗간 안을 들여다보았더니 한 할머니가 혼자 일을 하면서 부르는 노래였습니다. 하도 아름답게 여겨져서 임금님이 할머니 보고 한번 더 나를 위해 불러달라고 간청을 했더니 부끄러워하면서 할머니는 다시 노래를 부릅니다. "세상사람 날 부러워 아니하여도 나 역시 세상사람 부럽지 않네. 하나님의 은혜를 생각할 때 할렐루야 찬송이 절로 나네." 이 찬송을 듣고 임금님은 너무도 기뻤습니다. 다시 부탁하기를 2절도 불러달라고 했습니다. 그런데 할머니는 "이 찬송은 내가 만든 거라서 2절은 없습니다. 1절뿐입니다" 합니다. 임금님은 가슴에 우러나는 생각이 있어서 "내가 2절을 만들어 부르겠습니다. 지어드릴 터이니 앞으로는 2절도 꼭 부르십시오"하고 즉석에서 작사를 하여 불렀습니다. "세상사람 날 부러워 아니하여도 영국임금 날 부러워하네. 십자가의 사랑을 생각할 때 할렐루야 찬송이 절로 나네."

　　행복이란 만족감으로 통하는 것입니다. 아직도 못다한 소원이 있으면, 아직도 무엇인가 채워지지 않은 것이 있다면 행복하다고 할 수 없습니다. 가장 행복한 사람이 누굴까, 진정 행복한 순간이 어느 순간일까, 생각할 때마다 저는 사도 바울의 고백을 늘 생각하곤 합니다. 빌립보서 2장 17절입니다. 그래서 언젠가 여러분에게 설교말씀을 드릴 때 '세상에서 가장 행복한 사람'이라는 제목으로 이 본문을 설교한 때가 있었습니다. 그 내용은 이렇습니다. "너희 믿음의 제물과 봉사 위에 내가 나를 관제로 드릴지라도 기뻐하고"— 관제(灌祭)라는 것은 피를 쏟아붓는다는 것입니다. 내가 너희를 위하여 이 시간에 피를 쏟아부어도, 그래도 기뻐하리라, 나와 함께 기뻐하자— 아, 멋진 순간입니다. 이런 순간을 단 한 번만 경험하고 죽어도 그 사람 행복한 사람입니다. 저는 이런 생각을 해봅니다. 늘 그런 생각으로 살기는 어려울 것이라고. 어쩌다 한 번만이라도 '이대로 눈을 감고 여기서 죽어도 좋다' 할 수 있다면 얼마나 멋있는 시간입니까. 그와는 반대로 '죽어도 눈을 못감겠다'니까 문제이지요. 다른 사람은 나를 부러워하는 것을 내가 알고 있습니다. 그러나 나는 어느 누구도 부럽지 않습니다. 그것이 바로 행복이요 그것이 진정한 기쁨이라는 말씀입니다.

무신론적 철학자 니체는 사실로 많은 사람에게 악영향을 준 철학자로 대표됩니다. 그는 본래 독실한 기독교가정에서 태어났고 기독교배경에서 자랐습니다. 그가 무서운 폭탄선언을 합니다. '내가 예수를 믿을 필요성을 느끼지 않는 이유는 그들의 생활에서 기쁨을 찾지 못했기 때문이다.' 기쁨이 없는 그리스도인, 다음에 믿을 그리스도인의 신앙의 길을 가로막는다는 것입니다. 기쁨이 없는 전도인의 말이 오히려 많은 사람으로 하여금 신앙을 떠나게 만듭니다. 아프리카에서 한평생을 산 시바이처 박사는 비사를 써서 이 사실을 말합니다. 아프리카에는 비가 올 때가 있고 안올 때가 있기 때문에 비가 올 때에 강이 생깁니다. 비가 안오면 강이 말라버려서 물 없는 강이 많습니다. 물 없는 강처럼 기쁨 없는 그리스도인, 기쁨 없는 신앙, 기쁨이 없는 사랑이 세상을 피곤하게 만든다고요. 여러분, 사랑이 무엇입니까? 내 마음에 기쁨이 없는 사랑은 절대로 사랑이 아닙니다. 사랑한다고 하면서 무척이나 자기도 괴롭고 남도 괴롭히고, 그리고 이것을 사랑이라고 착각하는 데 문제가 있는 것입니다. 사랑은 생각하면서 기쁘고 만나서 기쁘고 그와 함께 있어서 무한히 기쁜 것입니다. 더 바랄 것이 없습니다. 이것이 바로 사랑이라는 것입니다. 여기서 떠나면 어떤 명목으로도 사랑은 존재하지 않습니다.

오늘말씀 12절에 예수님께서 기뻐하고 즐거워하라 하십니다. 기뻐하고 즐거워하라—기뻐한다는 것은 반가워한다는 것이요 기쁘게 맞이한다는 뜻입니다. 좀 깊이 연구해보면 그것은 소극적 의미를 가졌습니다. 즐거워한다는 것은 '행복하게 여기고 그것에 마음을 둔다' 하는 뜻입니다. 기쁨이라는 것은 무엇에 대하여 기뻐하는 반사입니다. 즐거워한다는 것은 어떤 것을 기쁨으로 소화한다는 것이요, 그래 적극적인 것입니다. 우리말이기는 하지만 까다롭게 쓰는 것은 아닙니다. 그러나 잘 연구해보면 그렇다는 말씀입니다. 아무튼 기뻐하는 것은 소극적이고 수동적이고, 즐거워하는 것은 적극적이고 능동적입니다. 즐거워하는 것입니다. 그래서 오늘성경은 둘 다 말씀합니다. "기뻐하고 즐거워하라." 「탈무드」에 이런 말이 있습니다. '세상에서 가장 지혜로운 사람은 모든것을 통해서 배우는 사람이요, 세상에서 가장 강한 사람은 자기자신을 이기는 사람이요, 세상에서 가장 부한 사람은 자기의 가진 것을 만족하게 여기고 기뻐하는 사람이다.' 우리는 더 많은 것이 있어야 되겠다고 전제합니다마는 그것은 아무 상관도 없습니다. 소유에서 오는 기쁨 그 다음에는 깨달음에서 오는 기쁨이요, 한 차원 더 높은 것은 믿음에서 오는 기쁨입니다. 못 가져도 좋습니다. 다 몰라도 좋습니다. 어머니품에 안긴 어린아이는 마냥 행복합니다. 이 어머니가 나를 사랑한다는 것을 믿고 있기 때문입니다. 이것이 진정한 행복입니다. 어떤 사람들은 추억을 기뻐하는 사람들이 있습니다. 항상 과거에 마음을 두고 '그때가 좋았지' 하며 빙그레 웃어봅니다. 옛날일만 생각하는 사람입니다. 그러나 다 지나간 일입니다. 또 현재만 생각하고 만족하는 사람도 있습니다. 그러나 현재는 아주 급하게 또다른 환경으로 바뀝니다. 문제는 미래입니다. 미래적인 행복만이 진정한 행복입니다. 여러분, 마주앉아 아무리 좋은 음식을 먹는다해도 그 자리가 이 음식을 먹고나면 다시는 같이 먹을 수 없는 이별하는 자리라고 한다면 그 만찬이 무슨 의미가 있겠습니까. 입맛이 돌지 않습니다. 맛이 제대로 작용하겠습니까. 소용이 없습니다. 아무 맛도 없습니다. 내일을 약속받지 못한 오늘의 행복은 행복이 아닌 것입니다. 그것은 마치 이별의 만찬과 같은 것입니다. 소망이 없는 기쁨이란 자기최면에 지나지 않습니다.

　어렵지마는 꼭 깨달아야 할 진리가 있습니다. 바로 기쁨은 상대적인 것이 아니라는 사실입니다. 내가 결혼 주례할 때마다 신랑 신부에게 꼭 이 이야기를 하는데 내가 말하면서 앞에 두고 보아도 지금 두 사람이 황홀해가지고 내가 하는 말을 못알아듣더라고요. 참 중요한 말을 하고 있는데… 안타까워요. 그러나 할말은 해야지 어떡하겠습니까. 이야기는 이것입니다. 사랑이란 상대적인 것이 아니라고, 절대적인 것이라고, 건강하다고 사랑하고 병들었다고 미워하는 것이 아니라고, 그런 것이 아니더라고, 부하다고 행복하고 가난하다고 불행한 것이 아니라고, 그렇게 이야기를 하는데도 못알아듣더라니까요. 여러분, 이제 이만큼 살아왔으니 알만하지 않습니까. 사랑은 절대적이요 행복도 절대적이요 기쁨도 환경과 관계없습니다. 이것만 깨닫고 살아도 충분히 행복하게 살 수 있습니다. 행복이라고 하는 이름에 여건이 있는 것이 아니고 기쁨이라고 하는 이름에 환경이 따로 존재하는 것이 아닙니다. 그래서 물질을 가졌든 지식이 있든 권세가 있든 지위가 있든 간에 보십시오. 불행하게 생각하는 사람은 항상 불행합니다. 마음속에서부터 행복을 느끼는 사람은 어떤 일에든지 행복합니다. 요새 연예인들 보니까 남의 딸이지만 참 예쁘다 싶던데, 그만하면 충분한데, 그런데 얼굴 뜯어고치지 않은 연예인이 별로 없다고 하는 이야기를 들었습니다. 그 뜯어고친 것이 또 고장이 나가지고 수리를 다시 해야 된다고도 합디다. 안타까운 일입니다. 그만하면 충분한데 거기다가 왜 또 칼을 댔나 싶습니다. 충분한 데다 더 예뻐지겠다고 그 놀음을 하다가 다쳐가지고 그 고생을 하다니요. 왜 이래야 되는 것입니까. 결국은 이것입니다. 행복한 사람은 행복한 것이고 기뻐하는 사람은 언제나 기뻐하는 것이고, 불만스러운 사람은 그 불만 끝도 없는 것입니다. 그것을 채울 수 있는 여건은 없습니다. 기쁨은 항상 절대적이라는 속성을 지녔고 내면에서부터 솟아오르는 것이다—이 점을 꼭 깨달아야 합니다.

악성 베토벤이 서른두 살에 아주 슬픈 편지 한 장을 씁니다. 그것은 미리 써놓은 유서입니다. 이렇게 시작합니다. '나는 6년 동안 나아질 거라는 희망 속에 살았다. 그러나 하루하루 절망의 연속이었다. 나는 귀머거리가 되었다. 잠시후면 나의 삶을 마감하게 될 것이다. 불우한 존재여.' 음악가가 귀머거리면 어떻게 되는 것입니까. 자기가 작곡한 음악을 들을 수 없다면 이처럼 절망적이고 답답한 일이 또 있겠습니까. 귀머거리작곡가, 한번 상상을 해보십시오. 이보다 더 불행한 인생이 있다는 것입니까. 그는 눈물로 하나님 앞에 기도

하고나서 다시 이렇게 씁니다. '오 하나님이여, 불우한 인생을 마치기 전에 온전히 기쁜 날을 허락하여주시옵소서. 단 하루만이라도 기쁨을 만끽하게 하여주시옵소서. 내 영혼, 내가 작곡한 이 음악을 단 하루만이라도 깨끗한 귀로 들어볼 수 있게 해주십시오.' 이것이 그의 소원입니다. 그러나 여러분, 그후 24년 동안을 그는 귀머거리로 살면서 작곡활동을 계속합니다. 그의 마지막교향곡 제 9번의 마지막 악장에는 쉴러의 시 '기쁨의 송가'에 곡을 붙인 장엄한 합창이 나옵니다. 아이러니칼합니다. 이 교향곡이 초연되고 사람들이 장내가 떠나갈 듯 기립박수로, 환호로 갈채를 보낼 때, 그는 저 뒷전에 앉아 악보를 넘기면서 빙그레 웃고 있었습니다. 환호성도 들리지 않고 노래소리도 들리지 않습니다. 그가 그 혼자서 듣는 노래는 따로 있습니다. 사람들의 평판에는 관심없이 영혼으로부터 하늘의 노래를 혼자서 들으며 혼자서 즐기고 악보에 옮긴 것이 이 곡입니다. 그리고 그 악보를 넘기면서 마음에서부터 노래를 들었습니다. 내면에서 오는 기쁨, 신비로운 것이고 나만의 것이었습니다. 그는 이렇듯 행복하게 끝냈습니다.

　기쁨이 밖에서 온다고 착각하지 말 것입니다. 예수께서 십자가 지시기 몇시간 전 제자들 보고 이렇게 말씀하십니다. "평안을 너희에게 끼치노니 곧 나의 평안을 너희에게 주노라 내가 너희에게 주는 것은 세상이 주는 것 같지 아니하니라(요 14 : 27)." 여기서 우리는 세 가지를 생각합니다. 먼저 예수님의 마음속에 엄청난 기쁨이 있었다, 십자가를 앞에 놓고. 두 번째로, 기쁨은 그리스도께로부터 주어지는 것이다. 내가 만드는 것이 아니고 주님께서 내게 기쁨을 주셔야 내가 기쁠 수 있다. 셋째로, 이 기쁨은 세상이 주는 그것과 다르다—차원이 다릅니다. 근본적으로 다릅니다. 본질적으로 다릅니다. 이 높은 지혜, 이 기쁨을 즐길 줄 아는 사람만이 세상에서도 즐겁게 살 수 있는 것입니다. 이것은 엄청난 생산적 능력입니다. 요샛말로 창조적 능력이 기쁨 속에 있는 것입니다. 세상이 주는 그것과 다릅니다. 사도 바울은 그의 편지에서 늘 기뻐하라, 기뻐하라, 말씀합니다. 특별히 빌립보서에서 이 말씀을 많이 하기 때문에 흔히 빌립보서를 '희락의 복음'이라고도 일컫습니다. 그는 다시 말씀합니다. "항상 기뻐하라 쉬지 말고 기도하라 범사에 감사하라 이는 그리스도 안에서 너희를 향하신 하나님의 뜻이니라(살전 5 : 16 - 18)." 하나님의 뜻이 무엇입니까. 부모님의 자녀를 향한 뜻이 무엇입니까. 내가 자녀를 위해서 봉사하고 수고하면서 자녀에게 바라는 것이 무엇입니까. 오직 기뻐하는 것입니다. 자녀가 오직 기뻐하는 것, 그것이 부모의 바라는 바입니다. 저는 요새와서 나이가 들어서 그런지 부모님들에 대한 생각을 할 때가 자주 있습니다. 감기걸렸든가 어디가 아프든가 할 때면 더욱 그렇습니다. 옛날에 말라리아라고 하는 것이 있었지요. 참 무뚝뚝하신 우리아버지가 저를 많이 때리시기도 했는데 이상하게도 제가 한번 아팠다하면 머리맡에다가 꼭 선물을 사다 놓으십니다. 내가 평소에 좋아하는 것을 떡 갖다주십니다. 제가 아플 때면 제 마음을 위로하기 위해서, 기쁘게 하기 위해서 선물을, 구하지도 않은 선물을 사다가 저를 주시던 그 아버지를 생각합니다. 여러분, 부모님의 뜻은 자녀가 기뻐하는 것입니다. 하나님의 뜻은 우리가 기뻐하는 것입니다. 그러면 우리는 이렇게 대답하겠지요. '좀 기뻐할만한 환경을 만들어주시고 기뻐하라 하셔야 되지 않겠습니까?' 그러나, 주께서는 대답하십니다. '내가 너희를 위하여 무엇을 더 해주랴?' 충분히 기뻐할 만큼의 은사를 주셨습니다. 그리고 말씀하십니다. "기뻐하라." 절대적인 명령입니다. 제자들이 예수님의 명령을 받아서, 파송받아서 사방에, 방방곡곡 다니면서 복음을 전하고 돌아왔습니다. 돌아와 보고를 하면서 그들은 신바람이 났습니다. '우리가 귀신을 명했더니 당장 나갑디다. 우리가 손을 얹고 기도했더니 병자가 났습디다. 온동리가 깜짝깜짝 놀랐습니다. 굉장했습니다.' 예수님, 그 보고에 흥미가 없으십니다. "오직 너의 이름이 하늘나라에 기록된 것으로 기뻐하라" 하실 뿐입니다(눅 10 : 20). 차원이 다릅니다. 하나님의 자녀 된 기쁨, 구속받은 기쁨, 그 위에 플러스 알파의 기쁨이 있습니다. 주의 복음사역에 내가 고용되고 쓰임받았다고 하는 기쁨, 하나님의 나라 사업에 내가 쓰임받는 그 자체가 기쁜 것입니다. 그 업적은 하나님께 속한 것입니다. 내가 한 것이 아니거든요. 그런고로 쓰임받았다고 하는 것에 대해서 기뻐하라 하십니다. 달란트비유에 보면 다섯 달란트 받았던 사람, 두 달란트 받았던 사람이 장사해서 이윤을 남겨가지고 돌아왔을 때 주인은 기뻐합니다. "착하고 충성된 종아…" 그리고 거기 이어서 "네 주인의 즐거움에 참예할지어다" 합니다(마 25 : 20 - 23). 너희들이 이렇게 잘하니 내가 기쁘다, 이 기쁨에 너희가 참예할지어다―주인과 더불어 하나님의 영광 안에서 그와 더불어 기뻐할 수 있는 그런 사람만이 참기쁨을 소유할 수 있는 것입니다.

　특별히 오늘성경은 말씀합니다. "하늘에서 너희의 상이 큼이라." 여러분, 하늘의 상이 없는 사람은 불행한 사람이요, 하늘의 상을 보장받고 오늘을 사는 사람, 하늘의 상을 위하여 오늘 현실이 있는 사람은 복된 사람입니다. 이것은 미래적인 것이요 신령한 것이요 영원한 것이요 약속된 것입니다. 그래서 돌에 맞아 죽는 스데반은 천사의 얼굴로 죽을 수 있었고 그 기쁨으로 원수를 사랑할 수 있었으며, 디모데후서에 보면 사도 바울은 "나의 달려갈 길을 마치고 믿음을 지켰으니 이제 후로는 나를 위하여 의의 면류관이 예비되었으므로"라고 말씀합니다. 생명의 면류관을 환히 바라보면서 그는 오늘을 감옥에서 기뻐하고 있습니다. 사도행전 5장 41절에 보면 베드로와 요한이 감옥에 들어가 매를 많이 맞고 죽을지경이 되어 석방되면서 이 거룩한 일에 자기들이 합당한 자로 여기심받은 것을 기뻐합니다. 매맞고 기뻐하고, 재산 몰수당하고 기뻐하고, 죽임당하면서 기뻐하고, 능욕을 당하면서 기뻐했습니다. 왜냐하면 내가 당하는 이 고난의 의미를 알고 있기 때문입니다. 이것이 너무나 소중한 것이기 때문이요, 또한 그 일에 합당한 자로 여기심받았다는 것이 너무나도 소중해서 그들은 기뻐했습니다. 그리스도인의 기쁨은 하나님과의 관계에서 오는 것이요 하나님의 자녀 된 기쁨이요 하나님께 쓰임받는 기쁨이요 또한 제자된 기쁨이요 그리스도와 함께하는 기쁨이요 또 저 앞에서 나를 기다리고 계신 주님을 바라보는 기쁨입니다. 그러기에 예수님 말씀하십니다. 내 이름으로 욕을 당할 때, 예수의 제자라는 이름으로 고난당할 때 기뻐하고 즐거워하라, 하늘의 상이 크기 때문이다―적어도 우리의 생은 하늘의 상을 보장받을 수 있는 그런 선에서 오늘도 기쁨으로 충만한 생이 되어야 할 것입니다. △

무지한 자의 신앙고백

그러므로 그 백성이 이리로 돌아와서 잔에 가득한 물을 다 마시며 말하기를 하나님이 어찌 알랴 지극히 높은 자에게 지식이 있으랴 하도다 볼지어다 이들은 악인이라 항상 평안하고 재물은 더 하도다 내가 내 마음을 정히 하며 내 손을 씻어 무죄하다 한 것이 실로 헛되도다 나는 종일 재앙을 당하며 아침마다 징책을 보았도다 내가 만일 스스로 이르기를 내가 이렇게 말하리라 하였더면 주의 아들들의 시대를 대하여 궤휼을 행하였으리이다 내가 어찌면 이를 알까 하여 생각한즉 내게 심히 곤란하더니 하나님의 성소에 들어갈 때에야 저희 결국을 내가 깨달았나이다 주께서 참으로 저희를 미끄러운 곳에 두시며 파멸에 던지시니 저희가 어찌 그리 졸지에 황폐되었는가 놀람으로 전멸하였나이다 주여 사람이 깬 후에는 꿈을 무시함 같이 주께서 깨신 후에 저희 형상을 멸시하시리이다 내 마음이 산란하며 내 심장이 찔렸나이다 내가 이같이 우매 무지하니 주의 앞에 짐승이오나 내가 항상 주와 함께하니 주께서 내 오른손을 붙드셨나이다

(시편 73 : 10 - 23)

무지한 자의 신앙고백

아주 오래전에 있었던 일입니다. 미국 펜실베이니아 주에 23년째 큰 농장을 경영하는 사람이 있었습니다. 그는 농사하면서 만족한 생활을 하고 있었습니다마는 어느날 그의 사촌형 하나가 캐나다에서 석유사업에 착수하여 큰돈을 벌었다고 하는 편지를 받았습니다. 여기서 그는 시험에 빠집니다. 그리고 형에게 편지하기를 나를 그 석유사업에 동참시켜달라고 부탁을 합니다. 회답이 왔습니다. 석유공학지식이 전혀 없는 사람은 석유사업에 맞지 않으니 동생은 그저 농사나 계속하는 것이 좋겠다는 답신이었습니다. 이 사람은 오기가 나서 다시 대학에 들어가 석유공학을 공부했습니다. 상당한 수준의 공부를 한 다음 사촌형에게 다시 편지를 했습니다. 내가 이제 석유공학에 대해서 많은 공부를 했으니 나를 거기 취직시켜주고 함께 사업을 하도록 했으면 좋겠다고 썼습니다. 사촌형은 허락을 하고 받아들입니다. 이 사람은 23년 동안이나 농사해오던 그 큰 농장을 833불에 팔아버립니다. 그리고 캐나다로 가서 형의 석유사업에 동참했습니다. 한편 그의 농장을 사들인 새로운 주인은 가축한테 물을 먹이려고 개울물을 이리저리 살피고 돌아보다가 농장에 있는 한 개울물에서 아주 이상한 냄새를 맡았습니다. 전문가를 불러다 알아보았더니 놀랍게도 아주 큰 유전이 거기에 묻혀 있는 것이었습니다. 새 농장주는 그 유전을 개발해서 큰 부자가 되었습니다. 이 농장을 팔고 캐나다로 간 그 사람은 23년 동안 살면서도 자기농장에 엄청난 유전이 있는 것을 몰랐던 것입니다. 어떻습니까, 여러분? 무릇 인생사가 다 이렇습니다. 인간에게는 늘 숨기지 못하는 고민이 있습니다. 그 첫째가 겉을 보고 속을 못본다는 것입니다. 자기농장에 엄청난 유전이 매장되어 있는 것을 그 사람은 못보았습니다. 캐나다를 방문할 때면 늘 생각합니다. 그 넓은 땅, 버려진 땅인 것같았는데 엄청난 자원이 거기에 있습니다. 알래스카를 방문할 때마다 늘 생각합니다. 미국이 아주 헐값에 러시아로부터 사들인 알래스카입니다. 그러나 지금에 와서는 그 얼음덩이 속에 엄청난 자원이 매장되어 있는 것을 알았습니다. 겉을 보고 속을 못봅니다. 인간관계에서도 외모를 보고 속을 못봅니다. 그 사람의 진실, 그 사람의 사람됨, 그 속을 알 재간이 없습니다. 이것이 답답합니다.

또하나는, 사람마다 현재를 보면서 미래를 보지 못합니다. 아시는대로 과거는 지나간 것이요 현재 또한 이내 과거로 밀려날 것입니다. 현재라고 하는 것은 그저 껌벅껌벅 지나가는 것입니다. 그럼에도 불구하고 현재에 붙들린 채 그 다음 그 다음의 미래를 생각하지 못하는 어리석음이 인간에게 있습니다. 우리내는 참으로 부끄러운 것을 가졌습니다. 바로 '빨리빨리 문화'라고 하는 것입니다. 그저 빨리빨리… 대중없이 성급합니다. 제가 쿠알라룸푸르에 갔을 때 중국식당에서 식사를 해보았습니다. 중국집의 식사는 원래 한 접시씩 음식이 나오고 그 식사가 끝난 다음에 또다른 접시가 나오는 것이 정도입니다. 그런데 제가 들른 그 중국집에서는 어인 일로 우리한테 한꺼번에 세 접시씩 갖다놓는 것입니다. 왜 그러느냐 물었더니 "빨리빨리" 때문이라 합니다. 으레 그렇게 재촉하기 때문에 한국사람에게는 아예 그러는 것이라고 합니다. 빨리빨리! 그러다 망조가 들었지 않습니까. 공사도 빨리 하다 무너지고 출세도 빨리 하려다가 망하고, 쇠고랑 차고… 이 놀음이 아닙니까. 자연대로 순리대로 법대로 할 생각이 없습니다. 출세지향의 인간들이 마음만 급해가지고 서두르더니, 인격은 그 모양인데 높은 자리에 올라갔다가 떨어지면서 온국민을 이렇듯 마음아프게 만들지 않습니까. 왜 이러는 것입니까. 뭐 하나 제대로 좀 기다려주지를 못하고 왜 이렇게들 서두르는 것입니까. 미래를 볼 줄 모르기 때문에 인내가 부족한 것입니다. 보다 먼 미래를 볼 줄 아는 사람은 내 발은 현재에 있어도 내 생각은 벌써 저만치에 가 있습니다. 그 미래가 당연히 이 자리로 올 것입니다. 그런고로 넉넉하게 오늘을 참을 수 있는 것입니다. 그런데 우리는 그렇게 멀리 보는 지각이 없음으로해서 늘 이렇게 숱한 시행착오에 빠집니다.

또 있습니다. 다른 사람은 보면서 나 자신은 못봅니다. 이것이 또한 문제입니다. 세상도 잘 보고, 남의 일 많이 알고 있습니다. 뭐가 어떻고, 이렇고 저렇고… 그러나 한 번이라도 자기자신을 헤아리지 못합니다. 결정적인 약점이 이것입니다. 깊이 생각해야 합니다. 예수님 말씀하십니다. "어찌하여 형제의 눈 속에 있는 티는 보고 네 눈 속에 있는 들보는 깨닫지 못하느냐(마 7 : 3). 여러분, 생각의 방향을 돌립시다. 남 이야기 그만합시다. 강건너 불 보듯 제멋대로 평가하는 일, 이젠 그만합시다. 먼저 자기성찰이 앞서야 합니다. 기도하는 것을 보아도 그저 나라를 위해서, 세계를 위해서, 뭘 위해서… 그렇게는 기도하는 것같은데 '하나님이여 나는 누구입니까?' 하는, 자기자신을 위한 기도는 별로 없는 것같으니 문제입니다.

또한 우리는 세상을 봅니다. 역사를 봅니다. 많은 사물에 부딪치고 도전합니다마는 사실은 하나님을 보지 못합니다. 역사 그 깊은 곳에 계신 하나님의 능력, 하나님의 손길을 보지 못한다는 데 문제가 있습니다. 어떤 재벌이 늘 입버릇처럼 하는 말이 있다고 합니다. 실례가 되므로 여기서 그 이름은 제가 밝히지 않습니다. "나는 뭐든지 나 하고 싶은대로 다 했다. 하고 싶은대로 다 할 수 있었다. 그러나 딱 두 가지는 마음대로 되지 않는다. 하나는 골프다. 그게 마음대로 안된다. 또하나가 내 자식이다. 내 자식이 내 마음대로 안되더라. 내가 원하는 바 대로 자라주지를 않더라"―이것이 그 재벌의 입버릇처럼 하는 말이라고 합니다. 나는 이런 이야기를 듣고 속으로 '그러니까 문제지' 하였습니다. 그분 할말이 하나 더 있어야 하는 것입니다. "내 마음을 내 마음대로 할 수가 없었다"―좀 근사하게 철학적인 이런 말 한마디쯤 있을 법한데 없는 것입니다. 돈도 마음대로, 권력도 마음대로, 무엇도 무엇도 마음대로 할 수 있었는데 내가 나 자신을 마음대로 할 수 없는 아픔이 있었다―이 정도 되었으면 정말이지 민족적 존경도 받을 수 있었을 것을, 그것은 모르더라고요. 문제가 거기에 있는 것입니다.

　　여러분, 가장 큰 수수께끼는 종말입니다. 오늘본문 17절을 보면 '결국'이라는 말씀이 있습니다마는 번역을 바꾸면 이는 종말이라는 뜻입니다. 모든것이 변합니다. 모든것이 흘러갑니다. 모든것이 사라집니다. 그러나 그 마지막은 어떻게 될 것인가, 그 종국이 우리의 관심사입니다. 세상에는 역시 문제가 있고 어리석음이 있습니다. 우리 또한 어리석은 마음에 사로잡힐 때가 많습니다. 그 하나가 악인의 형통을 보는 마음입니다. 악한 사람 잘되는 것, 그것이 문제입니다. 그저 악한 사람은 망하고, 악한 사람은 잘못된다, 라고만 보여지면 좋겠는데 그렇지 않습니다. 악한 사람이 더 잘되는 거같아 보일 때도 있습니다. 진실하게 사는 사람 다 가난하고 어렵고, 정직하게 사는 사람 다 형편없고, 수단과 방법을 가리지 않고 사는 저 못된 인간들이 득세하고 출세하고… 이렇게 보일 때 우리의 생각이 거기에 매여서 혼란에 빠집니다. '어찌하여 이렇게 되는 것입니까?' 이런 탄식까지 하게 됩니다.

그리고 나 자신의 진실한 노력을 헛된 것이라고 생각할 때가 있습니다. 오늘성경말씀에도 있습니다. "내 손을 씻어 무죄하다 한 것이 실로 헛되도다(13절)." 깨끗하게 정결하게 바르게 진실하게 살아보았는데 그까짓것, 결과가 이거냐, 헛되다, 이런 생각이 듭니다. 바로 여기에 함정이 있는 것입니다. 설문조사로 여론을 조사해보았는데 차를 운전하는 사람들의 60퍼센트가 '교통법규를 지키면 나만 손해다'라고 생각하더랍니다. 절반이 넘습니다. 여기에 망조가 든 것입니다. 교통법규를 지키는 것이 나한테 이롭고 내 생명을 지키는 것이다,라고 생각하지 못하고, 남을 위해 교통법규 지키는 줄로 착각하고 있습니다. 교통법규를 지키는 것은 내 손해다, 하는 이 의식 구조가 문제인 것입니다. 그런가하면, 그러면 안지키느냐 물어보았더니 '그래도 나는 지킨다'가 80퍼센트더라고 합니다. 아주 많은 것을 생각하게 합니다. 우리는 왜 이 모양입니까. 나의 진실이 나의 행복이요, 나의 정직함 이것이 성공이라고 왜 생각을 못하느냐, 이것입니다. 이것을 손해라고만 생각하니 우리의 장래는 어떻게 되는 것입니까.

또하나는 '나 하나의 의나 선은 전혀 무력하다. 거친 세상, 홍수같이 밀려오는 이 엄청난, 많은 혼란 속에서 나 하나가 무슨 소용이 있는가, 나 하나 바로 살고 정직하고 진실하고 겸손하고 믿음으로 살고 해보았자 이게 무슨 소용인가' —그렇게 생각되는 데 문제가 있는 것입니다. 그런고로 여러분, 생각하면 고민될 수 없는 것을 고민하는 것이 우리의 고민입니다. 나의 의, 정말로 허무한 것입니까. 정말로 무력한 것입니까. 정말로 아무 소용 없는 것입니까. 나 하나의 진실은 과연 아무 소용도 없는 것입니까. 우리는 여기서 정말로 억울한 것입니까. 여러분, 이제 시험에 빠져서는 안됩니다. 그래서 잠언이나 시편에서 꾸준히 강조합니다. 악인의 형통을 부러워하지 말라고, 악한 사람 잘되는 것 보고 침흘리지 말라고, 못된사람 잘사는 것 보고 부러워하지 말라고 가르칩니다. 왜요? 곧 망할 터이니까. 악인이 사라지리니 다시 흔적을 보지 못하리라, 하였습니다. 우리는 이 사실을 믿어야 합니다. 우리는 악인의 형통을 부러워하지 않는 그런 사람으로 키워져야 합니다. 그런고로 우리는 생각합니다. 종말을 생각합니다. 의인의 종말이 무엇인가? 하나님께서 보상하십니다. 악인의 종말이 무엇인가? 하나님의 심판이 저 앞에 있습니다.

여러분, 인생의 종말이 무엇입니까? 깊이 생각해야 합니다. 저는 젊은사람들 빈둥거리는 것 보면 참 답답합니다. 더욱이 이제 또 여름이 되어서 캠프다 바캉스다 뭐다 해가지고 놀고 하는 것을 볼 때, 글쎄요, 제 나이 때는 그렇게 못살아서 그래서 질투가 나서 그런지는 모르겠습니다만 나는 속이 답답합니다. '그렇게 살면 안되는데…' 그렇게 놀고 지낼 수가 없습니다, 지금 세상이. 그래가지고는 살아남을 수도 없습니다. 뻔한 세상입니다. 저렇게 놀고나면 다시 또 공부하는 데 만만찮은 워밍 아워가 필요합니다. 정신이 집중되지를 않습니다. 놀아도 아주 진실하게, 잠깐 지혜롭게 놀아야지 왕창 놀아놓으면 운명이 곤두박질하는 것입니다. 왜 이리 정신을 못차릴까, 이렇게 하면 안되는데… 마음아픕니다. 제가 젊은사람들을 놓고 결혼 주례할 때도 늘 이야기합니다. 신랑 신부들 얼마나 예쁩니까. 결혼 주례하는 것을 저는 대단히 행복하게 생각합니다. 신랑 신부 딱 앞에 놓고 나 혼자서 감상하니까 말입니다. 그렇잖습니까. 일생에 제일 예쁜 시간. 그러나 저는 생각합니다. 요새도 보니까 결혼 주례할 때 반지 끼워주라 하지요? 반지 끼워주라고, "사랑합니다" 하라고 하면 요 신부가 신랑에게 반지 딱 끼워주는데 그냥 끼워주는 것이 아닙니다. 끼워주고는 손을 요렇게 잡습니다. 그래 내가 '참 되게 좋은가보다' 생각을 하는데, 아무튼 손을 만져봅니다. 그러나 나는 생각을 합니다. 이제 신랑 신부지요. 곧 이어서 아버지 어머니지요. 그러다 얼마간이 껌벅 지나가면 할아버지 할머니지요. 눈앞에 있습니다. 오늘 이 순간이 이대로 머물러 있는 것이 아니더라고요. 그래 주례하는 저는 신랑 신부 보고 먼훗날 할아버지 할머니가 되었을 때 되돌아보면서 '나는 참으로 행복하게 잘살았다' 할 수 있게 살아달라고 간곡하게 부탁을 합니다. 신랑 신부가 지금 그대로 있지 않습니다. 젊음이 그대로 있지 않습니다. 인생의 종말이 앞에 있습니다. 그 시간을 생각하지 못하고 사는 것은 어리석은 일입니다. 물질, 도대체 돈이 무엇입니까. 이 물질이야말로 가고오고 하는 것 아닙니까. 예수님께서 어리석은 부자에 대해서 말씀하십니다. 많은 돈을 가진 이 부자, 먹고 마시고 즐기자 할 때, 하나님 말씀하시기를 '이 사람아 오늘 밤 네 생명을 도로 찾으면 그것이 뉘 것이 되겠느냐, 이 바보같은 사람아' 하십니다(눅 12 : 20). 이 물질이 어찌 내 것입니까. 그래서 유명한 앤드류 카네기는 말합니다. '자기돈을 다 쓰지 못하고 죽는 사람은 세상에서 가장 어리석은 사람이다.' 이것을 알아야 합니다. 다 써버리십시오, 어서. 그리고 갈 것이지 그것이 왜 남아돌아가지고 사돈의 팔촌이 와서 내것이라고 덤빕니까. 멍청한 노릇이지요. 어서어서 유서를 쓰십시오. 이거 중요한 것입니다. 다 써버리고 가야지요. 물질, 가는 것입니다. 건강도 가는 것입니다. 종말이 옵니다. 명예도 가는 것입니다. 권불십년(權不十年)이요 화무십일홍(花無十日紅)입니다. 권좌, 축하할 것이 못되더라고요. 그 얼마나 무거운 짐인데요. 부러워할 것 아무것도 없습니다. 종말이 어디로 갑니까. 끝을 보십시오. 그것을 모르고 생각하면 되겠습니까. 권좌에 올랐다면 내려올 때도 있는 것이지요.

　오늘성경은 이렇게 교훈합니다. "성소에 들어갈 때에야 저희 결국을 내가 깨달았나이다." 성소에 들어갈 때에야—종교심리학자들은 이렇게 말합니다. 우리가 교회에 나옵니다. 그저 왔다가 졸고 갈 때도 있고 은혜 못받을 때도 있겠지요. 그래도 계속 나가는 사람하고 덜 나가는 사람하고는 다르다고 합니다. 수명이 다르다고 합니다, 수명. 계속 나가면 그 생각이 달라집니다. 그런 데 비헤서 4개월만 교회에 안나가면 어떻게 되느냐? 완전히 비기독교인으로 바꾸어지고 맙니다, 그 의식과 생각 전체가. 교회에 나온다는 이것이 엄청난 의미를 가지는 것입니다. 여기에 나와서 하나님께 예배하고 하나님을 만나고 하나님말씀을 듣고 기도하는 중에 우리의 정욕과 끝없는 욕심과 집착과 모든 고집과 불의로부터 내가 자유해서 내 영이 깨끗해집니다. 그리고 세속된 것으로부터 신령한 것으로 의식을 바꾸게 됩니다. 매우 중요합니다. 이사야 6장에 보면, 이사야가 성전에 들어가서 하나님을 뵙습니다. 웃시야 왕이 죽던 해에 그는 많은 고통을 당합니다마는, 의심과 고통이 있었습니다마는, 하나님의 전에 들어갈 때 하나님의 영광을 보면서 하나님을 뵙고 자기를 보고 세상을 보면서 새로운 사람으로 나타나는 것을 볼 수 있습니다. 여러분, 하나님 앞에 나오는 것, 지극히 중요한 일입니다. 여기서 자신의 모습을 압니다. 죄인됨을 압니다. 진실도 압니다. 내가 혼자가 아님도 압니다. 내게 전개되는 미래, 내 종국, 내 운명을 압니다. 저 앞에 있는 내 운명을 내가 관조할 수 있는 것입니다. 믿음으로 새롭게 되며 새로운 세상을 보게 되고 하나님 앞에 가 있는 그 내 모습에서 돌이켜 오늘을 보게 됩니다. 여기서 새로운 세계가 전개되는 것입니다.

결국 가치관의 문제입니다. 신앙적 가치관이 문제입니다. 오직 성전에서, 이 성전에서 깨닫고 성전에서 충만한 바로 그 심령으로, 여기서 공급받는 생명력으로 세상을 향하여 나아가는 것입니다. 성전에 들어가서야 비로소 내 앞에 있는 운명을 알게 됩니다. 저는 바로 며칠전 16일날 새문안교회에서 있은 한 교회장을 집전했습니다. 서재현 장로님이라고 하는 분의 장례식이었습니다. 그분은 본래 제가 인천제일교회에 있을 때 장로님이어서 돌아가시기 전에 제가 장례를 인도해줄 것을 요청해서 그러자고 함으로 그대로 하게 되었습니다. 많은 감명을 받았습니다. 제가 아주 존경하는 분입니다. 저는 그보다 더 겸손한 사람을 못보았고, 그보다 더 진실한 사람도 못보았습니다. 그 손녀가 나와서 할아버지를 생각하며 추모사를 읽고 있습니다. '할아버지, 우리는 할아버지를 사랑합니다. 진실과 겸손과 바르게 사는 길의 모본이 되어주시고 말없이 실천해주신 할아버지, 할아버지를 할아버지로 모신 것을 저희는 행복하게 생각하고…" 특별히 이렇게 말하는 것입니다. "할아버지, 우리가 할아버지같은 신랑 얻게 해달라고 소원했던 것을 아시지요?" 이 대목에서 많은 사람이 얼마나 울었는지 모릅니다. 여러분, 여러분의 앞길에는 자신에게 어떤 말이 들려질 것같습니까? 할아버지같은 신랑감 얻게 해달라고 하나님 앞에 기도한 그 소녀, 그리고 할아버지, 그 관계가 얼마나 아름답습니까. 여러분, 성전에서 깊이 깨닫고 저 앞에 있는 내 운명을 보면서 그리고 되돌아 오늘을 보십시오. 비로소 밝은 세상, 새로운 세상을 살아가게 될 것입니다. △

새 계명의 의미

저가 나간 후에 예수께서 가라사대 지금 인자가 영광을 얻었고 하나님도 인자를 인하여 영광을 얻으셨도다 만일 하나님이 저로 인하여 영광을 얻으셨으면 하나님도 자기로 인하여 저에게 영광을 주시리니 곧 주시리라 소자들아 내가 아직 잠시 너희와 함께 있겠노라 너희가 나를 찾을 터이나 그러나 일찍 내가 유대인들에게 너희는 나의 가는 곳에 올 수 없다고 말한 것과 같이 지금 너희에게도 이르노라 새 계명을 너희에게 주노니 서로 사랑하라 내가 너희를 사랑한 것같이 너희도 서로 사랑하라 너희가 서로 사랑하면 이로써 모든 사람이 너희가 내 제자인 줄 알리라

(요한복음 13 : 31 - 35)

새 계명의 의미

　베스트 셀러를 많이 써낸 양귀자씨의 소설에 「모순」이라고 하는 것이 있습니다. 거기 보면 사랑에 대하여 재미있는 묘사를 하고 있습니다. 사랑이란 집에서나 회사에서나 거리에서나 비어 있는 모든 전화 앞에서 절대로 자유롭지 못한 것이다, 전화의 구속은 점령군의 그것보다 훨씬 더 집요하다, 전화만 보면 사랑하는 사람에게서 전화가 올 것같고 또 전화만 보면 사랑하는 사람에게 전화걸고 싶어 못견디는 것이다, 전화벨이 울리기만 하면 그 사람인 것같고 오랫동안 전화벨이 울리지 않으면 그 전화가 고장났나 생각된다, 그것이 사랑이다, 하였습니다. 또 이렇게도 말합니다. 모든 거울 앞에서 자기자신을 보지 않고는 지나치지 못하는 마음 그것이 사랑이다, 사랑받는 내가 소중해서, 잘생겼든 못생겼든 사랑받는 나는 소중하니까 거울을 보지 않고 못견디는 것, 그것이 사랑이다—그렇습니다. 사랑은 기다리며 행복합니다. 그 목소리를 들으면서 행복합니다. 그를 보면서 행복합니다. 그와 함께 있으면 마냥 행복합니다. 그것이 사랑입니다. 이제 무엇을 해도 상관없습니다. 어떤 일이라도 다 할 수 있을 것같습니다. 어떤 고통이라도 다 감당할 수 있을 것같습니다. 그것이 사랑입니다. 미국의 예방의학 권위자인 피터 핸슨이라고 하는 사람은 이렇게 말합니다. '사람이 건강하려면 몇가지 조심할 것이 있다. 첫째는 적당한 음식을 먹어야 하고, 둘째는 적당하게 운동을 해야 하고, 셋째는 나쁜 습관을 버려야 한다.' 거의 다 알고 있습니다. 담배, 술, 화내는 것, 게으름피우는 것, 이런 나쁜 습관들을 과감하게 버려야 한다, 그러면 건강하다—상식적인 이야기같습니다. 그러나 문제는 그 다음에 있습니다. '이것은 건강비결의 50%일 뿐이고, 나머지 50%는 사랑이다' 하였습니다. 사랑을 느끼기도 하고 사랑을 하기도 해야 건강하다, 하였습니다. 그는 이렇게 결론을 짓습니다. '이웃사랑은 도덕상의 문제이기 전에 건강상의 문제다.' 여기에 저는 한 단계 더 붙여서 말하고 싶습니다. 사랑은 생명문제다, 라고. 행복하고 불행하고의 문제가 아니라 'To be or not to be' — 사느냐 죽느냐의 문제다, 라고요. 사람은 사랑에 의해서 살기도 하고 죽기도 합니다. 결국은 사랑의 문제는 생사의 문제다, 이렇게 말하고 싶습니다. 문제는 이 사랑이 곧 계명이라는 것입니다. 엔톨레, 계명, **Commandment**, 명령입니다. 명령과 계명, 하나님의 명령, 여기에 내 생명이 걸려 있다는 것입니다. 사랑으로 주신 이 계명을 내가 어떻게, 어떤 자세로 지켜가느냐에 문제가 있습니다. 이 축복된 계명을 어떤 마음으로, 어떤 자세로 대하느냐 하는 것입니다. 계명은 주로 부정적인 양상을 띠고 있습니다. 살인하지 말라, 간음하지 말라, 도적질하지 말라, 거짓증거 하지 말라, 탐내지 말라… 말라, 말라 하는 것이 주로 되어 있습니다. "말라"—이것은 계명이요 절대명령입니다.

나머지부분, 말라 한 것 외의 남는 부분은 바로 우리가 선택해야 할 부분입니다. 그것은 내 마음으로 할 것입니다. 여기에 신비로운 뜻이 있습니다. 우리가 자녀들을 가르칠 때도 보면 주로 어렸을 때 하지 말라, 하지 말라, 합니다. 하루종일 하지 말라는 말만 한다고 해도 과언이 아닙니다. 그러나 중요한 것은 그 하지 말라는 말 속에 하라는 말이 들어 있다는 것입니다. 좀더 커서는 하지 말라고 부모가 지적해준 것은 그대로 지켜가면서 그 위에 아무 말씀도 없었던 것, 그것을 내가 스스로 지켜가면서 높은 차원의 계명을 지키게 되는 것입니다. 때로 어떤 사람들은 이 금기, 하지 말라고 한 이 명령, 여기에 매여 사는 사람이 있습니다. 아주 부자유한 가운데 억지로 노예적 순종을 합니다. 끌려갑니다. 심지어는 '팔자거니' 생각합니다. 참으로 불행한 일입니다. 어떤 사람은 결혼을 했는데 이 결혼이 못마땅합니다. 그래도 어찌할수없이 '이거 팔자거니' 하고 그저 사랑하고 싶지 않은 사람 사랑하고 봉사하고 싶지 않은 일에 봉사하고, 그렇게그렇게 한평생을 다 삽니다. 하지 말라 한 것은 지킨 것같은데 거기에 매여 살았다고 하는 불행이 있습니다. 또하나는 이 금기에 대해서 무조건 반발하는 것이 자기자유를 찾고 자기정체를 찾는 비결이라고 생각하는 사람이 있습니다. 그래서 하지 말라는 일만 골라서 합니다. 아이들은 하지 말라는 것 할 때 쾌감을 느낍니다. 몰래 먹는 떡이 맛이 있습니다. 바로 이런 자세가 문제인 것입니다. 하지 말라는 것을 함으로 기쁨을 얻고 하지 말라는 일을 함으로 자기정체를 느끼는, 이러한 성향이 바로 불행의 요인이요 구제 불능한 것입니다. 제가 아는 한 목사님이 제게 큰 고민을 털어놓은 적이 있습니다.

　목사님의 아들이 의과대학을 다니는데, 이 녀석이, 의과대학까지 다니는 녀석이 노상 담배를 피웁니다. 상당한 지성인인데다 목사님의 아들인데 말입니다. 그래 목사님이 아들 보고 이렇게 말했다고 합니다. "이놈아, 너 명색이 목사아들인데 담배를 피워서야 쓰겠느냐. 내가 너한테 주는 돈이 말이다, 그게 설교하고 번 돈이다, 설교하고… 목사가 받은 이 거룩한 돈을 가지고 담배를 피우다니 말도 안되지 않느냐." 그러나 그 아들녀석, 빙그레 웃으면서 하는 말인즉

"아버지, 제가 담배 산 돈은요 아르바이트 해서 번 것입니다. 아버지 돈이 아닙니다." "야! 그래도 넌 아버지를 봐서라도…" "아버지, 저는 목사아들이기 때문에 담배를 꼭 피워야 됩니다." 이것을 모르겠다는 것입니다. 자기가 대학교수도 하는데 이 속내를 모르겠다는 것입니다. "곽목사님, 그거 무슨 소리겠습니까?" 하고 묻습니다. 내가 대답했습니다. "내가 당신의 아들이라면 담배피워야겠소." 왜요? 지금 목사아들이라고 하는 짐이 굉장히 무겁거든요. 무겁게 느끼거든요. 그러니 자, 목사아들로 살지 않고 '나 아무개'로 살자면 독립을 해야지요. 독립을 하려면 담배도 피워야지요. 이렇게 된 것입니다. 이것을 알아야 합니다. 이런 식의 자세, 참 문제가 아닐 수 없습니다. 모든 일에서 꼭 "아니오" 해야만 내가 제대로 되는 줄 아는 사람이 있는 것입니다. 누구의 말을 들을 때 좋게 받아들이지 않고 꼭 일단 "No" 하든지 아니면 '픽' 하든지 합니다. 못된 체질이지요, 이것은. 꼭 그래야만 내가 살고 내가 잘난 것이 됩니까. 이런 사람을 '배냇병신'이라 합니다. 참 힘든 사람입니다. 이거 고쳐야 됩니다. 분명히 알아야 됩니다. 남편의 말을 듣고 그대로 "예" 하면 내가 죽는 것입니까. 인권이 유린당한 것입니까. 그래, 아내말을 들으면 남자체면 아예 구겨버리는 것입니까. 특별히 유교적 배경에서 잘 나오는 이런 자세는 큰 문제입니다. 아주 비틀렸습니다. 그래서 기쁨이 "예" 하는 온순한 마음에 있지 않고 "아니오"하고 버티고 일단 반발을 하는 데 있는, 그것은 참으로참으로 구제 불능한 것입니다. 순종의 덕을 몸에 익히지 못한 사람은 영영 불행합니다.

또하나는, 이 금기에 대하여 일단 순종은 하는데 마음에서부터 충만한 마음으로, 이성적으로 합리적으로 이해하고, 그 감성이 충만하게 받아들이고, 그렇게 기쁨으로 순종하는 것이 아닙니다. 때로는 순종하기는 하는데 그저 마음에 안들지마는 명령하신 분의 인격이나 체면을 보아서 순종해드리는 것입니다. 이런 경우는 많습니다. 부모님의 체면을 보아서 마지못해 순종해드리는 자녀들도 많습니다. 순종해주는 것입니다. 결코 마음에서부터 기쁜 마음으로 하는 순종이 아닙니다. 그런 경우가 많습니다. 아주 소극적입니다. 성경에도 있습니다. 예수님께서 갈릴리바다에 나가셔서 베드로를 향하여 "깊은 데로 가서 그물을 내려 고기를 잡으라" 하고 말씀하십니다. 그때 베드로가 대답하는 말이 아주 애매합니다. "우리들이 밤이 되도록 수고를 하였으되 얻은 것이 없지마는 말씀에 의지하여 내가 그물을 내리리이다" 라고 대답합니다(눅 5:4, 5). 거기 괄호하고 한 말씀 딱 집어넣었으면 좋겠습니다. '밤새껏 수고해서 잡은 것 없고, 이제도 못잡을 것입니다마는 말씀하시니 말씀하시는 분의 체면을 보아서, 모처럼 말씀하시니 일단 순종하겠습니다.' 그리고 그물을 내립니다. 그래시 그가 물고기를 많이 잡았을 때 예수님 앞에 가서 꿇어엎드리고 "나를 떠나소서 나는 죄인이로소이다" 하고 말합니다. 무슨 죄를 지었습니까. 방금 죄를 지었지 않습니까. 예수님의 말씀을 믿음으로, 감사함으로 지키지를 못하고 의심하는, 아주 못된마음으로 지켰더라, 그 말씀입니다. 그러니 죄인이지요.

여러분, 우리는 하나님의 계명을 어떻게 따라가고 있습니까? 어떤 마음으로 순종하십니까? 오늘 주님께서는 우리에게 '새 계명'이라는 말씀을 주십니다. '새 계명'이라 하신 데는 옛날계명이 있다는 뜻이 들어 있습니다. 옛날계명은 주로 "하지 말라"하는 형식입니다. 이에 비하여 새 계명은 "하라"하는 것입니다. 이것은 자발성, 선택적 순종을 말하는 것입니다. 다시 생각해보면 이 둘은 계명 자체보다는 그 계명에 대한 인간의 자세에서 성격이 구별되는 것입니다. 어떤 율법사가 예수님께 와서 중요한 질문을 합니다. "선생님이여 율법 중에 어느 계명이 크니이까?" 주 너의 하나님을 사랑하라, 그것이 첫째요, 이웃을 사랑하라, 그것이 둘째다, 라고 예수님 대답하십니다(마 22 : 36 - 40). 십계명이 있고 많은 율법이 있지마는 계명의 요지는 사랑이다, 하는 말씀입니다. 이것이 예수님께서 말씀하신 바 율법에 대한, 낡은 법에 대한 원초적, 근본적인 해석입니다. 그 법정신의 근본을 말씀하신 것입니다. original meaning, 본래적인 의미는 결국 낡은 계명이나 새 계명이나 같은 것입니다. 문제는 이 계명의 속성입니다.

계명이 누구를 위한 것입니까. 예수님께서는 이에 대하여 엄청난 명령을, 그 명제를 말씀하신 때가 있습니다(막 2 : 27). 사람이 안식일을 위해 있느냐, 안식일이 사람을 위해 있느냐, 다시말하면 계명이 사람을 위해 있느냐, 사람이 계명을 위해 있느냐ㅡ그런고로 우리는 이 계명을 나 자신을 위하여 하나님께서 소중하게 해주신 축복의 명령이라는 것을 알고 아주 감사하는 마음으로, 사랑하는 마음으로 대하여야 합니다. 이것을 잊지 말아야 합니다. 그런데 이 새 계명의 속성은 이렇게 전제됩니다. "내가 너희를 사랑한 것같이(34절)" 이렇게 말씀하십니다. "내가 너희를 사랑한 것같이 너희도 서로 사랑하라." 여기에 두 가지의 중요한 의미가 있습니다. 그 하나는, 우리가 주님의 사랑을 받았다 하는 그것이 동기요 근본이요 기초가 된다는 것입니다. 사랑받았다는 것 아주 중요한 것입니다. 거기에 사랑의 뿌리가 있습니다. 제가 잘 아는 어느 권사님 한 분은 자녀들 때문에 참 고생 많이 하십니다. 자녀가 셋인데 어쩌면 하나같이 입학시험에 재수, 삼수입니다. 그러고도 떨어집니다. 학교를 제대로 척 들어간다든가 하는 일이 그 집안에 없습니다. 그렇게 아이들이 공부를 잘 못하고 어려운데, 저는 그분 만났을 때 위로할 말을 찾기가 어려웠습니다. 그랬는데, 아무 때 보아도 이 권사님은 얼굴이 밝습니다. 환합니다. 제게는 그것이 늘 의문이었습니다. 도대체 아이들이 그렇게 못났는데 어떻게 어머니는 그같이 늘 밝으냐—알고 싶었습니다. 그래 언제 한번 물어보았습니다. "참 걱정거리가 많아보이는데 어떻게 그렇듯 밝으십니까?" "그거요? 당연한 일입니다. 제 아버지 어머니가 저를 엄청나게 사랑하셨거든요. 제가 저 애들만했을 때는 제가 보통으로 말썽을 부리지 않았습니다. 저 애들은 그래도 집을 나가지는 않습니다. 저는 그저 집을 들락날락했습니다. 그러나 우리 아버지 어머니는 절대로 저를 나무라지 않으셨지요. 실망하시지 않았습니다. 그렇게 뜨겁게 저를 사랑해주셨습니다. 제가 이런 사랑을 받은 사람입니다. 그 사랑에 비하면 내가 저 아이들에게 쏟는 이 사랑은 아무것도 아닙니다." 바로 거기에 핵심이 있습니다. 여러분, 여러분의 부모님들, 그옛날 가난하고 어려웠을 때 여러분을 얼마나 사랑했습니까. 자신의 목숨보다도 더 사랑했습니다. 자식 대신 죽어야 한다면 당장에 죽으실 분들입니다. 그렇게 극진한 사랑을 받은 사람들이 이제와서 그래, 아이들 좀 그렇기로니 뭐 실망을 하고 뭐 싹이 노랗다느니 하는 것입니까. 말도 안되는 것입니다. 어째서 그렇듯 쉽게도 절망하는 것입니까, 우리가 받은 사랑이 어떤 것인데. 깊이 생각하여야 합니다. 저는 사랑의 모드를 이렇게 생각해봅니다. 나는 네가 나를 대하듯 너를 대할 것이다—이를 이로 갚는 것입니다. 눈에는 눈으로—이것은 율법입니다. 네가 어떻게 대하든지 상관없이 나는 너를 사랑한다—이것은 독선입니다. 쉽지 않은 것입니다. 문제가 많은 사랑입니다. 네가 나를 사랑할 때까지 나는 너를 사랑할 것이다—좋은 마음 같지마는 이것은 무서운 집착입니다. 문제는 이것입니다. 그리스도께서 나를 사랑하신 것같이 내가 너를 사랑할 것이다—이것만이 신앙적 사랑입니다. 사랑이 병들 때는 고칠 길이 없습니다. 사랑 아닌 것을 사랑이라고 생각할 때 사람이 병드는 것입니다. 참사랑은 오직 이것뿐입니다. 그리스도께서 나를 사랑하신 것같이 내가 너를 사랑하노라—여기에만 사랑이 있고 여기에만 사랑의 진리가 있고 여기에만 사랑의 자유가 있고 사랑의 능력이 있는 것입니다. 여기서 떠나면 사랑이 아닙니다. 분명히 알아야 합니다.

　자, 예수님께서 우리를 사랑하신 사랑이 어떤 사랑입니까. 이 사랑을 통해서 내가 너희를 사랑한 것같이 너희도 서로 사랑하라, 하시고 사랑의 모델, 사랑의 속성, 사랑의 길, 사랑의 지혜, 사랑의 가능성, 사랑의 결과까지 환하게 보여주셨습니다. 내가 너희를 사랑한 것같이 너희가 서로 사랑하라—이것이 사랑의 가장 귀한 진리입니다. 그러면 주님께서 우리를 사랑하신 사랑이 어떤 것입니까. 내가 하나님과 원수되었을 때, 그는 이 죄인을 사랑하신 것입니다. 결코 의인을 사랑하신 것이 아닙니다. 우리는 의인을 골라서 사랑한다고 하다가 문제를 만나는 것입니다. 애시당초 죄인을 사랑하는 것이요 원수같은 자를 그대로 사랑하는 것입니다. 그가 나를 그렇게 사랑하셨습니다. 그의 사랑은 감상이 아닙니다. 사랑 그대로가 행동이었습니다. 액션입니다. 또한 그의 사랑은 의롭다 하시는 사랑입니다.

justification입니다. 값을 그가 대신 지불하십니다. 내가 죄를 지어서 벌을 받아야 한다면 그가 받으십니다. 내가 값을 지불해야 할 것을 그가 지불하십니다. 대신 고난을 받으시고 대신 죽으시고 우리를 사랑하십니다. 그런 사랑입니다. 이 사랑에 무한한 승리가 있습니다. 예수님께서는 이 사랑을 기뻐하셨습니다. 영광을 받으실 때가 왔도다, 하고 말씀하십니다(32절). 이 사랑에서 징징 울고짜고 그러는 것이 아닙니다. 이 사랑을 기쁨과 감사와 영광으로 그렇게 수용하고 계십니다. 내가 받는 사랑이 바로 그런 사랑인 것입니다. 그렇다면 이 사랑에 감격하고 이 사랑에 충만할 때 사랑하지 못할 사람이 어디 있겠습니까. 무엇이 문제란말입니까.

저는 늘 가보겠다고 하면서도 기회를 얻지 못해서 못갔다가 작년엔가 스탠포드대학을, 명문대학인 스탠포드대학을 가보았습니다. 이 대학에 유래가 있습니다. 스탠포드(A. Leland Stanford)라고 하는 캘리포니아 출신의 상원의원이 있었습니다. 그는 엄청난 부자인데다 상원의원된 명예를 겸하고 사람들로부터 존경과 선망을 받는 사람이었습니다. 그런데 어느날 하나밖에 없는 아들이 사고로 세상을 떠나게 됩니다. 그는 너무너무 슬펐습니다. 마침내 그는 크게 낙심하여 "이제 살 목적을 잃어버렸다" 하고 슬퍼합니다. 이렇게 슬픔을 당한 그날밤 꿈에 그 아들이 나타났습니다. 아들은 아버지에게 말합니다. "아버지, 이 세상에는 아들이 많습니다. 이 세상에는 젊은이가 많습니다. 나 대신 저들을 사랑해주십시오." 그는 꿈에서 깼습니다. 그리고 굳게 결심했습니다. 재산을 다 털어서 스탠포드대학을 세웁니다. 뿐만아니라 자신의 남은 재산 하나도 남김없이 젊은이들을 위해 써 달라는 유서를 남기고 세상을 떠납니다. 그는 진정 아들을 사랑한

아버지였습니다. 여러분, 내가 사랑받은 대로 남을 사랑하겠다는 것입니까? 사랑받기 위해서 사랑하겠다는 것입니까? 사랑할만한 가치가 있을 때 사랑하겠다는 것입니까? 우리가 받은 사랑이 그런 사랑이 아니지 않습니까. 여기에 새 계명이 있습니다. 사랑으로 충만할 때 거기 자유가 있습니다. 아무 두려움도 근심도 걱정도 없습니다. 의무이면서 이것은 자유입니다. 희생인 동시에 기쁨과 감사가 있고, 엄청난 수고가 있으나 거기에 무한한 창의력이 있습니다. 여기에 행복이 있습니다. 여기에 삶의 지혜가 있습니다. △

생명에 이르는 향기

내가 그리스도의 복음을 위하여 드로아에 이르매 주 안에서 문이 내게 열렸으되 내가 내 형제 디도를 만나지 못하므로 내 심령이 편치 못하여 저희를 작별하고 마게도냐로 갔노라 항상 우리를 그리스도 안에서 이기게 하시고 우리로 말미암아 각처에서 그리스도를 아는 냄새를 나타내시는 하나님께 감사하노라 우리는 구원 얻는 자들에게나 망하는 자들에게나 하나님 앞에서 그리스도의 향기니 이 사람에게는 사망으로 좇아 사망에 이르는 냄새요 저 사람에게는 생명으로 좇아 생명에 이르는 냄새라 누가 이것을 감당하리요 우리는 수다한 사람과 같이 하나님의 말씀을 혼잡하게 하지 아니하고 곧 순전함으로 하나님께 받은 것같이 하나님 앞에서와 그리스도 안에서 말하노라

(고린도후서 2 : 12 - 17)

생명에 이르는 향기

　믿거나말거나 이 이야기는 사실입니다. 믿기 어려운 일이기 때문에 하는 말입니다. 어떤 사람이 부산에 살면서 좋은 개 한 마리를 키우고 또 훈련을 시켜서 장을 볼 때마다 직접 가지 아니하고 개한테 심부름을 시키곤 했습니다. 장바구니에다 물목을 적은 쪽지와 돈을 담아 개한테 물려주면 이 개가 가게에 가서 장을 보아가지고 오는 것입니다. 온동네 사람들이 이 사실을 알고 신기하게 여겼습니다. 그런데 이 사람네가 대구로 이사를 하게 되었습니다. 주인은 자기네가 지금 대구에 와 있다는 것을 잠깐 잊어버리고 여느때같이 개한테 심부름을 시켰습니다. 이 개는 장바구니를 입에 물고 집을 떠났습니다. 그런데 어인 일인지 사흘이 넘도록 돌아오지를 않습니다. 사흘 후 부산에 있는 그 가게에서 대구의 이 집으로 전화가 왔습니다. 개가 부산의 그 가게로 장보러 왔다는 것입니다. 놀라운 일이지요. 개가 어떻게 길을 알며 또 어떻게 부산까지 갈 수 있었는지. 문제는 이것입니다. 개는 자신의 냄새를 맡는 것입니다. 자기가 어디로 지나왔든지 지나온대로 자신의 냄새가 남아 있어서 그것을 추적해서 다니기 때문에 길을 잃지 않는 것입니다. 개는 사람에 비해서 코가 400배나 예민하다고 합니다, 400배. 엄청난 차이입니다. 그래서 이렇게 길을 잃지 않고 다닐 수 있다, 하는 이야기입니다.

　모든 물체에는 나름의 냄새가 있습니다. 그런데 놀라운 것은 물체에만 있는 것이 아니고 사람에게도 저마다 고유의 냄새가 있다는 것입니다. 우스운 얘기입니다마는 제가 LA에서 공부하고 있을 때 간혹 한국인가정에서 저를 초대할 때가 있었습니다. 혼자서 와계시니 한번 오십시오, 해서 저녁을 가끔 대접받곤 했습니다. 어떤 가정에 오래전에 한번 갔던 일이 있는데 다시 초대를 받았습니다. 차를 운전해서 밤에 거기까지 가는데 거의 다 가서 생각난 것이 그 집 주소 적은 것을 가지고 오지 않은 것입니다. 미국시민들의 집은 바람벽에다 집번호를 써붙였으므로 그 번호를 보고야 집을 찾겠는데 번호를 잊어버린 것입니다. 이, 어떡하나, 난감합니다. 그래서 저는 지혜를 좀 내었습니다. 차창을 다 열어놓고 천천히 동리를 빙빙돌았습니다. 돌다보니 된장냄새 나는 집이 있더라고요. 그래 그 집을 무사히 찾아낼 수 있었습니다. 그 뒤에 스스로 생각한 것이 있습니다. '개가 따로 없다.' 한국사람은 한국사람냄새가 납니다. 마늘을 먹고 김치를 먹기 때문에 아무리 뭐 이를 닦는다 향수를 뿌린다, 별수를 다 써도 어림없습니다. 피부에 냄새가 배어 있습니다. 그래 한국사람냄새가 다릅니다. 나는 이것을 경험했습니다. 제가 기숙사에 오년을 살았거든요. 서양사람들하고만 같이 살다가 이따금 한국분들하고 만나보면 그 냄새가 대단합니다. 한국사람은 한국사람냄새가 나고 서양사람은 서양사람냄새, 버터냄새가 나고, 그런 것 아닙니까. 나름대로의 냄새를 가지고 있다, 하는 말씀입니다. 부인할 수 없는 일입니다.

　더 무서운 것은 마음에서 냄새가 난다는 것입니다. 착한 마음을 가졌을 때는 향내가 납니다. 그 냄새가 많은 사람을 기분좋게 하고, 많은 사람에게 생기를 주고, 활기를 주고, 소망을 주고, 총명을 주고, 건강을 주고, 화평을 줍니다. 그런가하면 마음이 악하고, 사기성이 있고 시기 질투 같은 것으로 가득차 있으면 남을 불쾌하게 만들고 기분을 상하게 하고 용기를 잃어버리게 하고 좀더 나아가서는 화를 내게 만듭니다. 이 냄새는 사망에 이르는 냄새입니다. 여기 물적 증거가 있습니다. 제가 아는 친구목사님이 목회하는 교회가 한 오백 명 모이는데 그 교회 마당이 바로 사택입니다. 거기에 개를 한 마리 키우는데, 그 수백 명의 사람들, 어린아이들까지 오고가고 해도 이 개가 절대로 짖지를 않습니다. 그러나 어쩌다가 수상한 사람 하나만 오면 막 짖습니다. 개가 사람얼굴 보고 아는 것이 아닙니다. 냄새로 아는 것입니다. 수상한 사람은 수상한 냄새가 나거든요. 이것을 알아야 합니다. 자기냄새를 풍기고 있다는 것을 나는 모르지만 저 예민한, 사람보다 400배 코가 예민한 개는 알고 있더라고요. 그래서 가려 짖는 것입니다. 소리를 듣고가 아니라 냄새로 구별하는 것입니다. 요새는 감성공학이라고 하는 학문이 있다고 합니다. 저도 잘 모르는 학문입니다마는. 미상불 요새는 지성보다 감성이 중요하니까요. 감성지수가 높아야 합니다. 감성지수를 물리적으로 해결하려들 다보니 이런 이야기들이 나옵니다. 감성을 움직이는 것이 뭐냐 할 때 빛, 소리, 진동, 냄새, 이런 것들이라고 합니다. 이것들이 신경과 뇌파에 작용을 하고 심장맥박을 좌우하면서 감성을 움직인다는 것입니다. 냄새로 말하자면 좋은 냄새는 방부적 역할을 하고 살균효과가 있고 피부세포를 재생한다, 합니다. 좋은 냄새를 맡아야 피부색이 좋아지고, 성장이 촉진되고 통증이 제거되기도 하고 면역기능도 높아지며 정신·신체가 균형있게 조절된다고 합니다. 다시말하면 좋은 냄새는 감정을 조절하고 기억력도 인지능력도 높여준다고 합니다. 그것이 향기입니다. 그 이유는 코가 뇌하고 가까이 있기 때문에 코에 작용한 것은 즉각으로 뇌에 전달되면서 바로 호르몬분비를 조절하게 되기 때문입니다. 어떻습니까? 그런고로 이 냄새가 주는 효과는 육체에만 나타나는 것이 아닙니다. 온몸에 큰 영향을 미치는 것은 말할것도없고 심지어는 기분이 좋고 나쁘고를 넘어 용기가 생기게도 하고 사라지게도 하고, 소망에 차게도 하고 절망하게도 한다는 말입니다. 냄새에 따라 정신상태가 맑아지기도 하고 흐려지기도 하고, 심지어는 선해지기도 하고 악해지기도 한다—이것이 감성공학이 말하는 결론입니다. 냄새란 퍼지는 것이고 또 전파되는 것입니다. 냄새는 진실합니다. 말은 거짓말을 할 수 있어도 냄새는 거짓말을 못합니다. 냄새는 남는 것이요 배어드는 것입니다. 축적됩니다. 그뿐아니라 영향력을 가졌습니다. 또한 냄새는 동화작용도 잘 합니다. 그래서 우리가 아는대로 수색견이 바로 이것을, 이 냄새의 진실을 따라서 수색하는 것이 아닙니까. 문제는 인간의 냄새입니다. 사랑은 향기요 증오는 악취로 작용합니다. 대단히 답답하고 슬픈 얘기지만 어린아이들의 냄새는 참 향기롭고 좋은데, 젊은이의 냄새도 좋은데, 늙은이의 냄새가 좀 맡기 거북합니다. 아무리 사랑하는 사람이라해도 냄새의 진실은 막을 길이 없습니다. 노화라고 하는 냄새, 이것이 있는 것입니다.

  오늘성경에 말씀합니다. 우리는 그리스도의 향기라고(15절). 그리스도의 향기—중요한 말씀입니다. 역사적 배경을 조금 생각해볼 필요가 있습니다. 그옛날은 전쟁을 할 때면 육박전을 했습니다. 참으로 무서운 싸움이 육박전입니다. 제가 정말로 무서운 육박전에 딱 한 번 참전한 적이 있습니다마는 참 무서운 것입니다. 멀리서 총을 쏘고 포탄을 날리고 하는 것이 아니고 맞닥뜨려서 그냥 찌르고 베고 때리고 치는 것입니다. 옛날에는 이렇게 몸으로 부딪치는 싸움을 했거든요. 온몸에 피가 묻고 살기가 등등하고, 이렇습니다. 전쟁은 이렇게 해서 어느 편이 이기고 어느 편이 지게 됩니다. 이긴 편도 온몸에 피가 묻고 그 마음도 살기가 등등합니다. 바로 이런 상태입니다. 그런 중에 전쟁에 이기면 성 안으로 개선을 합니다. 개선행진이 이루어집니다. 그럴 때는 맨앞에 장군이 말을 타고 갑니다. 그 뒤를 따르는 마차 위에 커다란 향로가 실려 있고 거기에다 많은 향을 피워서 향연이 그야말로 옹기굴연기처럼 피어오릅니다. 그리고 그 뒤로 전쟁에 가담한, 이긴 군사들이 의기양양하게 발을 맞추어 들어옵니다. 바로 그 뒤로는 이제 패전한 군사들, 전범들, 포로들이 쇠사슬에 묶인 채 간신히 걸음을 옮기면서 끌려들어옵니다. 이 패전군 바로 뒤로는 전리품이 마차에 실려서 들어옵니다. 이것이 개선행진입니다. 이 큰 행진에 가장 중요한 요소가 향입니다. 엄청나게 큰 향로에 향불을 피워대는데, 왜 이렇게 하느냐 하면 무엇보다 중요한 것이 위생적 요인입니다. 우선 피비린내가 나니까요. 피비린내, 이것을 맡으면 살기가 올라옵니다. 미운 마음이 생깁니다. 복수심이 생깁니다. 그런고로 이 피비린내를 제거하기 위해서 향을 피우는 것입니다. 다음에는 좀 미신적인 것같지마는 당시로서는 이것이 중요합니다. 죽은 사람들, 그 가운데는 억울하게 죽은 사람도 많거든요. 그 사람들의 악령이 쫓아온다고 여겨서 이 악령들을 떨쳐버리자고 향불을 피우는 것입니다. 악령은 향내를 싫어한다고 생각해서입니다. 자, 이제 이 연기가 올라오고 많은 사람들이, 주민들이 모여서 환호성을 올리고 개선장군과 그 일행을 맞이하게 됩니다, 만세를 부르면서. 이제 생각해보십시오. 여기서 이 향에는 심판적 요소가 있습니다. 그래서 이 향을 기뻐하는 사람이 있습니다. 이긴 사람들은 기뻐합니다. 승리자는 기뻐합니다. 이 승리한 군대를 환영하는, 그 승리자들과 같은 뜻을 가진 사람들은 기뻐합니다. 이 향내를 맡으면서 생기가 솟아오릅니다. 용기가 생깁니다. 생명에 이릅니다. 기운이 없던 사람도 기운을 내고, 앓아누웠던 사람도 이 향내를 맡으면서 병이 낳는 것입니다. 그런 큰 생명적 역사가 이루어집니다마는 저 뒤에 따라오는 포로들, 그 패전군인들에게는 이 냄새는 사약인 것입니다. 이 냄새가 그렇게 싫을 수 없습니다. 그뿐만 아니라 이렇게 끌려와서 이제 처형을 당합니다. 그런고로 그들에게는 죽음에 이르는 냄새가 됩니다. 오늘성경은 말씀합니다. "이 사람에게는 사망으로 좇아 사망에 이르는 냄새요 저 사람에게는 생명으로 좇아 생명에 이르는 냄새라." 이 말 그대로가 사실입니다. 문자대로 사실입니다. 이 향이, 이 냄새가 구원에 이르는 자에게는 생명에 이르는 냄새요, 그리스도를 영접하는 사람에게는 생명에 이르는 냄새요, 그리스도를 거부하는 사람에게는 죽음에 이르는 냄새입니다. 그래서 심판적 요소가 있다는 것입니다.

예수님의 생애를 생각해봅시다. 예수님께서 이땅에 오셔서 역사하실 때 마치 개선장군처럼 역사하십니다. 예수님께서 가십니다. 예수님께서 말씀하실 때 사람들이 감동을 받고 구원을 받습니다. 용기를 얻습니다. 그리고 모든 병자를 고치셨습니다. 소경은 눈뜨게 하시고 앉은뱅이는 일으키시고 문둥병자는 깨끗케 하시고 열병을 고치시고… 그렇지 않습니까. 예수님 앞에는 병자가 있을 수 없습니다. 병자를 보시고 그냥 지나치시는 법이 없습니다. 모든 병자를 다 고치시고, 특별히 죽은 자도 살리십니다. 예수님 앞에는 시체가 누워 있을 수 없습니다. 심지어는 장례식 하는 것 보시고 따라가시어 죽은 자를 일으키십니다. 예수님 앞에는 죽음이 그대로 머물러 있을 수가 없다는 말씀입니다. 그래서 젊은사람들이 재미있는 농담을 합니다. 예수님께서는 다 해보셨지만 장례식은 못해보셨다고. 장례식 하러 가셨다가 살려내시고 말았으니까요. 그렇지 않습니까? 또 더 짓궂은 아이들은 이렇게까지 재미있는 말을 합니다. "예수님은 어디든지 가실 수 있지마는 공동묘지 옆으로는 지나가시면 안된다. 다 살아날 것이니까." 그럴듯한 이야기입니다. 예수님께서 가시는 곳에는 생명적 역사가 불 일듯이 일어나는 것입니다. 영적으로 육적으로 사회적으로 밝은 역사가 이루어지는 것입니다. 그런데 보십시오. 그럼에도 불구하고 예수님을 영접하지 않는 사람들이 있지 않습니까. 예수님께서 세상에 오셨다는 말을 듣자마자 헤롯은 어떤 꼴을 보입니까. 아이쿠, 메시야가 왔다면 나는 내 보좌를 내놓아야 되지 않는가, 합니다. 그래서 그는 당장 아기예수를 없애려고 계책을 꾸미고 있지 않습니까. 그런가하면 바리새인, 서기관, 제사장, 이 사람들은 자기네가 가졌던 지식, 명예, 기득권을 포기하지 않고 예수님께 보좌를 양보하지 않으려고 하다보니 예수님의 풍기는 냄새가 여간 싫지 않았습니다. 아주 고약하게 느꼈습니다. 그래서 마침내 예수님을 십자가에 못박게 되는 것입니다. 예수님의 냄새가 역겨워서 견딜 수가 없었던 것입니다. 깊이 생각할 문제입니다. 똑같은 냄새인데 한 사람에게는 구원에 이르는 냄새요, 한 무리에게는 사망에 이르는 냄새가 되었다는 말씀입니다.

그런가하면 예수님의 제자들, 예수님과 함께하였습니다. 가만히 생각해보면 예수님의 제자들이 예수님을 얼마나 이해했는지, 그 교훈을 바로 깨달았는지, 그것은 의문입니다. 그러나 예수님과 삼 년 동안 동행을 하게 됩니다. 이제 변화가 일어났습니다. 성령이 충만하게 될 때 이들이 예수 그리스도의 복음을 전하고 부활의 복음을 전하게 되는데 기탄없이 말했다고 사도행전 4장 13절에서 말씀합니다. 중요한 의미가 있는 말씀입니다. 많은 사람들이 예수를 죽이려고 하는데도, 심지어 예수의 제자들을 다 몰살해버리려고 하는데도, 이미 죽이기도 했는데도 불구하고 죽음을 넘어서서, 그 공포와 불안을 다 넘어서서 담대하게, 기탄없이, 거침없이 복음을 전하는 것입니다. 저들은 놀랐습니다. 이 사람들이 불학무식한 사람들인 줄 알았는데, '아그람마타'—배운 것 없는 사람들인 줄 알았는데 어떻게 이렇듯 용기있게 지혜롭게 담대하게 복음을 전하는 것인가 했습니다. 복음만 전했습니까. 전하는 것이 표적으로 일어났습니다. 앉은뱅이가 일어나고, 문둥이가 깨끗해지고… 놀라운 생명의 역사가 일어납니다. 삼천 명이 모여서 회개하고… 굉장하지 않았습니까. 자, 이렇게 될 때 저들이 놀랐습니다. 이제 해석이 나왔습니다. 이거 어떻게 된 것인가? 저들이 예수와 함께했다는 것을 알았습니다. 예수님과 삼 년 동안 함께하더니 예수님의 냄새가 그들에게 배었습니다. 예수님의 영향을 받았습니다. 그래서 이제는 예수의 향기가 되었습니다. 가끔 이런 경우가 있습니다. 우리아이들이 어렸을 때 겪은 일입니다마는 제가 밖에 나갔다가 집에 들어가면 이 아이들이 나를 냄새맡고는 "아버지 담배피웠어" 하더라고요. "담배라니?" 담배냄새 난다고 합니다. 내가 버스를 타거나 사람들 모이는 데 다니다보니 담배피우는 사람들이 거기 있어서 그 냄새가 내 몸에 배었던 것입니다. 내가 누구와 함께했는지 냄새가 나는 것입니다. 그리스도와 함께했으면, 그리스도와 오랫동안 함께하고 그리스도를 사랑했으면 그리스도의 냄새가 나고 그렇습니다. 좋지않은 사람과 함께했으면 거기서 악취가 묻어오는 것이지요. 예수님의 제자들은 그리스도의 냄새를 풍겼습니다. 생명의 냄새를 풍겼다는 말씀입니다.

여러분, 요새 우리는 신문을 보면서 슬픈 생각을 할 때가 자주 있습니다. 뭐 누구누구 할것없이 다 잘못되고 다 부정합니다마는, 그렇다고 하지마는 대표적으로 몇사람이 구설수에 올라서 감옥에 들락날락하고 신문에 나고 하는데, 안타깝게도 가끔 제게 이런 질문이 옵니다. "목사님, 그분들 가운데 누구누구가 기독교인이라면서요?" 답답한 일입니다. 저는 이렇게 대답할 수밖에 없습니다. 과일이라해도 선 과일이 있느니라, 설어서 선 냄새가 나는 것이다, 과일은 과일인데 썩어서 썩은 과일 냄새가 나는 것이다, 라고 대답합니다. 이것입니다. 기독교인은 기독교인인데, 분명히 교회는 다니는 사람이지마는 선 교인이다, 아니면 썩었다, 이것입니다. 나타나야 될 그리스도의 향기가 그 생활에, 그 몸에 없다, 그 말씀입니다. 이것을 알아야 합니다. 그런고로 그리스도와 함께해서, 그리스도를 영접하고 그리스도화할 때, 알게모르게, 심지어는 의식 이전에 나도모르게 벌써 그리스도의 냄새가 배는 것입니다. 저는 이런 일을 고맙게 생각합니다. 외국 가서 보면 우리 소망교인들이 사방에, 온세계에 흩어져 있는데 그 교인들을 두고 목사님들이 제게 말하는 것입니다. "목사님, 소망교회교인들은 확실히 달라요." 아주 좋은 얘기입니다. 두 가지를 듭니다. 소망교회교인들은 시간을 잘 지킨다, 소망교회교인들은 자기자랑을 하지 않는다—아주 좋은 이야기입니다. 소망교회 다녔으면 소망교회 스타일이 있어야 하지요. 안그렇습니까? 뭔가 달라야 겠지요? 다를 수밖에 없습니다. 진짜교인이면 다를 수밖에 없습니다. 의식적으로 달라보이려고 애쓸 것도 없습니다. 부지런히 그리스도와 함께하고 교회생활 하는 가운데서 냄새가 배는 것입니다. 예수 냄새가 충만하게 되는 것입니다.

갈라디아서 1장 24절에 보면 바울이 참 부러운 말씀을 합니다. "나로 말미암아 영광을 하나님께 돌리니라." 나로 말미암아 하나님께 영광을 돌린다—무슨 말씀인고 하니 "다만 우리를 핍박하던 자가 전에 잔해하던 그 믿음을 지금 전한다 함을 듣고(23절)" 나로 말미암아 영광을 하나님께 돌린다는 것입니다. 내가 예수를 핍박하던 사람인데, 내가 확 돌아버려서 이제 예수의 제자가 되고 복음을 전한다, 하는 말씀입니다. 결국 바울의 말씀은 이렇습니다. 나로 말미암아 하나님께 영광을 돌립니다. 여러분, 나로 말미암아 내 주변 사람이 무슨 냄새를 맡고 있습니까? 나로 말미암아 저가 그리스도의 냄새를 맡고 나로 말미암아 저가 그리스도의 복음을 받고 나로 말미암아 저가 그리스도의 사랑에 접할 수 있을 때 내가 그리스도인입니다. 나를 통해서 그리스도의 냄새가 전해지고 있기 때문입니다. 여러분, 오늘도 누구와 함께하고 있습니까? 나는 내 주변에 어떤 냄새를 풍기고 있습니까? 똑똑히 명심해야 합니다. 우리는 그리스도의 향기입니다. 그리스도의 향기—거기에 길이 있고 생명의 길이 있습니다. △

또 나를 믿으라

너희는 마음에 근심하지 말라 하나님을 믿으니 또 나를 믿으라 내 아버지 집에 거할 곳이 많도다 그렇지 않으면 너희에게 일렀으리라 내가 너희를 위하여 처소를 예비하러 가노니 가서 너희를 위하여 처소를 예비하면 내가 다시 와서 너희를 내게로 영접하여 나 있는 곳에 너희도 있게 하리라 내가 가는 곳에 그 길을 너희가 알리라 도마가 가로되 주여 어디로 가시는지 우리가 알지 못하거늘 그 길을 어찌 알겠삽나이까 예수께서 가라사대 내가 곧 길이요 진리요 생명이니 나로 말미암지 않고는 아버지께로 올 자가 없느니라
(요한복음 14 : 1 - 6)

또 나를 믿으라

여러분이 잘 아시는 톨스토이의 작품에 「인간이 무엇으로 사느냐」라는 소설이 있습니다. 이 작은 작품에서 우리는 세 가지 질문을 하고 또 세 가지 해답을 하는 그런 주제로 이야기가 전개되는 것을 볼 수 있습니다. 그 이야기를 다 말씀드리지는 않겠습니다마는 너무나 상식적이면서도 심각한 질문이 여기 있습니다. 미하엘이라고 하는 천사가 하나님의 명을 어긴 죄로 말미암아 지상으로 내어쫓깁니다. 그래서 한 거지가 되어가지고 추운 겨울날 어느 시골의 조그마한 교회에서 엎드려 기도를 하게 됩니다. 아무 인연도 없는, 가난하게 사는 구두직공이 이 사람을 보고 그에게 사랑을 베풉니다. 갈 데가 없다고 하여 자기집에 데려다가 구두만드는 기술을 가르쳐서 이 천사가 구두만드는 직공이 됩니다. 어느날 잘생긴 신사 한 사람이 찾아와서 구두를 맡깁니다. 신사는 "내가 타국에 갈 일이 있는데 일 년 동안 신을 신입니다. 튼튼하게, 가장 좋은 구두로 만들어주시기 바랍니다"하고 돈을 주고 구두를 맡기고 갑니다. 그때 천사 미하엘이 깜짝놀랐습니다. 왜냐하면 이 사람 바로 앞에 지금 죽음의 천사가 지키고 있었기 때문입니다. 그 신사는 곧 죽을 사람이었던 것입니다. 그런데 자기 죽을 것은 모르고 '일 년 동안 신을 구두를 부탁합니다' 하고 말하는 것이 너무나도 안쓰럽고 불쌍했습니다. 이때 그는 깨닫습니다. "아, 사람들은 자기 죽을 날을 모르는구나." 그렇습니다. 자기 죽을 날을 모릅니다. 그는 여기서 중대한 문제를 생각합니다. 사람은 자기 죽을 날을 모르고, 또하나 모르는 것이 있습니다. 세상에는 없는 것같으나 사랑이 있습니다. 사랑이 있어서 이 세상은 버티어나가는 것입니다. 없는 것같으나 있는 것이 사랑입니다. 때때로 우리는 사랑이 없다 하지마는 아닙니다. 세상이 이만큼이라도 아직 지탱해나가는 것은 그 속 깊은 곳에 사랑들이 있기 때문입니다. 아직 사랑 많습니다. 그것을 알아야 합니다. 사랑이 있어서 오늘 내가 있고 세상이 있습니다. 사랑의 힘으로 사는 것입니다. 또하나는, 사람들의 능력, 사람들의 재간, 사람들의 지식, 사람들의 상식으로 사람들이 살아가는 것같아도 알고보면 그것이 아닙니다. 사람들의 수고라는 것은 아무것도 아닙니다. 오직 은총으로 사는 것입니다. 그래서 꼭 망할 것같은데 망하지 않습니다. 잘못돼서 꼭 저주받을 수밖에 없고 상식적으로 이렇게되면 세상 끝나는 것인데 끝나지 않습니다. 그래서 미하엘은 깨닫게 됩니다. 오직 하나님의 은혜와 긍휼로 세상은 존재한다―이것이 그가 얻은 해답입니다.

　그러면 우리의 마음속에 많은 걱정 근심이 있는데 그 원인이 무엇이겠습니까. 때로 우리는 뭐 물질이다 가정관계다 친척들이다 아이들이 다 멀리 가버렸다… 이렇게저렇게 스스로 걱정근심이 많은데 그 복잡한 것 제가 분석하고 싶지는 않습니다. 이유는 오직 두 가지입니다. 하나는 모르기 때문이요 또하나는 믿지 않기 때문입니다. 모르기 때문에 믿지 못하고 믿지 못하기 때문에 모르게 된 것입니다. 모르기 때문에 걱정하는 것입니다. 이제 봅시다. 근심의 뿌리는 미래가 불확실하다는 데 있는 것입니다. 확실한 보장이 없어서 걱정을 하는 것입니다. 아무리 어려운 문제가 있더라도 미래만 보장받을 수 있다면 걱정할 것 없습니다. 이것을 우리가 분명히 알아야 합니다. 모든 근심은 미래에 대한 것입니다. 그것이 불확실하기 때문입니다. 근래 철학을 한다는 사람들이 흔히들 '현대의 문제는 불확실성이다. 미래에 대한 불확실성이다' 라고 말합니다마는 사실 그것도 알고보면 웃기는 이야기입니다. 언제는 확실했나요? 새삼스럽게 오늘와서 불확실한 것처럼 말하지마는 그것은 건방진 생각입니다. 역사는 원래 그랬습니다. 누구도 미래를 알 수가 없었습니다. 그렇게 불확실한 가운데서 살아오는 것입니다. 요컨대 우리에게 주어진 확실한 것까지만 확실하면 됩니다. 그 이상은 모든것이 우리지식에 확실할 수가 없는 것입니다. 또한 자기지식을 믿을 수 없기 때문입니다. '내가 좀 아는데' 하지마는 알기는 뭘 압니까. 어떻습니까? 좀 아는 줄 알았는데 세월가면서 보니 정말 내가 아무것도 모르는구나, 나는 정말 멍청했구나, 형편없이 멍청했구나, 하는 생각 들지 않습니까? 아는 것이 아무것도 없습니다. 안다고 생각했던 것은 결국 자기에게 자기가 기만당한 것입니다. 이제야 그것을 알고 있습니다. 내 지식을 내가 믿을 수 없습니다. 그래서 불안한 것입니다. 또하나는 내 능력을 내가 믿을 수 없습니다. 무언가 할 수 있다고 생각했는데 이제보니 아무것도 할 수 없습니다. 속수무책입니다. 들어도 소용없고 알아도 소용없고 뻔히 보면서도 어떻게 하면 좋겠는지… 능력이 없습니다. 뿐만아니라 좀더 세계를 좁혀서 생각하면 나 하나의 문제를 해결할 자기의지를 내가 믿을 수 없습니다. 내가 내 의지를 믿지 못합니다. 성경에 보면 베드로가 예수님 앞에 장담하는 것을 볼 수 있지요. 예수님께서 "너희가 다 나를 버리리라(마 26 : 31)" 하실 때 베드로가 선뜻 나서면서 "다 주를 버릴지라도 나는 언제든지 버리지 않겠나이다(마 26 : 33)" 하고 큰소리 탕 쳤지요. 맹세했지요. 그런데 하루도 아닌 불과 몇시간 후에 보기좋게 그가 예수를 세번이나 모른다고 부인합니다. 몹시 비참합니다. 그리고 그 뒤에 베드로는 가슴을 치고 울었습니다(마 26 : 75). '아, 내가 이거, 이렇게도 형편이 없나!' 여러분은 어떻습니까? 여러분의 의지, 그것 믿을 수 있는 것입니까? 맹세하고 결심하고 혈서를 쓴다고 한들 그것 믿을 수 있는 것입니까? 나 자신을, 내 의지를 내가 믿을 수 없기에 이제서 불안한 것입니다.

　그럼 무엇을 믿어야 됩니까. 예수님께서 오늘 우리에게 중요한 말씀을 하십니다. 주문장만 잘라서 생각합시다. 근심하지 말라, 믿으라—그것이 아닙니까. "너희는 마음에 근심하지 말라 하나님을 믿으니 또 나를 믿으라" 하십니다. 문제는 여기에 있습니다. 근심의 원인이 어디에 있습니까. 믿지 못하는 데 있습니다. 근심을 해결할 수 있는 길이 어디에 있습니까. 믿음뿐입니다. 믿음은 하나님께서 내게 주시는 귀중한 선물입니다. 오늘도 이 믿음을 가진 사람은 행복합니다. 참으로 복된 사람입니다. "세상에 믿을 사람이 어디 있나. 아무것도 못믿는다" 하는 불쌍한 사람들이 있습니다. 그래도 믿을 사람 많습니다. 그래도 좋은 사람이 더 많습니다. 이 믿음—어딘가 모르게 계속적으로 믿어지고 든든하게 믿음을 가지게 된다면 그 사람, 모든것을 가진 것보다 더 귀한 보물을 가진 행복한 사람이라고 생각합니다. 지식이다 의지다 하지마는 이것이 해결하지 못합니다. 여러분, 공부 많이 했다고해서 확신이 생깁니까. 공부 많이 했다고 믿음이 생깁니까. 그렇지 않습니다. 많이 하면 할수록 점점 더 비겁한 사람이 됩니다. 걱정은 더 많고… 소유도 그렇습니다. 뭘 가졌다 하면 거기에 믿음이 있는 것입니까. 그렇지 않습니다. 소유는 나를 점점 더 근심의 수렁에 빠뜨립니다. 흔히 우리가 '스트레스'라는 말을 합니다. 긴 이야기는 하지 않겠습니다. 스트레스라는 것은 알고

보면 잘못된 자기지식에 대한 불안한 마음입니다. 또 믿음이 없어서 오는 고통을, 그 괴로움을 스트레스라고 하는 것입니다. 그런가하면 해결할 수 없는 죄책이 있습니다. 사람들 앞에서는 자기가 옳다고 하지요. 남보다 더 옳다고 하지요. 항상 옳다고 자기를 정당화하고 있지마는 자신의 죄인됨을 자신이 알고 있습니다. 그래서 감기만 걸려도 이게 죄 때문인가보다, 하고 아이들이 집을 나가도 내가 잘못한 것이다, 하고… 계속 내 양심이 나를 정죄합니다. 내 마음에 있는 율법이 나를 심판하고 있습니다. 그런고로 근심에서 헤어나지 못하는 것입니다. 변명하지 마십시오. 마지막 한 번만이라도 진실해야 하지 않겠습니까. 또하나는, 성공이 우리를 근심에 빠뜨립니다. 여러분, 이런 일 있지요? 소원이 이루어지지 않으면 불만이고 소원이 이루어지면 불안하고… 그렇지 않읍디까? 미스 코리아에 뽑히려고 아, 얼마나 몸부림을 치고 얼마나 애를 쓰고, 그래서 뽑혔습니다. 이제 면류관을 씌워주고 어떻게 해주고 "축하합니다" 해주면 "나는 드디어 소원 이루었습니다. 행복합니다" 하고 나와야겠는데 보아하면 그렇게 말하는 사람 하나도 없습니다. "불안합니다" 합니다. 불안하지. 왕관을 쓰기보다 왕관을 지켜가는 것이 어렵습니다. 불안한 것입니다. 그러니까 그거 안쓰는 것이 훨씬 낫지요. 이것을 알아야 됩니다. 역시 미래에 대한 보장, 믿음이 없기 때문입니다.

오늘말씀은 확실하게 가르쳐줍니다. 하나님을 믿으라—하나님을 하나님으로 믿을 때 나는 피조물이 됩니다. 그는 창조주요 나는 피조물이요, 그는 아버지요, 고로 우리는 자녀입니다. 그는 모든것을 경륜하시고 우리는 그의 경륜에 따라가고 있을 뿐입니다. 여러분, 하나님 앞에 정직합시다. 인간이 무엇입니까. 아무것도 아닌 터에 무슨 걱정은 그리 하고 있습니까. 무슨 소용이 있는 일입니까. 언제는 당신의 능력으로 살았습니까. 언제는 당신의 지혜로 살았습니까. 내 의지로 한 일이 한 가지인들 있습니까. 그렇다면 손듭시다. 하나님을 믿으십시오. 그는 창조주십니다. 그는 능력이시고 지혜로우시고, 그는 긍휼히 여기십니다. 또 그 속에 사랑이 있습니다. 그런데 이제 보십시오. 하나님의 능력, 지혜, 긍휼, 사랑, 확실하나 그것을 믿을 수가 있어야지요. 이에 대한 해답이 오늘본문의 핵심입니다. 하나님을 믿으라, 또 나를 믿으라— '나', 예수 그리스도 나를 통해서 저 하나님을 믿으라 하십니다. 여기에 깊은 뜻이 있습니다. 엄청난 의미가 여기에 있는 것입니다. 예수 안에서, 예수를 통하여, 오로지 예수를 통하여 우리는 하나님을 알고 하나님께 나아가고 하나님을 믿습니다. 무궁무진한 진리가 여기에 있습니다. 걱정이 있고 근심이 있습니까? 잠깐 멈추시고 이 말씀의 깊은 뜻을 생각하십시오. "하나님을 믿으니 또 나를 믿으라." 여기에 해답이 있습니다. 예수님 제자들에게 "나를 믿으라" 말씀하시는데 나를 믿으라 하시는 예수님 얼굴을 쳐다보십시오. 이제 몇시간 후면 십자가를 지실 분입니다. 그래서 누가복음 12장 32절같은 데 보면 이런 말씀도 있습니다. "적은 무리여 무서워 말라." 적은 무리지요. 열두 제자와 예수님, 초라하게, 옷들이 변변합니까, 인물들이 잘났습니까, 이렇듯 초라하게 모여 앉아서 지금 하시는 말씀입니다. "하나님을 믿으니 또 나를 믿으라." 좀더 심각하게 말씀드리면, 예수님께서 이렇게 말씀하시면서 어디로 가십니까. 지금 예수님 손에 돈이 있습니까 권세가 있습니까. 그런데 "나를 믿으라" 하십니다. 그리고 십자가 지실 일을 말씀하십니다. "나를 믿으라"—십자가로 향해 가시면서 하시는 말씀입니다. 나를 따르라, 나를 본받으라, 그리고 내가 너희와 함께하리라 말씀하십니다.

　십자가, 대단히 중요한 것입니다. 그 안에 하나님의 자기계시가 있기 때문입니다. 우리는 예수를 통하여 하나님의 능력을 압니다. 하나님의 능력은 폭군적 능력이 아닙니다. 때려부수는 능력이 아닙니다. 파괴적 능력이 아닙니다. 천지가 개벽하는, 그런 진동케 하는 능력이 아닙니다. 한 사람을 구원하시는 생명적 능력 그것입니다. 조용히, 겨자씨 하나가 땅에 들어가서 이윽고 싹이 나는 것과 같은 그러한 능력입니다. 우리는 홍수가 나고 벼락이 칠 때 아, 하고 굉장한 능력으로 보지만 그것이 큰 능력 아닙니다. 한 사람이 하나님 앞에 무릎을 꿇고 회개하고 돌아오는, 돌아오게 하는 바로 그것이 하나님의 능력입니다. 십자가는 하나님의 능력입니다. 하나님의 권능이 십자가 안에 있다는 것을 잊지 말아야 합니다. 세상을 구원하시고 나를 구원하시는 영적 생명의 깊은 근원이 십자가 안에 있습니다. 그래서 사도 바울도 말씀합니다. 십자가는 하나님의 능력이라고 (고전 1 : 18).

　또한 십자가는 하나님의 지혜입니다. 우리가 상상도 할 수 없는 놀라운 지혜입니다. 하나님께서는 십자가를 통해서 우리 모두에게 말씀하시고 바른 길로 하나님의 사람들을 인도하고 계십니다. 저는 어렸을 때 아버지로부터 매를 많이 맞았습니다. 우리아버지는 좀, 내가 지금 생각해보아도 조금 지나치셨습니다. 생전 한 번도 칭찬을 할 줄 모르시고 그저 조금만 잘못하면, 삐걱하면 저를 때리셨습니다. 거기서 말대꾸를 한마디라도 했다가는 큰일납니다. 그냥 맞아야 됩니다. 그런데 아버지가 저를 아무리 때리셔도 저는 아버지를 무서

위하지 않았습니다. 제가 정말로 무서워한 것은 저의 어머니였습니다. 저는 어머니로부터 한 번도 매맞은 일은 없습니다. 그러나 어머니는 내가 잘못했을 때 손을 딱 붙드시고 "내가 너를 위하여 얼마나 기도하고 있는데… 네가 그래서야 되겠느냐" 하시는 데는 그저 싹싹 빌어야 됩니다. 꼼짝을 못합니다. 어느 쪽이 능력이고 어느 쪽이 지혜입니까. 여러분, 하나님의 능력과 지혜가 십자가 안에 계시되어 있다는 것을 잊지 말아야 합니다.

또 십자가는 하나님의 사랑의 계시입니다. 여기 하나님의 사랑이 확증되어 있습니다. 간혹 젊은사람들이 이런 소리를 합니다. "하나님이 나를 사랑하신다면 내 소원을 이루어주셔야죠." "내가 결혼하고 싶은 저 여자와 결혼하게 해주셔야죠." "내가 가지고 싶은 그것을 가지게 해주셔야죠. 그래야 하나님이 나를 사랑하시는 것이지 내가 그렇게도 갖고 싶은 것은 주시지 않고, 하고 싶은 것 되게도 않고, 그리고는 엉뚱하게 갈보리언덕에 십자가 하나 세워놓고 '내가 너를 사랑한다' 하시다니…" 말이 안된다는 것입니다. 과연 그렇습니까. 바로 여기에 신비가 있는 것입니다. 오늘도 하나님께서는 이 방법밖에 다른 방법을 취하시지 않습니다. 갈보리언덕에 십자가를 세우시고 내가 너를 대신하여 죽었노라, 하십니다. 이 십자가를 통해서 사랑을 보여주십니다. 이것만이 사랑이니까요. 여러분, 자녀들이 뭘 달란다고 달라는대로 줄 수 있습니까. 줄 것이 없거나 주어서는 안되는 것이 있지 않습니까. 내가 너를 사랑한다는 것 잊지 마라, 이것을 믿어라, 내가 못주는 것도 사랑하기 때문이고 때로는 너를 어려운 시련에 버려두는 것도 사랑하기 때문이다, 그리고 십자가를 높이 들고 그 속에서 말씀하십니다. "내가 너를 사랑한다."

오늘본문에 보면 제자들이 벌벌떨고 있습니다. 이런 제자들을 두고 떠나시면 어떡합니까. 이 철없는 제자들을 두고 십자가를 지셔 버리면 어쩌자는 말씀입니까. 그러나 예수님께서는 그 길을 택하십 니다. 그리고 말씀하십니다. 내가 먼저 간다, 고난의 길도 십자가의 길도 내가 먼저 간다, 그리고 또하나, 가서 예비하리라, 그리고 다시 너희에게로 오리라, 그리고 내가 너희와 함께하리라, 영원히 함께하 리라─철없는 제자들 보시고 간곡하게 말씀하십니다. 이 믿음을 가 진 사람 아무 걱정 없습니다. 이제 이 믿음을 가진 확실한 믿음의 사 람, 대표적인 사람을 소개합니다. 안디옥 출신의 성인 요한 크리소 스토무스는 4세기에 활약한 교부요 위대한 설교가입니다. '가이사 (로마황제)는 주(主)가 아니다. 오직 예수 그리스도만이 주이시다' 라고 강력히 주장한 죄로 그는 동로마황제 아르카디우스 앞에서 처 형을 당함으로 순교를 했습니다. 아르카디우스가 그를 심문할 때의 그 문답내용은 너무도 귀한 것입니다. 보십시오. 황제가 이렇게 엄 포를 놓습니다. "너를 집에서 추방해버리겠다." 크리소스토무스가 대답합니다. "황제여, 그것은 불가능합니다. 온세상이 다 아버지집 이기 때문에 당신이 나를 어디로 추방해도 어디나 다 내집입니다." "그러면 너의 전재산을 다 몰수해버리겠다." 그는 또 말합니다. "그 것도 황제여, 불가능합니다. 내 재산은 다 하늘나라에 쌓아두었기 때문에 당신은 그것을 빼앗을 수가 없습니다" "그러면 너를 감옥에 집어넣어서 아주 고독하게, 아무도 못만나고 평생토록 고생하다 죽 게 만들겠다." 그는 조용히 웃으면서 말했습니다. "그것도 불가능합 니다. 예수 그리스도께서 나의 영원한 친구가 되시어 항상 나와 함 께 계시기 때문입니다." 이 사람을 누가 괴롭힐 수 있겠습니까. 이 사람에게 무슨 근심이 있겠습니까. 이 믿음에 무슨 절망이 있을 수 있겠습니까.

　　예수님 말씀하십니다. "내가 곧 길이요 진리요 생명이니 나로 말미암지 않고는 아버지께로 올 자가 없느니라." 내가 길이다, 나를 따르라, 내가 진리다, 나를 배우라, 그러면 자유하리라, 내가 생명이다—그것을 믿으라고 말씀하십니다. 토머스 에디슨은 1931년, 85세로 세상을 떠납니다. 생전에 천 가지 이상의 훌륭한 발명을 해낸 발명왕 그에게 기자들이 물었습니다. "노인이 되어서도 어떻게 그렇듯 왕성한 정력으로 일하실 수 있는 것입니까?" 이 노인 대답합니다. "믿음입니다. 영원에 대한 믿음이 나로하여금 이렇게 현재의 삶을 더 충실하고 만족하게 만듭니다. 사람에게 영원한 세계가 있다는 것을 나는 믿고 있습니다. 죽음은 현재로부터의 출구요, 영원으로 향한 입구입니다." 여러분, 영원을 소유한 사람이라야 현재를 소유할 수 있습니다. 영원을 믿는 사람이라야 오늘을 승리생활 할 수 있는 것입니다. 미래가 없는 사람은 현재는 더욱이 없습니다. 확실한 것은 주님께서 나와 함께하시고, 이 귀한 사실을 알게 하시리라고 말씀하신 것입니다. 이 영원한 세계를 지향하는 사람에게는 낙심도 없고 속박도 없습니다. 무한히 자유합니다. 그리고 엄청난 여유가 있습니다. 다시 주님의 음성에 귀를 기울입시다. '하나님을 믿으라. 그리고 또 나를 믿으라.' △

자유인의 행로

여호와께서 가라사대 내가 네 말대로 사하노라 그러나 진실로 나의 사는 것과 여호와의 영광이 온 세계에 충만할 것으로 맹세하노니 나의 영광과 애굽과 광야에서 행한 나의 이적을 보고도 이같이 열 번이나 나를 시험하고 내 목소리를 청종치 아니한 그 사람들은 내가 그 조상들에게 맹세한 땅을 결단코 보지 못할 것이요 또 나를 멸시하는 사람은 하나라도 그것을 보지 못하리라 오직 내 종 갈렙은 그 마음이 그들과 달라서 나를 온전히 좇았은즉 그의 갔던 땅으로 내가 그를 인도하여 들이리니 그 자손이 그 땅을 차지하리라 아말렉인과 가나안인이 골짜기에 거하나니 너희는 내일 돌이켜 홍해 길로 하여 광야로 들어갈지니라
(민수기 14 : 20 - 25)

자유인의 행로

 어느 조류학자가 조류연구를 위하여 깊은 산 속을 현지답사 하고 있었습니다. 그러던 중에 앵무새 둥지를 하나 발견하였습니다. 거기서 그는 아름다운 노래를 부르는 앵무새 새끼 한 마리를 새장에 넣어가지고 돌아와서 자기집 마당 한구석에 서 있는 나무의 가지에 매달아놓고 기뻐했습니다. '이제부터는 아침마다 앵무새 노래소리를 들으면서 눈을 뜨게 되겠구나.' 흥겨워했습니다. 그리고 아침저녁으로 먹이를 주면서 그 새끼앵무새를 키우는데, 며칠이 지나자 어미앵무새가 날아왔습니다. 어미앵무새는 그때부터 이 새장 속에 갇혀 있는 제 새끼한테 부지런히 모이를 물어다 먹이는 것이었습니다. 학자는 참 잘됐다고 생각했습니다. 어미새가 모이를 날라다 먹이니까 이제는 내가 애써 먹이를 줄 것도 없으니 그저 두고 보기만 하면 되겠구나, 앵무새소리만 즐기면 되겠구나—이렇게 생각했습니다. 그런데 며칠 지나서 보니 새장 안의 새끼앵무새가 죽어 있습니다. 왠일인가해서 그는 조류학자로서, 전문가적으로 깊이 연구하고 사인(死因)을 살펴보았더니 어미앵무새가 새끼에게 독이 있는 과일을 먹인 것이었습니다. 그러니까 어미새가 새장 속에 있는 새끼를 일부러 죽인 것입니다. 그는 깜짝놀랐습니다. '너는 그 속에 갇혀서 한평생 고생하느니 차라리 지금 죽는 것이 낫겠다.' 어미새는 이렇게 판단했는지 어쨌는지 아무튼 제 새끼를 독과일로 죽인 것입니다. 자유가 아니면 죽음을 달라, 라고 사람들은 많이들 외치던데, 이 어미앵무새, 그런 외침은 없이 벌써 실천을 한 것입니다.
 이스라엘백성, 애굽땅에서 많은 고생을 합니다. 담부지역(擔負

之役) 고생하는 그 모습을 보시고 4백년노예생활로부터 그들을 자유케 하셨습니다. 큰 이적으로. 열 가지 재앙을 내리시기까지 애굽을 치시고 이스라엘을 건지셨습니다. 완악하고 강퍅한 바로의 마음을 꺾어서 기어이 이스라엘백성을 자유케 하셨습니다. 더더욱 홍해를 가르시는 큰 이적을 통해서 이스라엘을 이끄셨습니다. 홍해를 넘어 왔을 때 이스라엘백성은 너무도 감격해서 노래를 불렀습니다. 자유의 노래를 불렀습니다. 하나님을 찬양하는 노래를 온백성이 함께, 천지가 진동하도록 불렀습니다. 그러나 유감된 것은 본문에 나타난 바와 같이 이렇게 애굽에서 나온 이스라엘은 태반이 광야에 엎드러져 죽었습니다. 이스라엘은, 남은 이스라엘은 다시 이제 요단강만 건너면 가나안인데도 불구하고 회정(回程)하라 하시는 하나님의 명령에 요단강을 건너지 못하고 다시 광야로 들어갑니다. 다시 광야에서 저들을 40년 훈련시키십니다. 연후에야 비로소 요단강을 건너게 하십니다. 여러분, 여기에 엄청난 하나님의 말씀이 있습니다. 물리적인 자유, 경제적인 자유, 정치적인 자유, 그런 것은 자유가 아닙니다. 일찍이 미국 루스벨트대통령은 모든 사람에게 다음과 같은 네가지 자유가 반드시 있어야 한다고 말했습니다. 언론표현의 자유, 신앙의 자유, 빈곤으로부터의 자유, 공포로부터의 자유—이 네 가지입니다. 빈곤으로부터의 자유, 이것은 경제적 자유를 말합니다. 가난한 자는 자유인이 아니다, 라고 하는 명언을 남겼습니다. 사실로 절대빈곤에 빠진 사람, 빵 하나를 위해서라면 무슨 짓이라도 하겠다고 하는, 그런 비참한 가운데 있는 사람에게는 자유가 없습니다. 창조주께서 주신 그 소중한 자유를 아무에게나 헐값에 팔아넘기고, 그리고 다시 노예가 될 수밖에 없기 때문입니다. 그래서 가난한 사람은 자유인이 아니다, 하고 경제적 자유를 소중하게 주장하고 있습니다. 또한 불안으로부터 자유해야 합니다. 이것은 도덕적 자유입니다. 죄인은 자유인이 아닙니다. 죄가 있어서 형사에게 쫓기는 사람, 그 손가방에 몇억의 돈이 들어 있다 해도 그는 자유인이 아닙니다. 이 하늘 아래 어디를 가도 그는 자유할 수가 없습니다. 그런고로 도덕적 자유, 양심의 자유, 예배의 자유, 이 자유가 자유의 근본임을 알아야 합니다. 또한 공포로부터의 자유, 이것은 정치적 자유입니다. 정치적으로 한번 잘못되기 시작하면 그 구조적인 악에서 벗어나지를 못합니다. 구 소련이 그랬고 중국이 그랬고 세계가 그랬습니다. 공산주의치하에서 고생하던 민족들을 만나보면 하나같이 아차하는 사이에 공산주의자들에게 먹혀들어갔다는 것입니다. 속았다는 것입니다. 한번 끌려들어간 다음에 헤어날 수가 없어서 수십 년 동안을 억압 속에 시달려야 했습니다. 지금도 정치적 억압에서 헤어나지 못하는 민족들, 그 많은 사람들의 모습을 보고 있지 않습니까. 그런고로 정치적 자유가 아주 소중합니다. 그러나 여러분, 잊지 맙시다. 가장 중요한 것은 자유와 자유인의 문제입니다. 자유가 주어졌다고 자유가 아닙니다. 자유인이 되어야 자유인입니다. 자유가 주어졌다는 한 가지만 가지고는 절대로 자유로울 수가 없습니다. 온전한 인격적, 도덕적, 종교적 자유인이 된 다음에, 그런 자유인이 되고나서야 비로소 자유가 자유될 수 있는 것입니다. 여러분이 어떤 환경에 있어도 자유인이 되기까지는 자유가 아닙니다. 자유는 환경이 만들어주는 것이 아닙니다. 자유인이라고 하는 자기존재가, 그 정체가 먼저 세워져야 합니다.

    정치적인 이야기는 될수있는대로 하고 싶지 않습니다마는 우리

다같이 느끼는 일이기에 오늘은 한말씀 드립니다. 우리는 한때 군사 정권을 대항해서 끈질기게 싸워왔습니다. 독재를 반대해서 많은 학생들이 데모를 했고 지성인들이 희생을 당했습니다. 그 많은 세월 군사독재로부터 벗어나보겠다고 몸부림치고 외치고 감옥이 매일 정도로 많은 사람이 끌려가서 수욕을 당했습니다. 이런 일은 우리 기억에서 아직도 지워지지 않고 있습니다. 그리고 우리는 '문민정부'를 세웠습니다. 요새는 '국민의 정부'를 세웠다고 합니다. 지내보니 어떻습디까? 그래 문민정부, 국민의 정부 세우니까 자유하던가요? 무엇이 나아졌습니까. 퍽도 답답한 얘기입니다. 많은 사람들, 많은 지성인들이 말합니다. 차라리 '그 때'가 좋았다고… 그래서 설문조사를 해보니까 지금 우리가 젊은이들까지 제일 존경하는 정치지도자가 박정희 대통령이랍니다. 이, 말이나 되는 얘기입니까. 어떻게 우리는 이 정도밖에 안되는 것입니까. 그래 오늘 좀 어렵다고해서 다시 "차라리 군사정권이 낫지." "독재 정권이 낫지." "막 밀어붙이던 그때가 더 좋았다." 꼭 이렇게 말해야 되겠습니까. 정말 이것이 사실입니까. 여기에 우리의 혼란이 있는 것입니다. 깊이 생각해야 합니다. 말 한마디만 삐걱해도 잡혀들어가던 그때, 어찌 그때를 지금 동경하고 있는 것입니까. 아무리 지금이 어렵다고해도 말입니다. 그때는 많이 자유를 외쳤습니다. 그러나 그래서 얼마만큼의 자유를 얻어냈다고 생각하십니까. 자유의 참뜻을 모르는 사람은 자유인이 아닙니다. 하나님의 은총, 그 은총적 계획, 자유케 하시는 목적, 그 숭고한 뜻을 헤아리지 못하는 사람은 자유인이 아닙니다. 하나님께서 우리민족을 자유케 하신 그 엄청난 역사적 의미를 깨닫지 못한다면 결코 자유인일 수가 없습니다. 노예적인 세계관에서 헤어나지 못하고,

식민지적 잠재의식에서 벗어나지 못하고, 그리고 돈 좀 벌었다고, 우리가 민주주의적 투표를 했다고해서 스스로 자유인인 줄 알아서는 안됩니다. 사도 바울은 "그리스도께서 우리로 자유케 하려고 자유를 주셨으니 그러므로 굳세게 서서 다시는 종의 멍에를 메지 말라(갈 5 : 1)"하고 간곡하게 당부합니다.

　원망은 자유가 아닙니다. 말이야 무슨 말인들 못하겠습니까. 그러나 원망하는 자의 마음에는 자유가 없습니다. 원망하는 사람은 자유할 자격이 없습니다. 이스라엘백성이 애굽으로부터 모처럼 나와서도 가나안에 못들어가게 된 죄목이 있다면 한마디로 그것은 '원망죄'입니다. 그 원망은 일차적으로 하나님의 능력에 대한 불신입니다. 나에게 주어진 이 엄청난 자유가 하나님의 은혜요, 오늘 내가 사는 것이 하나님의 권능이요 하나님의 사랑이라고 하는 그 귀중한 믿음, 그리고 하나님의 약속에 대한 확실한 믿음이 없기 때문에 현실 속에서 조금만 어려운 일을 당해도 하나님을 원망했습니다. 오늘본문에 보면 열 번도 더 넘게 많은 권능을, 엄청난 능력을 눈으로 보면서도 아직도 하나님을 원망합니다. 이것은 불신앙입니다. 어떤 원망이든지 원망 뒤에는 '무책임'이라고 하는 것이 가려 있습니다. 내 잘못이 아니라는 것입니다. 내가 못사는 것은 저 사람 때문이고, 내가 잘못된 것도 누구 때문이라는 것입니다. 부부가 다투다가 남편이 하도 버럭버럭 화를 내니까 아내가 조용히 말하기를 "왜 당신은 요새 와서 그렇게 자꾸 화를 내는 거요?"했는데 그 남편 대꾸가 이러했습니다. "나는 본래 그런 사람이 아닌데 너하고 살면서 이렇게 나빠졌다." 자기성격 나빠진 것 자기 탓이지 그게 누구 탓이란 말입니까. 이런 사람은 자유인이 아닌 것입니다. 벌써 자기자유를 남에게 반납해버린 사람입니다. 아내가 움직이는대로 내가 따라간다는 이야기 아닙니까. 그렇게 맞물려돌아가는 인간이 아닙니까. 이런 시시한 인간에게는 자유가 없는 것입니다. 원망하는 자는 자유인이 아닙니다. 내 책임은 내가 지는 것입니다. 자유에는 책임이 따릅니다. 내가 선택하고 내가 결정하고 내가 책임지는 것입니다. 내 책임 내가 지고 남의 책임까지 내가 질 때 나라고 하는 존재의 영역이 그만큼 넓어지는 것입니다. 그런데 내게 주어진 이 책임을 남에게 전가하는 그런 미련한 인간은 저도모르게 벌써 노예성을 지닌 인간이라는 것을 스스로 표방하고 있는 것입니다. 북녘땅에서 남쪽으로 참 구사일생 어려운 가운데서 탈출해온 분들이 많습니다. 여기저기 그분들이 하는 음식점도 생겼습디다. 우리교회 저 앞에도 '옥류관'이라는 음식점이 생겼지요. 평양 갔을 때 그곳 옥류관을 제가 몇번 가보았었는데 그곳 모습이 이 음식점에 그림으로 붙어 있습니다. 어쨌든 이분들 가만히 보면 상당수가 불평이 많습니다. 못살겠다는 푸념입니다. 차라리 북쪽으로 가는 게 낫겠다고 하는 이도 있나봅니다. 아, 거기서는 어물어물 그저 위에서 하라는대로 하면 되는데, 가라 하면 가고 오라 하면 오고, 이러면 되는데 여기서는 자신이 벌어먹어야지, 자신이 자식들 교육비를 대야지, 자신이 뭘 해야지… 책임이 너무 많아서 못살겠다고 합니다. 그럴 것입니다. 처음부터 자유에 대한 훈련이 없었기 때문입니다. 자유해본 경험이 없기 때문입니다. 자유는 곧 책임입니다.

이스라엘백성, 오늘 조금 어렵다고해서 곧장 하는 소리가 '그 옛날에는 애굽에서 비록 노예로 살긴 했지만 고기가마 옆에 앉아 갈고리로 고기를 슬쩍슬쩍해서 먹기도 했는데, 그때가 좋았는데…' 입니다. 제대로 말을 한다면 '거기서 배불리 먹기보다는 여기서 굶어 죽는 게 낫다.' 이래야 되는 것이지요. 어째서 인간들이 이 모양인지… 자유가 얼마나 소중한 것인데 이 자유를 하찮은 물질에, 하찮은 정욕에 빼앗기겠다는 것입니까. 이스라엘백성은 걸핏하면 모세를 내치려 했습니다. 생각해봅시다. 이 사람들 애굽에서 나올 때, 물론 모세가 나오자고 했지요. 하나님의 명령을 받들어서 '다들 나갑시다' 하긴 했지만 거기 따르고 좋게 여겨서 여기까지 나온 것은 자신들이 선택한 것입니다. 그런데 이제와서 좀 고생스러우니까 한다는 소리가 모세를 원망하는 소리였습니다. '왜 우리를 데리고 나와서… 애굽에 공동묘지가 모자라더냐, 왜 여기까지 데리고 나와서 죽이려 하느냐.' 내가 선택해서 내가 나온 것입니다. 그런데 이제와서 책임을 모세한테 돌리고 모세를 없이하려듭니다. 이 원망의 극치가 하나님의 큰 진노를 산 것입니다. 무책임하지요. 노예적 과거, 노예적 상처, 노예적 성격, 노예적 세계관, 그 과거, 깨끗이 청산되어야 하는데 그러지를 못했기 때문에 오늘도 번번이 이렇게 어리석은 원망을 하게 되었고 마침내 하나님의 진노를 사게 됩니다. 자유인은 자유의 가치를 압니다. 자유의 소중함을 압니다. 현재가 아무리 어려워도 자유가 있는 한 그것은 소중한 것입니다. 노예적인 번영보다 자유적인 가난이 좋은 것입니다. 죄와 더불어 향락을 누리기보다는 차라리 의와 함께 가난과 고통을 선택하는 것이 자유인의 모습입니다. 감사하는 자만이 자유인이요, 찬송하는 자만이 자유인이요, 자유를 기뻐할 줄 아는 자만이 자유인입니다. 과거에 되어졌던 일, 모든것은 다 하나님의 은혜였고 앞에 되어질 운명은 하나님의 약속 안에 있는 것입니다. 그런고로 믿고, 오늘은 어떤 고난 속에 있어도 이 고난은 하나님의 구원의 시나리오요, 하나님의 구원의 경륜이요, 하나님의 사랑의 경륜임을 알고 감사하고 인내하고 기다리는 것입니다. 그리고 순종하는 것입니다. 서로 돕는 것입니다. 이것이 자유인입니다. 자유인의 수준에 도달했을 때 비로소 하나님께서는 그들에게 가나안땅에 들어가는 그 복을 허락하신다는 말씀입니다.

나다니엘 호돈이라고 하는 미국작가의 「주홍글자」라고 하는 소설은 모르시는 분이 없을 것입니다. 헤스터 프린이라고 하는 여자가 특별한 사람과 간음을 범합니다. 인해서 아이를 가집니다. 재판을 받게되나 그는 끝까지 내가 누구와 관계했고 뱃속의 아이가 누구의 아이라는 말 하지 않습니다. 이렇게 아이의 아버지의 이름을 대지 못하면 그 마을에서는 그를 아주 허술한 여자, 창녀취급 합니다. 간음죄가 성립됩니다. 너는 간음한 여자다 해서 가슴과 등에다가 A자를 크게 붉은 글자로 써서 붙이게 되었습니다. A는 간음을 뜻하는 Adultery의 이니셜입니다. 그는 괴로웠지만 자유로웠습니다. '나는 죄인되어서 죄인으로 취급받는데 그게 뭐가 잘못이냐.' 그래서 자유로웠습니다. 가장 고통스러운 것은 그를 재판한 그의 아이의 아버지입니다. 드러내지는 않았지만 고통스러웠습니다. 이제 이 여자는 그렇게 태어난 딸을 귀하게 키웁니다. 갖은 비난을 다 받으면서도, 조롱 속에서도 그저 자유롭습니다. 다 드러낸 처지에서 평안하게, 갖은 비방을 다 받아가며 아이를 잘 키워서 10년이 되었습니다. 또 돈이 벌리는대로 자기보다 불쌍한 사람들 많이 구제했습니다. 10년 후에 동네아이가 저희엄마보고 물어봅니다. "엄마, 저 옆집에 있는 아주머니는 그 예쁜 딸하고 사는데 왜 이상하게 옷에 앞과 뒤에 A자를 새겨가지고 있습니까? 그거 무슨 뜻입니다?" 그 어머니는 조용히 대답합니다. "그건 에인절(Angel)이라는 뜻이다." 이 사람은 자유인이요, 자유로 승리한 것입니다. 신앙에 동기가 많습니다. 하나님의 진노가 무서워서 하나님을 따르는 사람, 혹은 하나님으로부터 복을 받겠다고 기복적인 신앙을 가지고 복달라고 믿는 사람, 이 두 유형은 어떤 의미에서 자유인이 아닙니다. 오직 하나님을 공경하고 사랑하고 믿고 신뢰합니다. 오직 하나님만을 사랑하기에 그가 어디로 인도하시든지, 어떻게 하시든지 나는 하나님의 뜻을 즐겨 따라갑니다. 인간은 무의식 속에 욕망이 있습니다. 무의식적인 욕망 속에 노예가 되고 싶어하는 욕망이 있습니다. 한편으로 자유로워지면서도 한편으로 노예가 되고 싶어합니다. 그래서 내가 사랑하는 분에게 자기자신을 다 맡겨버립니다. 생각도, 지혜도, 판단도, 운명도 다 맡겨버리고 그저 가라면 가고 오라면 오고, 그렇게 살고 싶습니다. 노예되어 살고 싶습니다. 사랑의 노예가 되어 살고 싶은 것이 인간의 본능입니다. 우리가 이제 하나님 앞에 내 자유를 다 반납해버리고 자유의 노예가 되는 순간 거기에 진정한 자유가 있습니다. 우리 스스로 생각합시다. 나는 얼마나의 자유를 누리고 있습니까? 나는 얼마나 더 광야생활을 하여야 자유인이 될 것입니까? 얼마나 더 많은 시련을 겪어야 깨끗한 자유인이 될 수 있겠습니까? △

세월을 아끼라

그런즉 너희가 어떻게 행할 것을 자세히 주의하여 지혜 없는 자같이 말고 오직 지혜 있는 자같이 하여 세월을 아끼라 때가 악하니라 그러므로 어리석은 자가 되지 말고 오직 주의 뜻이 무엇인가 이해하라 술 취하지 말라 이는 방탕한 것이니 오직 성령의 충만을 받으라 시와 찬미와 신령한 노래들로 서로 화답하며 너희의 마음으로 주께 노래하며 찬송하며 범사에 우리 주 예수 그리스도의 이름으로 항상 아버지 하나님께 감사하며 그리스도를 경외함으로 피차 복종하라
(에베소서 5 : 15 - 21)

세월을 아끼라

　유명한 벤자민 프랭클린이 젊은 시절에 서점을 하나 경영하고 있었습니다. 어떤 날 이 서점을 찾은 손님 하나가 책을 이것저것 뒤적거리다가 책 한 권을 골라놓고 값을 물어봅니다. 아시는대로 책에는 정가가 기록되어 있습니다. 그런데도 이 손님은 "이 책 얼마요?" 하고 묻는 것입니다. 프랭클린은 정직하게 "1불입니다" 하고 대답했습니다. 그런데 이 손님은 "좀 싸게 살 수 없을까요? 값을 좀 깎읍시다" 합니다. 프랭클린은 대답했습니다. "그러면 1불 15전입니다" "아니, 깎자는데 더 달라는 것입니까?" 프랭클린은 빙그레 웃으면서 다시 대답합니다. "이제는 그 책값이 1불 50전입니다." 손님이 깎자고 말을 붙일 때마다 책값은 자꾸 올라갔습니다. 마지막에 프랭클린은 친절하게 웃고 말했습니다. "시간은 돈보다 귀한 것입니다. 책값은 1불인데 쓸데없는 말 자꾸 해서 내 시간을 빼앗았으니 그 책값은 이제 비쌀 수밖에 없습니다." 이 얼마나 귀중한 교훈입니까. 여러분, 여러분은 시간을 얼마나 소중히 여기고 있습니까? 한 시간 한 시간이 천금보다 귀하다는 것을 아십니까? 그 시간을 어떻게 보내고 있는 것입니까? 깊이 생각해야 합니다. 시간 문제는 언제나 우리의 모든 문제보다 더 귀한, 근본적인 문제이기 때문입니다. "지혜 있는 자"라는 말씀이 본문에 있습니다. 지혜라고 하는 것은 가능한 것과 불가능한 것, 할 수 있는 것 할 수 없는 것, 내가 해야 할 일과 하지 말아야 할 일, 고칠 수 있는 것과 고칠 수 없는 것, 이것을 구별할 줄 아는 마음입니다. 그래서 고칠 수 있는 것이라면 고쳐야 하겠고 가능한 것은 가능함을 극대화하여야 되겠습니다. 그러나 고칠 수 없는 것, 불가능한 것이라면 우리는 부득불 냉정하게 이것을 받아들이고 수용하는, 그런 마음을 가져야 할 것입니다. 어떤 사람들 보면 할 수 없는 일 하고 싶어합니다. 할 수 없는 일 하게 해달라고 기도합니다. 꼭 할 수 없는 일만 하겠다고 몸부림을 치며 한평생을 삽니다. 결코 그럴 것이 아닙니다. 할 수 있는 일이 있습니다. 열린 문으로는 들어가지 않고 닫힌 문만 두드리는 이런 사람이 바로 어리석은 사람입니다. 내가 할 수 있는 일, 내가 해야 할 일이 이렇게 많은데 이것은 접어두고 하지 못할 일만 하겠다고, 심지어는 하나님께까지 몸부림치는 바로 이런 사람, 어리석은 사람입니다. 할 수 없는 것 가운데 가장 불가능한 것이 뭐냐하면 시간입니다. 시간은 연장할 수도 없고 지체할 수도 없습니다. 주어진 시간을 어떻게 사용하느냐 하는 문제만이 있을 뿐입니다. 어떻게 고귀한 시간으로 그 시간의 의미를 창조해나가느냐, 그것만이 문제입니다. 시간을 내 마음대로 할 수는 없는 것입니다. 이 사실을 바로 아는 것이 곧 지혜입니다.

시간이라는 말을 우리는 일반적으로 쓰고 있지마는 역시 헬라사람들은 시간에 대한 개념이 아주 철학적입니다. 시간을 나타내는 말에 세 가지 단어가 있는데 하나는 '아이온'이라고 하는 말입니다. 이것은 많이 쓰는 말입니다. 누구에게나 동일하게 동시에 평면적으로 주어지는 시간입니다. 오늘도 우리에게 이 시간이 주어지고 있습니다. 하루에 스물네 시간, 그 시간이 주어지고 있습니다. 이것이 아이온입니다. 또하나는 '크로노스'라고 하는 시간입니다. 이것은 수직적인 시간입니다. 과거 현재 미래로 이어지는 소위 역사적 시간입니다. 세 번째는 '카이로스'라고 하는 시간입니다. 이것은 상황적 시간입니다. 혼돈의 시간이기도 하고 어떤 의미에서 철학적 시간이라고 할 수 있겠습니다. 본문 16절의 "세월을 아끼라"하는 말씀에서 이 '세월'이라는 단어가 헬라원문에는 '카이로스'라고 되어 있습니다. 우리가 흔히 쓰는 시간이 아니기 때문에 이것을 세월이라는 말로 번역한 것입니다. 번역은 잘된 것같습니다마는 어쨌든 이 카이로스라고 하는 시간은 우리가 소유할 수 있는, 우리가 그 의미를 바꿀 수도 있고 또 의미를 저버릴 수도 있는 그런 시간입니다. 바로 철학적 시간입니다. 알기쉽게 구분하여 말한다면 real time 곧 실제적, 물리적 시간이 있습니다. 또한 physical time 곧 내 건강에 속한 육체적 시간이 있습니다. 자꾸만 늙어가고 있지 않습니까. 이런 생리학적 시간입니다. 또 psychological time이라고, 심리학적 시간이 있습니다. 우리의 마음먹기 따라서 시간이 길기도 하고 짧기도 합니다. 이런 시간입니다. 혹은 religious time 곧 신앙적 시간이라는 것이 있습니다. 믿음에 따라서 그 시간의 의미와 길이가 달라집니다. 혹은 cultural time이 있습니다. 문화적 시간입니다. 각 나라, 각 풍속에 따라서 시간의 개념이 다릅니다. 그래서 우리가 쓰는 말 가운데도 보면 사람이 죽었을 때 '돌아가셨다' 합니다. 어디로 돌아간 것입니까. 시간이 앞으로 간다고 하는 개념도 있지마는 아프리카 어느 민족은 시간은 뒷걸음질친다고 생각합니다. '시간은 뒤로 가는 것이다. 앞으로 가는 것이 아니라 과거로 가는 것이다'라고 생각하는 문화도 있는 것입니다. 어쨌든 이런 문화적 시간이라는 것이 있습니다. 더 복잡한 이야기는 생략하겠습니다. 아무튼 이렇게 시간개념을 구분하여 볼 수가 있습니다.

그런데, 시간에 공통적인 특징이 있습니다. 먼저는 무한한 자원입니다. 가장 귀한 자원입니다. 눈에 보이지 않는 무형적 자원입니다. 돈이 아무리 귀해도 시간만 못합니다. 명예가 아무리 소중해도 시간만 못합니다. 시간이 있고야 돈도 돈이요 명예도 명예요 지식도 지식이 될 수 있기 때문입니다. 6·25전쟁 때 저 평안도까지 올라갔던 미군해병대가 있었습니다. 그분들이 중공군이 나올 때 포위되었습니다. 꼼짝못하고 포위된 가운데 자꾸 포위망은 좁혀들었습니다. 이제 몇시간만 지나면 다같이 여기서 속절없이 죽을 수밖에 없는 비참한 처지에 빠진 것입니다. 모두가 초조해합니다. 바위 밑에 그 해병대 병사 하나가 부상을 입은 채 쭈그리고 앉아 있었습니다. 종군했던 기자가 그를 보고 물었습니다. "당신의 소원이 무엇입니까?" 그러자 그 병사는 이렇게 대답하더라고 합니다. "Give me tomorrow(내일을 주십시오)." 금덩이도 아니고 명예도 아닙니다. 화려한 미래가 아닙니다. 내일을 달라, 시간을 달라―이것이 그의 소원이었습니다. 그만큼 시간이란 무형적인, 가장 귀중한 보화입니다. 또, 시간은 공평하게 주어집니다. 이보다 공평한 것이 없습니다. 세상에 보면 좋은 집에 사는 사람 나쁜 집에 사는 사람, 건강한 사람 건강치 못한 사람, 심지어는 높은 사람 낮은 사람이 있지마는 시간에 관한 한 어느 누구에게도 공평합니다. 거지의 시간이 한 시간이면 궁전에서 사는 사람의 시간도 한 시간입니다. 공정하게 주어지는 것이 시간입니다. 또한 시간은 자연소멸 하는 것입니다. 내가 알건 모르건, 쓰든 못쓰든 시간은 의연하게 흘러갑니다. 붙잡을 수가 없습니다. 계속 흘러만 갑니다. 내가 자각하든 못하든 시간은 계속 소멸해가는 것입니다. 내게 주어진 시간이 지금 자꾸 소멸해가고 있는 것입니다. 뿐만 아니라 시간은 저장을 할 수 없습니다. 돈은 저축할 수가 있지마는 시간을 저축하지는 못합니다. 계속 흘러가기만 합니다. 그리고 양도

하거나 매매할 수 없는 것이 시간입니다. 시간을 돈 주고 살 수 있습니까. 그래 돈많은 사람이라고해서 남의 시간을 사서 남의 생명까지 살아갈 수 있는 것입니까. 양도도 할 수 없고 매매도 할 수 없습니다. 이것이 시간입니다. 또한 물리적 시간은 불변하지마는 심리학적 시간이라는 것은 아주 무한하게 그 길이와 의미가 다르다는 것도 알아야 합니다. 또하나의 특징은 지나간 시간은 되돌아오지 않는다는 것입니다. 과거는 과거입니다. 이미 지나갔으면 절대로 되돌려받을 수 없습니다. '내 청춘을 되돌려다오' 하는 것은 유행가가사일 뿐입니다. 한번 갔으면 다시 돌아오지 않는 것이 시간입니다. 시간은 하나님께서 주신 선물이요 하나님께서 베푸신 은사입니다. 귀중한 선물입니다. 이것은 곧 생명의 상징입니다. 그리고 시간의 또 한 가지 중요한 특징은 단회적이며 종말론적이라는 것입니다. 엄격히 잘라 말해서 같은 시간이 반복되는 법은 없습니다. 계속 시간은 새롭게 주어지고 동시에 그것을 마지막으로 끝나는 것입니다. 일시에 동시에 시작하고 일시에 동시에 끝나는 것이 시간입니다. 모든 기회가 그렇습니다. 계속 새로운 기회가 다가오면서도 또한 내게 잠깐 머물렀다가 또 지나가는데 계속 영원히 다시 돌이킬 수 없는 곳으로 흘러갑니다. 계속적으로 종말론적 의미를 가지는 것이 시간입니다. 심리적으로 생각해봅시다. 보십시오. 기다리는 시간은 느리지요, 두려운 시간은 빠르지요, 비탄에 빠진 자의 시간은 길지요, 기뻐하는 시간은 짧지요, 사랑하는 시간은 영원하지요, 병든 자의 시간은 지루하지요, 건강한 사람의 시간은 바쁩니다. 같은 시간이 이렇게 다른 것입니다. 그야말로 하루가 천년같고 천년이 하루같은 것이 시간입니다. 아우구스티누스의 시간에 대한 철학은 아주 유명합니다. 극찬

하는 분은 인류역사의 시간에 대해서 가장 높이 이해한 사람은 성 아우구스티누스라고 말합니다. 시간과 영원에 관하여 쓴 그의 책은 유명합니다. 그런데 그의 고백 중에 한마디, 이런 말이 있습니다. 깊이 생각해보시기 바랍니다. '시간에 과거 현재 미래가 있다고 생각하는 것은 타당치 못하다. 엄격히 말하면 과거에 속한 현재가 있고, 현재에 속한 현재가 있고, 미래에 속한 현재가 있을 뿐이다.' 그렇습니다. 우리는 현재에 삽니다. 그런데 이 현재라는 시간을 과거에 예속된 것으로 생각하여 쓰고 있느냐, 아니면 미래에 예속된 시간으로 오늘을 보내고 있느냐, 아니면 현재를 현재에 속한 것으로만 생각하여 쓰고 있느냐, 이것이 아주 중요한 것입니다. 시간에 대한 이 유명한 철학, 두고두고 생각해보시기 바랍니다.

시간관리에 대해서는 생각할 것이 많습니다. 무엇보다 중요한 것은 '진공시간'이라는 시간이 있다는 것입니다. 아무것도 없는 것, 텅빈 것, 그것은 없는 시간입니다. 가만히 생각해보십시오. 의식을 하여야 시간입니다. 그런데 무의식적으로 보내지요, 습관적으로 보내지요, 멍청하게 보내지요, 더구나 술취해서 보냅니다. 여러분, 술취한 시간은 절대로 시간이 아닙니다. 몽롱하게 보낸 시간은 시간이 아닙니다. 아무 생각 없이 그대로 흘려보낸 시간, 그 아까운 시간, 그것은 낭비된 시간입니다. 잊지 말아야 합니다. 또한 빼앗긴 시간이 있습니다. 이것은 내가 원치 않지마는 걱정함으로 빼앗기고, 누구를 미워함으로 빼앗깁니다. 누가 내 재산에 손해를 끼쳤다 합시다. 그 사람 좀 나에게 고통을 주었습니다. 그래놓고 그 사람이 멀리 가버렸습니다. 그런데 그 사람을 내가 미워하고 있습니다. 그러면서 내가 아무 일도 손에 잡지 못하고 있습니다. 그러면 가버린 그 사람은 내 재산만 가져간 것이 아닙니다. 나는 오늘이라고 하는 이 소중한 시간까지 그 사람에게 다 빼앗긴 것입니다. 누가 나를, 내 사랑을 배반했다고 합시다. 그 사람을 내가 지금 여기서 한하고 미워하고 있는 한 멀리 간 그 사람에게 내 시간을 빼앗기고 있는 것이 됩니다. 이 얼마나 바보스러운 일입니까. 걱정하며, 근심하며, 미워하며, 시기하며, 질투하며, 어떤 때는 지나친 욕심에 매여서 시간 다 빼앗기고 맙니다. 이렇게 답답한 일이 어디 있단말입니까. 이런 사람도 있습니다. 제가 아는 서재현 장로님, 그분은 평생토록 시간을 엄격히 지키고 삽니다. 모든 생활에서 시간을 철저하게 지킬 뿐만 아니라 누구와 약속을 했을 때는 반드시 10분 전에 미리 나갑니다. 왜요? 남 기다리게 하면 남의 시간을 뺏는 것이 되기 때문입니다. 남의 시간을 빼앗지 않기 위하여 그는 반드시 먼저 나갑니다. 내 시간 손해보아서라도 남의 시간은 빼앗지 않겠다는 자세입니다. 여러분, 남 기다리게 하는 것은 남의 시간 빼앗는 강도질이라는 것을 잊지 말아야 합니다. 어떤 때 보면 교인 가운데도 "목사님, 좀 뵙겠습니다. 중요한 일이 있습니다" 해서 시간을 내어 만나보면 별애기도 아닌 경우가 있습니다. 그 쓸데없는 얘기를 들어주면서 한 시간을 보내게 될 때는 정말 마음이 아픕니다. 그렇다고 "어서 가십시오" 할 수도 없고… 그렇게 이렇다할 얘기도 없이 시간을 다 보내고나면 온전하게 시간을 강도만난 기분이 됩니다. 여러분, 내 시간 빼앗기지도 말 뿐더러 남의 시간 도적질하지 마십시오. 남의 소중한 시간 뺏지 마십시오. 명심할 일입니다. 그런가하면 잘못된 습관에 시간을 빼앗긴 사람도 많습니다. 많은 시간을 그렇게 낭비하고 있습니다. 또는 부자유한 시간, 만부득이 그럴 수밖에 없는 그런 시간이 있지요. 이것도 시간을 잃어버리는 것입니다. 오로지 창조적 시간만이 시간입니다. 시간시간 새롭게 깨닫는 것입니다. 미처 몰랐던 것을 오늘 깨닫고 '아, 감사하다' 하고 또 새롭게 감격하는 것입니다. 이 아름다운 세계, 아, 이렇게 아름다운 줄 몰랐다, 이렇게 귀한 줄 몰랐다, 심오한 진리가 여기에 있는 줄 미처 몰랐다, 아니, 내가 이렇게 행복한 사람인 줄은 몰랐다, 내가 하고 있는 일이 이렇게 소중하구나… 순간순간 새롭게 깨닫고, 새롭게 느끼고, 새롭게 감격하고, 성령으로 충만합니다. 이 시간이 창조적 시간입니다. 시간의 의미를 아주 높이는, 질적으로 높이는 그런 시간이 된다, 하는 말씀입니다.

시간을 아끼라, 말씀합니다. "세월을 아끼라" 합니다. 헬라원문 보면 '엑사고라조메노이 톤 카이론'이라는 말씀인데 '엑사고라조메노이'라고 하는 말의 뜻이 오묘합니다. 원래는 '속량하라'라는 뜻입니다. 속량, 영어로 직역하면 'redeem'이라는 뜻입니다. 그래서 현대어로 번역할 때는 영어로 이렇게 의역하기도 합니다. 'Make your time the best(네 시간을 최선의 것으로 만들어라).' 혹은 'Make the most of the time.' 그러나 여기서 하나 빠진 것이 있습니다. 그 시간의 의미를 최선의 의미로 만들기 위해서 값을 지불하라, 하는 것이 원문의 뜻입니다. 시간을 속량하라, 값을 지불하라, 그것입니다. 그러기 위해서는 먼저 밝은 의식으로 살아가야 합니다. 시간은 밝은 의식으로 산 시간만이 내 시간입니다. 몽롱한 가운데 지난 시간, 멍청한 가운데 보낸 시간은 다 흘려버린 시간일 뿐입니다. 여러분은 아침에 일찍 일어나십니까? 세계적으로 큰일을 한 사람들은 대개 일찍 일어났습니다. 그런데 일찍 일어나서 또 어떻게 합니까? 아직도 잠이 덜 깬 상태에서 한 시간 두 시간 몽롱하게 돌아가는 것은 잘못입니다. 깨워야 합니다, 깨워지기를 기다리지 말고. 그런데 깼다가는 도로 자고… 언제까지 이 짓을 할 것입니까. 제 고백을 하나 하겠습니다. 저는 새벽 네시 반에 일어나서 교회에 나오면 나오자마자 아령 운동을 합니다. 40년 동안 그리해왔습니다. 이렇게 운동을 하고 그리고 여러분 잘 아시지마는 줄넘기를 합니다. 내가 줄넘기를 한다 했더니 우리 부목사님들이 "줄도 없는데 어떻게 줄넘기 합니까?" 합니다. "아니, 줄이 뭐이 필요한가?" 했습니다. "좁은 방에 무슨 줄이 필요한가. 그냥 몸으로 똑같이 하면 되는 거지 뭐. 올림픽선수 될 것도 아니고…" 한 300번 그렇게 하고나면 얼마나 정신이 맑아지고 깨끗해지는지 모릅니다. 그래야 온몸 마디마디가 이제 잠을 깨는 것입니다. 그 다음부터 사는 것입니다. 몽롱해가지고 돌아가면 사실 비몽사몽간에 기도를 하는 것은 죄송한 일입니다. 여러분, 맑은 정신, 깨끗한 정신, 깨끗한 의식, 이것이 시간을 가장 의미있게 만드는 기초입니다. 기본입니다. 또는 아무 데도 매이지 않고 자유로운 가운데 선택하여야 됩니다. 근심, 걱정, 욕심, 시기, 질투, 이런 것 말고 아주 깨끗한 자유, 높은 자유를 느끼며 새롭게 선택하는 시간, 이 자유로운 선택이 시간을 바로 사는 것입니다. 또하나는 보람을 만드는 것입니다. 보람있게 살고, 기쁨으로 살고, 감사함으로 살고 특별히 사랑함으로 사는 것입니다. 사랑하는 시간만이 진정한 의미에서의 (내 의미의)삶의 시간입니다. 또한 충만해야 합니다. 성령으로, 그리스도의 마음으로 충만해야 합니다. 21절에 보니 "피차 봉사하라" 합니다. 봉사하는 시간, 즐거운 마음으로, 사랑하는 마음으로 섬기고 봉사할 때 내 시간의 의미가 점점 더 확정되어갑니다.

좋은 시간을 만들기 위하여 우리는 여기에 투자를 해야 됩니다.

시간을 써야 됩니다. 먼저는 회개의 시간, 기도시간을 가져야 합니다. 기도와 회개를 통해서 우리의 영이 자유로워질 때 내 시간이 시간시간 소중한 시간으로 거듭나기 때문입니다. 또한 생각을 깊이 하여야 됩니다. 그래야 그 속에서 진정한 능력이 솟아나기 때문입니다. 또하나는, 운동을 열심히 해야 됩니다. 그래야 젊음을 유지할 수 있습니다. 그리고 독서를 해야 됩니다. 그래야 지혜의 원천을 잡게 되고 봉사를 할 것입니다. 행복한 시간은 그렇게 만들어지는 것입니다. 열심히 사랑할 것입니다. 그래야 영원으로 지향할 수 있기 때문입니다. 시간을 창조하는 기술이 다른 것이 아닙니다. 목적과 뜻을 분명히하는 것입니다. 순간순간 내가 세상에 존재하는 목적이 무엇인가, 내게 향한 하나님의 뜻이 무엇인가, 묻고 그에 맞추어 직선적으로 살아가야 합니다. 또하나는, 시간을 경제적으로 써야 합니다. 계획적으로 써야 합니다. 미리미리 생각해서 계획적으로 한 시간 한 시간 써나가야 됩니다. 또하나는 우선순위를 바로 정해야 됩니다.

우선순위입니다. 아무래도 다 하지는 못하니까요. 무엇이 먼저인가, 무엇이 더 중요한가—우선순위에 따라 행하여야 시간의 의미를 창조할 수 있습니다. 그리고 낭비의 소재를 막아야 합니다. 내가 잘못하면 이리로 기울어진다는 것을 잘 알고 있습니다. 시간낭비의 소재를 우리가 떠나야 합니다. 하나님의 뜻이 무엇인지 알고, 내게 향한 소명을 알고 감사하고 찬송하고 충만함으로 임할 때 시간의 의미는 날마다 새로워집니다.

흑자적인 생을 살아야 합니다. 적자인생을 살지 마십시오. 창조적인 인생을 살아야 합니다. 주의 뜻이 무엇인지 생각하고 그 뜻에 따라 세월을 아껴가야 할 것입니다. 여러분, 가령 식물인간으로 산

생은 생이 아닙니다. 식물인간으로 20년을 산 사람이 있습니다. 그 나이 몇살에 죽을 사람입니까. 예수님께서는 33년을 이땅에 사시고 돌아가셨습니다. 굳이 오래 살려고 몸부림칠 것 없습니다. 몽롱하게 살아서야 무슨 의미가 있겠습니까. 우리에게 주어진 시간 한 시간 한 시간을 소중하게 높은 가치의 것으로 의미를 창조해나갈 때, 그것이 구원받은 자의 마땅한 도리입니다. △